叶敬秋　兰子君◎著

国际注册培训师

培训技术一本通

清华大学出版社

北京

内 容 简 介

本书从不同角度详细阐述了培训师开展培训的核心技术，对各技术的要点做了深入的解读，并提供了大量实际操作的工具和培训流程。

培训师不得不面对的棘手问题包括以下几个：如何运用场景化教学手段让培训更贴近学员工作实际？ 如何在开场就充分调动学员？如何贯穿始终地紧扣学员状态开展教学？如何通过培训项目开展将培训效果最大化？本书深入剖析问题本质，通过案例讲解每个问题，提供针对性的实用培训技术，即查即用。

培训师的授课不仅仅是"讲"，还要在培训的过程中关注学员的成长。在教学和培训项目的开展过程中，灵活运用培训技术，实现"让学习变得更加简单，让分享变得更加快乐"的目标。

图书在版编目(CIP)数据

国际注册培训师：培训技术一本通 / 叶敬秋，兰子君 著. —北京：清华大学出版社，2019
（2025.5重印）

ISBN 978-7-302-51854-9

Ⅰ.①国… Ⅱ.①叶… ②兰… Ⅲ.①企业管理—职工培训 Ⅳ.①F272.92

中国版本图书馆 CIP 数据核字(2018)第 284323 号

责任编辑：施　猛
封面设计：熊仁丹
版式设计：方加青
责任校对：牛艳敏
责任印制：杨　艳

出版发行：清华大学出版社
　　　　　网　　址：https://www.tup.com.cn，https://www.wqxuetang.com
　　　　　地　　址：北京清华大学学研大厦 A 座　　　　邮　　编：100084
　　　　　社 总 机：010-83470000　　　　　　　　　　邮　　购：010-62786544
　　　　　投稿与读者服务：010-62776969，c-service@tup.tsinghua.edu.cn
　　　　　质 量 反 馈：010-62772015，zhiliang@tup.tsinghua.edu.cn
印 刷 者：三河市科茂嘉荣印务有限公司
经　　销：全国新华书店
开　　本：180mm×250mm　　　印　　张：17　　　字　　数：314千字
版　　次：2019 年 3 月第 1 版　　　印　　次：2025 年 5 月第 12 次印刷
定　　价：58.00 元

产品编号：081127-01

　　AACTP美国培训认证协会，是全球范围内最早专注于培训专业人才培养、考核和评估的机构。AACTP国际注册培训师认证，作为AACTP在中国开展的首个培训师认证课程，自2004年开始在中国推行的14年间，AACTP培养并认证了数万名培训师，据不完全统计，国内超过60%的职业培训师，拥有AACTP的资质认证。

　　自2004年国际注册培训师课程的原版内容引进国内，本书的作者之一叶敬秋老师作为AACTP中国区的授课导师，在持续引进、推广国际最先进培训技术的同时，也将培训技术应用于本土企业，对内容和授课方式进行本土化改进，帮助中国的培训师学员更有效地通过认证并成为职业培训师。

　　《国际注册培训师——培训技术一本通》一书，凝聚了AACTP在中国14年的本土实践成果，融合了最先进的培训技术，结合中国企业和培训师的实际需求，是AACTP认证课程的指定用书，也是国际先进技术与本土化相结合的结晶，对于梦想成为职业培训师的学员，是不可多得的必备学习宝典。

王育梅
AACTP美国培训认证协会中国区主席

很多追寻培训师梦想的人都有这样的疑问：什么样的人能成为优秀的培训师？这句话转换为科学一点的术语就是"培训师的基因是什么"，再进一步转换为人力资源专业术语就是"培训师的能力素质模型是什么"。

众行公司自2004年开始引入美国培训认证协会(AACTP)的国际注册培训师项目后，见证了中国企业培训师职业从无到有的发展历程，在众行的这个平台上培养的讲师不乏佼佼者。比如，曾是电视台主持人的崔冰老师，现在是服务领域的顶尖讲师，出版了国内第一套服务培训音像制品，并被中央电视台邀请主讲职业生涯规划；杜继南老师，原是世界500强企业的销售冠军，现在是思维领域数一数二的优秀讲师；谢伟山老师，通过AACTP系统训练后迅速掌握了培训的规律，现在是战略定位领域的优秀讲师，其学员大部分是企业的总经理或董事长。这些优秀讲师的成长轨迹能让我们清晰看到讲师的能力特质和成功的客观规律。

叶敬秋老师是AACTP中国区培训师认证导师中的王牌，之所以称为王牌，并不是夸张，一是学员人数最多，二是口碑极好，三是功力深厚。分享一个叶老师带弟子的细节吧，他在与弟子探讨每张PPT时，甚至能问出十几个"为什么"。我后来仔细想了想，倒也悟出其中的些许门道：如果讲师对每一张PPT都要思考十几个"为什么"，那么这个讲师一定有强大的内驱力；经过讲师细细推敲的课程，会体现出讲师的逻辑力、洞察力；讲师授课游刃有余，自然会表现出良好的亲和力。这不就是AACTP倡导的培训师4力模型吗？

AACTP的培训师能力素质模型根据从感性到理性、从后台到前台两个维度将能力分成了4个象限：内驱力、逻辑力、洞察力和亲和力(见图1)，这个模型简单实用。

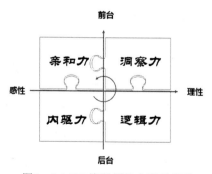

图1　AACTP培训师能力素质模型

两个维度表达了模型背后的逻辑,所有好的课程都是感性与理性的最佳结合。"台上一分钟,台下十年功"的俗语恰好表明了前台和后台之间的紧密关系。因此,我认为这两个维度作为能力素质模型的坐标系抓住了培训师能力的本质。

一、内驱力

很多企业家都讲过自己的创业动机,4个字可以概括:无知无畏。创业是一个风险极大的事情,想清楚了就不敢做了,唯有来自内心的无知无畏的强大原始动力才能支持创业者走下去。而成为培训师虽没有创业风险这么大,却也是挑战很大的一件事情,美国人曾经做过一个调查,上台演讲在最难的事情中名列第一。另外,相比创业没有退路的特点,内驱力对于培训师更为关键。事实也表明,大部分一开始把讲课作为兼职来做的讲师,碰到困难很容易就会放弃。所以,内驱力在成为培训师的道路上是最重要的力量。

在AACTP培训上万名讲师过程中,我们发现了一个奇怪的现象,成功的讲师往往是两类人,一类是当时班上表现最好的几位,另一类却是当时表现比较差的几位,中间的人数最多,但成才比例却很低。为什么呢?基础好的能马上感受到授课的乐趣,激发了内驱力;基础差的能感受到挑战,同时也能感受到专业训练后提高的喜悦,也激发了内驱力,甚至当时完全不具备讲师条件的人因为有一股韧劲最后成为挺不错的讲师。

在给一些集团企业成批培养和认证培训师时,第一期招募候选内训师时往往报名的不多,但当我们决心宁缺毋滥,在培养过程中坚持淘汰机制时,会发现成才的比例比无淘汰机制时高很多,第二期报名的人一下子多了很多。人在压力下会激发出更强的内驱力。

从经验数据来看,内驱力在4个象限中的权重为50%,选择培训师时要高度关注这一点。本书作者在书籍的第四章中对内训师的选拔进行了重点介绍,内容丰富、新颖、实用性强。

二、逻辑力

中国有句俗话叫"茶壶里煮饺子——有货倒不出",很多专家、高管,甚至口才很好的销售冠军刚上台时就是这种状态,你能感觉到台上的这个人很有料,但越听越糊涂。原因就是越有料的人脑袋里面的知识越多,一上台就想把所有的知识"倒"给大家,没把这些知识点之间逻辑关系和层次关系厘清,逻辑出了问题。

逻辑力的提升关键在于课程的设计和结构的梳理上,大部分人可以通过专业的训练提升这方面的能力，而这个能力的提升可以说是一生的投资。

在4个象限中，逻辑力的权重一般为20%。本书作者在第一章重点解读了课程的逻辑及层次的关系，可谓用心良苦。

三、洞察力

在培训师的成长过程中，洞察力对培训师的挑战表现最为明显。很多培训师讲的是自己感兴趣的知识点，而完全不知道学员的兴奋点在哪里，甚至越是资深的培训师和专家越容易犯这个毛病。培训师可以通过更新知识来改变现状，但关键是更新的标准是什么？这就要求培训师在课堂中能时时刻刻牢牢地抓住学员的兴奋点，这个意识的能力，就是洞察力！

在4个象限中，洞察力的权重为20%。本书作者为了让读者能够熟练掌握洞察力的应用，不仅在第一章中详细介绍了以学员为中心的课程设计方法，还在第二章和第三章阐述了大量促进与学习者互动的方法和工具。

四、亲和力

亲和力是培训师最原始的武器，也是最高级的武器。会带动气氛有亲和力的讲师能迅速迈过了培训师成长的初级门槛。

在4个象限中，亲和力的权重为10%。我们认为它很重要，但最难把握。原始的亲和力当然很重要，但AACTP希望每一个培训师能通过长期科学的训练和实践后焕发出惊人的人格魅力，这是我们最期待的。作者在本书第三章介绍了各种角度分析与学员互动的状况和应对方法，能有效提升授课效果，值得一读。

总之，《国际注册培训师——培训技术一本通》一书，挖掘了基于"AACTP的培训师能力素质模型"的更多培训秘诀，并用可操作的"培训技术"方式来呈现，具有极强的实用价值。

刘永中

众行行动学习研究院创始院长

井冈山行动学习学院创始院长

AACTP中国行动学习促动师首席认证导师

叶老师、兰老师编著这本书的目的就是要帮助热爱培训的人掌握达成培训目标的方法，帮助更多人成为一个可以设计好一门课、讲好一门课、助学员成长的优秀培训师。

这个目的里面有三个关键词：热爱、打磨、成长。

热爱

当我写这个词的时候，我很激动，我想起了我和两位老师的很多往事，想起了叶老师腰疼期间扎着腰带在课堂上口若悬河而学员听得如痴如醉的情景；想起了兰老师活跃流畅、师生共鸣的授课氛围……

正是因为热爱，我们在培训行业付出了十几年，人生最有精力、激情和创造力的时光，我们都沉浸在培训行业。我问过叶老师和兰老师，你们上课的时候累吗？叶老师的回答是：上课是享受；兰老师的回答是：上课就像和朋友们在吃一顿思想大餐，整个过程是精神愉悦的。两位老师对于讲课的热爱让我感动！

热爱培训行业的新培训师们，首先要问自己一个问题："如果你现在已经有了一个亿的财富，你还愿意明天讲课吗？"如果回答是，那么你是真正热爱培训工作的。唯有热爱，才能抵御培训师内心的那种深深的寂寞感——每天在全国各地飞，下午六点之后，你一个人待在熟悉又陌生的城市，半夜醒来要想一下才知道今夜自己在哪里，正所谓"梦里不知身是客"。唯有热爱，才能支撑你不断去挖掘一个课程主题应如何设计、运用哪个案例、如何呈现，才能获得帮助学员的最好效果。

有了热爱，还要面对自己内心的恐惧。新培训师要处理好"我害怕""我不行""无课讲"三个恐惧。我害怕："爱"能增强你的信心，你可以一边害怕一边行动，害怕并不会阻碍你站上讲台；我不行："练习"可以让你行，一门课如果你讲了十次，你一定能讲好；无课讲：坚持你的热爱，坚持练习，总有一天幸运会眷顾，你一定能绽放你的光彩、实现你的价值。

打磨

我一直认为，好的课程不是讲出来的，而是正如本书中所说的——是"磨"出来的。课程设计能力比教学能力更重要。两位老师在设计课程方面有深厚造诣，十几年的培训师训练经验，使得他们对课程设计有自己独特的感悟。叶老师曾说过，同样是"中层管理技能"课程，如果学员是三十岁以内的年轻管理者，我会在课程设计时加大管理者角色认知模块的比重，而如果学员是三十五岁左右的有丰富管理经验的管理者，我就会加大教练、领导力模块的比重。他不会拘泥于培训主题，而会把学员需求放在课程设计的首位。

教学中，两位老师非常有自己的特色。叶老师是生动、风趣、激情，兰老师是温和、智慧、包容。两位老师的共同特点是非常人性化，都非常关注学员的感受和感悟，课堂上时刻保持和学员的"心灵互动"。他们在书中将五大核心授课法的心得和经验分享出来，对培训者是很有帮助的。

两位老师在教学方法运用方面还有一个独特的显著优势，就是对九型人格的深刻理解。在九型人格领域十几年的研究和探索，使得两位老师可以瞬间知人懂人，然后以学员最受用的方式帮助学员，已经做到了润物细无声的境界。因此，培训师们多学习相关课程领域的著作对理论功底和课程设计将大有裨益。比如讲授管理类课程的培训师，不妨多看看外国的MBA教材，多看看《哈佛商业评论》的文章，这种沉淀的过程可能是漫长的，却是绕不过去的。台上十分钟，台下十年功，就是这个道理。

成长

近两年我们三个人讨论对培训的看法，一致认为，培训师应把焦点转换到学员成长上。一些培训师越来越注重所授课程的理论深度和课堂热度，却不重视学员离开课堂后的信念(观念)、行为、绩效，以及是否真能发生一些"迁善"(向更好的方面发展)，是否真能为组织做出更多的贡献。到底学员需要什么？到底培训能给学员带来什么？比如，学员参加了领导力培训后，他是否具有了一颗利他之心的价值观？他是否能寻求同事、朋友、亲人对他的真实的、负面的反馈，接受自己性格中黑暗的一面，从而完善自己的行为？他是否能在工作中取得更好的业绩？他的事业能否更加顺利？他是否能让事业、自我、家庭和社区服务四个维度得以平衡发展？一个学员的成长，无论是在课堂上还是在课后的实践中，我们都必须兼顾。

当然，要促进学员成长，首先培训师自己要走完这段旅程。至少要进入这段旅程，要迸发出自己所有的生命热情，要勇敢真诚地面对压力和恐惧，要像爱自己家人一样爱学员，帮助学员成长。唯有如此，你才是一个好的培训师，你才值得踏上这条路，并且在享受深层愉悦的高峰体验和沿途不断变换美景的过程中越走越远。

邓优博士

领导力培训师

人的学习方式有很多种，可以说人的一生都在学习。显然，我们不能说每一种学习都是在"培训"。在企业经营管理过程中，培训作为一种促进员工学习的特殊方式，经常被寄予厚望。但很多时候，单纯的经验分享被误认为是在做培训，甚至公司的某些政策宣讲和工作汇报等活动形式也被认为是在做培训，这些学习行为在企业中经常出现，但和真正的培训还是有所差异。

企业培训是企业围绕战略目标的实现，通过提高员工素质、能力、工作绩效等而实施的有计划、有系统的培养和训练活动。培训为企业战略目标服务，因此在企业培训开展的过程中我们会兼顾"个人提升"和"组织业绩"两个方面即不仅关注单纯的个体学习，还要考虑对组织业绩的推动，也就是说，培训要关注授课对象业务目标的实现。

课堂培训作为提高员工素质、能力不可缺少的重要学习手段，对教学有更高的要求。著名教育研究者马扎诺认为，面对一个新的学习任务的时候，学习者会判断学习任务的意义并决定投入的程度，学习行为受目标、方式和策略的影响，同时学习者也用"经验"去"经历"，并完成学习任务从而获得学习成果。因此学习行为不仅因学习内容本身和教学操作的复杂程度而变，还因相关内容与学习者工作应用的关联程度而变。

一、从培训课程的内容上来讲

无论是讲述概念还是讲述产品知识，这些内容都要与工作情境中的具体应用紧密联系。也就是说，知识与工作的联系度越大，对业务目标的实现越有利。从课程的设计来看，讲师必须先了解学习者的"工作情境"再设定"内容"，才能更好地做好课程内容的匹配，才能避免教学内容与企业需求及学习者脱节。课程内容的来源除了"资料"外，还必须结合内部专家与企业实践应用的丰富经验，抓取这些隐性的知识，运用科学的教学工具，进行系统的梳理与升华，将其转化成有结构的知识体系。

本书的第一章讲述如何围绕"工作场景"来打磨课程。

课程内容应与工作场景充分结合。只有从学习对象的工作情境出发，分析知识与某个实际场景的应用关系，才能回答"课堂中的教学内容与学习者的工作究竟有什么关联"的问题。将所学内容与学习者的工作关联起来并不容易，尤其是偏理论性的内容，这类内容不像技能类知识那样与工作有那么显性的关系。因此，我们在了解学习者工作任务的难点时要对内容进行转化和取舍。

我们在课程实施之初就应该考虑学习的成效，在一段时间内，学习的成效通常用目标设定的方法加以检验。20世纪60年代中期起，为了达到和检验学习的效果，教学者几乎都以布卢姆的教学目标分类为框架来设计教学和考试系统。布卢姆等人对教学目标三个领域的划分，即认知领域、情感领域和心理动作领域的研究成果被誉为20世纪最重要、最有影响力的教育研究成就之一，影响了整整半个世纪。本书在这个基础上提出了具体的操作方法。

培训师有个重要的职能是"教"。培训师除了要拥有教练、催化师、引导师、促动师的手法和技巧外，自身的知识结构和课程的知识体系尤为重要。课程的内容最终体现在课程结构上，课程结构能很好地体现授课的思路，进行课程结构设计时要考虑学习者接受信息的有效过程。在课程结构的搭建过程中，既要保证课程知识结构的逻辑性，也要关注学习者接受的程度。

优秀课程的特点是内容丰富、实战性强，因此，内容和素材是课程的重要组成部分。课程结构完成后，我们应检验一下结构里涉及的内容是否完备、内容是否实用：课程是否包括具体的步骤、方法或者操作要点？操作的难点及应对方法是什么？有没有解决难点的范例？这些问题能让我们再次回到学习者的工作任务中，从学习者的工作任务中找到先进经验和工作原理。本书介绍了从企业实践工作中总结经验和素材的方法，即把内部专家在企业实践的经验总结成科学的可操作的步骤和流程，并提供了素材识别和匹配的有效方法。

二、从课堂培训的形式来说

学习方式对联系工作情境的要求更为直接。建构主义认为，学习者的知识不是通过讲师的传授而得到的，而是学习者在一定的情境下借助其他人(包括讲师和学习伙伴)的帮助，利用必要的学习资料，通过意义建构的方式而获得的。

在成人的教学中，学习者基于自己已有的知识、经验和教学环境，通过各种认知活动自主学习。由于学习者已经具备了各种各样的知识，有着自己的学习目的以及在教学环境中的学习经历，他们会利用这一切去理解获得的信息。好的课堂教学方法能够帮助学习者理解教学内容，并使学习者的认知水平、智力状况、情感态度等得到优化与发展。在课程设计过程中，应创设与工作关联度高的典型场景，充分引导学习者回忆或体验，激起学习者的学习兴趣，把认知活动和情感活动结合起来，避免泛泛而谈。

本书的第二章尝试用教学方法的设计开发来还原工作场景。

课堂中用什么方式进行教学更有效呢？教学方式的选择受限于课程内容本身，也受限于授课的环境。对学习者来说，不同教学方法的难易程度是不同的，应考虑学习者的状况进行教学设计，避免打击学习者的学习信心。

为了将知识点完美结合到各种情境工作中，需要选择合适的教学方法。本章介绍了课堂教学五种核心教学方法，提供了具体的设计思路、工具、方法和步骤。

讲授法是常用的教学方法。在讲授的过程中激发学习者过去的经验，带动直接经验和间接经验的分享，可以有意识地将知识还原到工作中，这种分享需要运用多样的教学手段。因此，讲授法也是所有教学方法中最灵活的一种方法，可以在很多辅助方法和技巧中配合完成。

角色扮演法与一般的"课堂练习"明显不同。讲师在角色扮演教学中为学习者提供背景资料，学习者在模拟解决问题中感悟出解决方案，讲师提炼知识要点。角色扮演法需要把工作中的真实情境移植到课堂中来，对模拟真实性的要求较高。为了保障教学效果，要对背景的描述、角色任务的安排、课堂组织等进行精心设计。

视频展示法、图示法和现场示范法都属于演示教学法，与角色扮演法相比，演示法要求讲师通过不同形式把内容呈现，学习者大多作为观察者。这种教学法注重步骤的呈现，分步设计将会让演示的过程更加清晰，在设计和教学中对步骤的分解要求高。

游戏教学法是最轻松的一种学习方式，游戏很难让学习情境接近真实工作。在游戏中容易陷入"玩"的误区，会让很多学习者认为是在浪费时间，因此游戏教学必须走出"游戏"的误区，学习者的"情感体验"和讲师的积极引导显得特别重要。

案例教学法最为真实，它将学习者带入特定事件的"现场"进行分析或决策，通过学习者的独立思考或集体协作，解决问题，寻找规律。但案例教学往往与讲授法的例子教学难以区别，导致案例教学达不到预期效果。例子教学往往先有权威性的结论，然后用多个例子来证明观点；而案例教学是对具体事件分析思考，然后再做出答案，在答案中总结解决问题的规律(提炼结论)。正因为如此，案例教学的结论具有开放性的、多样性的特点。如果讲师不能合理归纳结论，容易出现案例与内容脱节或案例"底牌"失控等问题。本书第二章会针对这类问题给出一些具体的应对方法。

本章的这些核心的教学方法，能够帮助讲师在课堂上完成与实际应用环境相匹配的讲授和练习,让学习者有更逼真的临场感和带入感。

三、从培训课程的实施来看

有效的课堂管理是教学顺利实施的基本保障,也是富有经验的讲师能够轻易驾驭和应对课堂状况的秘诀,它需要讲师运用一定的课堂管理策略和技能。实施有效的课堂管理,我们必须深入思考以下问题。

- 课堂纪律管理是否重要?培训师应如何进行课堂纪律管理?
- 为什么说肢体语言是课堂管理的一个重要方面?
- 压力对课堂的影响是什么?应如何管理课堂压力?
- 提问是课堂管理的有效手段,提问有哪些策略?
- 面对性格特征各异的学员,应如何有效沟通?

课堂的管控技巧不仅能帮助我们解决这些问题,还能让讲师在课堂上逐渐建立威信,与学习者建立良好的互动关系。在课堂中讲师还要随时吸引学习者的注意,保障课程依照计划进行。

本书的第三章从不同侧面介绍了课堂管理的手段和具体的操作方法。

首先我们必须清楚课堂中出现"意外"的主要原因是什么?从自身、他人、环境、氛围等方面进行分析,找出应对的策略。

培训师在课堂最初2~3分钟的精彩演绎会为接下来的课堂氛围奠定基础。良好的形象、积极的语言和自信的语调能为你获得心理的优势,积极的眼神交流和微笑等能帮你拉近与学习者的距离。

学习者在课堂前期,对压力的反应是敏感的,随着课程的进行,身体和心理会逐渐放松下来。营造学习氛围是课堂管理的重要工作,学习者在讨论问题和回答问题的过程中,积极性受氛围的影响很大。在循序渐进的学习过程中,激烈的讨论要建立在彼此熟悉的基础上。

在整个培训过程中,我们把课堂管理分成三段。在培训开场阶段,我们更关注学习者对讲师和内容的接受,以及对自己学习"状态"的管理。第三章介绍了学习者的注意力、对内容的兴趣、期望值、身体状态、心理状态和行动等管理技巧。在培训过程阶段,第三章以注意力管理为重点,让学习者投入学习中,通过对提问技巧、反馈技巧、抛接球技巧、时间管理技巧、不同学习者应对技巧的学习,使讲师在课堂上应对自如。培训结尾阶段,提倡理性的回顾和感性的号召及祝福,以此为课程画上完美的句号。

培训过程中培训师对学习者的学习状态毫不知情,监控不到位,培训很难达到满意的效果，而教学测评就是对学习者学习状态的反馈。教学测评是指从课程实施前就有意识地界定学习者的学习目标，在过程中有意识地监控学习者的学习状态，做到随时查缺补漏，确保教学成果。

科学的课堂管理可以充分建立和扩大讲师的影响力，既是课堂实施的基本保障，又是讲师专业化发展的必经之路。

四、从培训的整体来考虑

课堂培训只是培训的一个环节，这是因为培训是个"培养"和"训练"的过程。培养通常指的是有目的的、长期的教育和训练的过程。这意味着培训通常不是一蹴而就的，长期训练才能更好地促进素质和能力的改变，应该根据不同的培养目的来设置一个可长可短的、阶段性的教育训练项目。而课堂培训是培训项目中不可缺少的重要组成部分，课堂培训是学习者有计划有步骤的重要学习手段，也是受训者的重要学习过程。知识和信息传递、标准化作业、技能训练等都可以通过课堂培训的实施来完成；高效的学习项目也都与课堂培训完美结合。

本书的第四章将培训与企业经营战略结合起来，为培训项目开展提供思路。

在开展项目时首先是要有明确的目的，针对企业的特定需求设计培训项目，企业培训项目设计层次如图1所示。

图1 企业培训项目设计层次

知识引入项目通常需要通过课堂培训来进行。新员工入职学习的一些课程、新制度颁布和学习、产品知识培训、特殊技能的学习等都可以采用知识引入的培训项目。在知识引入过程中要确保课程设计和课堂效果，可以用考试的方式评估学习成果。

能力提升项目一般会通过系列课程(课程体系)的方式进行。管理者能力提升、领导力提升、培训师队伍打造、岗位能力提升等大多采用能力提升培训项目。这种项目一般先学再做，设置培训课堂进行学习，课后安排学习者进行多样的实践活动，以此来评估项目效果。

绩效提升项目主要解决的是学习者提升绩效的问题。绩效项目目的明确，学习者带着问题来培训，在项目中让学习者先做再学，在做中学。学习的过程也是完成绩效目标的过程，以绩效目标的达成来衡量项目的成果。

推动文化影响的项目一般以企业远景目标的实现为出发点，以核心价值观落地为根本任务。文化项目强调学习者边学边做，把核心理念贯彻于实际行动。

第四章详细介绍了以上项目的操作要点和步骤，一学就会，拿来可用。

企业培训要做到学习者愿意学、学得会、用得上、有效果。培训从课堂教学开始，秉承以学习者为中心，以学习者为认知的主体，创造符合建构主义教学设计理念的理想的学习环境，从情境、协作、交流和意义建构等方面关注学习者的成长。本书为解决学习者愿意学、学得会、用得上、有效果的问题提供了有效的解决途径。

叶敬秋

教学设计领域的资深专家Julie Dirksen在他的著作《认知设计》中讲过这样的话："如果你的学习者需要的仅仅是信息，那么你的工作其实就简单多了，尤其是生活在这个信息时代，有很多简单、便利的途径能获取信息。"这本书把我带进不一样的学习旅程中。直到有一天，一家银行的培训负责人对我提出了一个"情境化"教学的需求，要求让一批内部讲师改变以前的教学内容和方法。比如先前讲产品知识和功能，内部讲师往往会把这种培训定义在知识差距的补充上，让学员背读产品的功能并考试就算通过，尽管最终学员能够把产品知识倒背如流，但真实面对客户各种提问时，还是觉得所学的内容不够用，结果与"优秀的营销人员"还有很大差距。邀请我的目的是教会这批内训师能够把"工作实践"设计到课程中去，让他们的学员学成之后能够马上投入销售一线，并能够解答客户针对产品提出的系列问题，促成销售。这个教学需求让我更加验证之前对培训的一些思考，我一直在考虑教学的本源应该是什么，正如Julie Dirksen所讲"教学并不仅仅是让学习者获得一堆无用的知识，更是让他们能够充分地运用这些知识，提高自身的能力，以便能够做到那些在学习前无法做到的事情"。

以上需求的提出是在五年前，我在想，它应该要来得更早一些，或者应该说这本来就应该是教学应有的目的和效果。因此，该项目实施中我并没有采用更特别的方式，只是教会了这批内训师在课程设计之前更加注重分析学员对象的工作任务，增加了知识与实践联系的深度；在教学方法上把学员的工作情境"移植"到课堂上，并运用大量"角色扮演"进行设计和演练；我还让内训师们把学员的实践活动作为培训后的一个重要的内容，增加课堂培训与实践的关联度，并进行跟进和反馈。项目取得了很好的培训效果，我认为这得益于我们抓住了教学的本源。

大学毕业至今我一直从事培训咨询行业，这个行业的特点就是能够大量地听课，也能够接触不同的顾问、培训讲师，后来自己也从事了与讲师培养相关的工作，可谓见证了中国管理培训行业近二十年的发展演变：培训在内容和形式上有很多的迭代和创新，这是可喜可贺的事情，但各种新理念、新概念、新方法层出无穷，也容易让人眼花缭乱。

应叶老师之约，写一本关于培训教学的书。这类的书籍其实市面上并不少，起初的想法也是想挑战一下"传统"，总结一下课程设计或课程讲授的教学新思路。可当回过头来细细研究多年所经历的教学体验和各类经典的教学理论，才知道只要抓住了教学的本源，任何教学形式和思路的创新都是万变不离其宗的。以下从4点进行探讨。

(1) 成人的课堂教学，不能仅仅局限于让学习者对信息有所了解的程度。学习者除了对信息的需求外，还有对技能和实践机会等的需求。这些需求意味的课程的价值是讲师一开始就要思考的，这个价值不是猜想，而是从现实整理出来的真实。讲师面临更难的变化是要从自己想讲的内容中"跳"出来，在课堂上不光要讲自己想讲的，还要讲学员想听的，也要讲学员必须听的。

(2) 每一位讲师，不要指望学习者不通过练习就可以轻松掌握一项技能。当讲师只能介绍某项技能而不能传授某项技能时，讲师有必要要反省自己的设计，让学习者记住某项技能只是工作胜任的一小部分，除非讲师对学习者没有其他的要求。

(3) 在教学设计中，课程一定要让学习者有喘气的机会。因为信息对于他们来说是庞大而需要消化的。讲师不光要让学习者在不讨厌讲师的情况下能耐着性子听完和学完内容，还要让学习者觉得自己很聪明，有信心学好这门课程。

(4) 教学研究一直强调学习者发生改变本身不是马上可以完成的事情。改变是一件痛苦的事，新的行为只有在一定条件下才能形成。学习者不见得马上意识到新的行为的重要性，但对企业来说却是很重要的。除了课堂中的"深刻体会"之外，把培训的课堂与组织活动结合在一起，鼓励和约束学习者完成组织目标的过程，将是学习路径设计的必要考虑因素。

教学研究是一本百科全书，你可以把它写得精彩，也可以把它写得平淡。当和叶老师一起理清这些思路后，我们设想把培训最朴实的一面写出来，深入探讨每个环节的本质。对教学的每个阶段所用到的技术手段和方法做详细阐述，提供实用可靠的工具和练习模板，目的是让广大讲师朋友容易理解、便于记忆和乐于使用！

兰子君

目录

第二章
"授之以方"——五大核心教学方法

第三章
"掌控局面"——玩转课堂管理

第四章
"落地有声"——经典培训项目的设计与实施

第一章

"把握底牌"
——精品课程打磨

本章要点：

▶ 课程设计的模型

▶ 课题的分析/目标的设定/结构的搭建/内容的组织/课件素材的收集

▶ 课件包模板/范例点评/实用工具

第一节
好的课程是"磨"出来的

培训前期，我不止一次遇到这种情况：与培训组织方沟通培训师训练方面的要求时，组织方会一再强调"我们企业的培训师不但工作经验非常丰富，而且有现成的课件，你们只需要对他们做表达方面的训练"，直到看见一个个"标准版"课件的时候，我才知道他们所谓的"课件"，大多是材料的堆砌，甚至有些是产品说明书内容的简单复制。不要说是一个不经常授课的讲师，即使是有多年授课经验的讲师拿到这些课件，恐怕也讲不好课，这样的课件更适合讲师"读"着来授课。因此，当一个培训师拿到一手"材料"时，必须先学会"打磨"课程，才会演绎出精彩的课堂。

一、好的课程是什么样子的

1 好的课程应该关注实用性

课程的实用性对于培训效果有至关重要的影响。在规划课程内容时不仅要考虑"材料"式的内容，还要考虑应用方面的内容。

如"企业文化"课程，绝不是把企业文化中包含的愿景、使命、核心价值等讲一遍就行了，还要考虑受众听完课程后会不会去做！对于普通(一线)员工，我们希望他们听完"企业文化"的课程后，除了要对企业文化本身的内涵有所了解，还应该知道怎样做一名符合"文化"要求的员工；如果是管理者来听"企业文化"的课程，除了要对企业文化本身的内涵深入了解，还应该知道在日常的管理过程中如何做文化传承工作。

因此，为确保课程的实用性，讲师应给学习者做好定位，从了解学习者的实际工作开始，从而让课程贴近工作实际。

2 好的课程应该更关注表达结构

一谈到结构我们自然会想到逻辑，认为只要知识的逻辑结构合理，课程结构就没问题了。然而事实并非如此，因为"知识结构"不等于"表达结构"。

例如，给新入职的员工讲"公司介绍"的课程。这种类型的课程结构受内容的限制，一般设置公司的发展史、公司的制度、公司各部门设置、企业文化等几个部分。从逻辑上来说，各部分并列存在，结构合理。但作为一门需要演绎的课程，这个结构导致的讲师从头到尾把信息念一遍。

表达结构受限于主题。上述课程如果把它的主题改成"如何快速融入新环境"，课程的结构就会大不相同，我们可以从职场适应(公司发展和制度)、职业成长(公司职业发展通道)、转换角色(员工基本要求)和融入团队(公司部门和文化)等方面来规划内容。

因此，好的课程结构不仅仅要考虑逻辑问题，还要考虑表达角度问题。

3 好的课程要看你怎么教

有创意的课堂教学方式有很多种，对同一个内容可以用不同的方式表达，没有最好的，只有最合适的。

比如，在"时间管理"的课堂上要强调"时间管理"的重要性，其实不用讲师讲，谁都知道时间管理很重要，如果再强调"时间一去不复返"，可以想到学习者的感受！那这个内容怎样讲呢？我见过一位讲师，在课堂中组织了一个手工竞赛，有的小组虽然制定了目标，分工明确，却输在"时间"上，结果学习者感慨良多；我还见过一位老师让大家拿出一张纸，让大家自己写："如果今天给你25个小时，你会在多出的一个小时做什么"，在大家的分享中我看到很多学习者眼中闪烁的泪花……

教学方法会对课程产生极大的影响，好的教学方法不是信手拈来的，需要通过前期的大量工作来设计和开发，然后在实践中不断验证效果。

4 好的课程离不开精彩的演绎

不可否认，课程的好坏与讲师本身的演绎有很大关系。讲师的口头表达、姿态、行为举止等具有强烈的个性化色彩，这些都能影响学习者的学习效果。不同的讲师应该保持自己独有的讲师风格。但一些基本的人际沟通和表达技能，很难通过书面理解就做得好。这些技能需要通过日常的训练习得，最有效的方法就是在既有表达思路的设计上不断练习。

可见，讲师要想讲好一门课程，除了需要现场的临场发挥，还需要在课前做很多设计工作。讲师只有课前精心"打磨"课程，才能在课堂中收放自如。

·········· 二、"磨课"的关键 ··········

1 课程打磨需要解决"愿不愿听"的问题：关注课程的价值

课程最终是为学习者完成业务目标服务的，课程的价值来自培训对象在工作中具有的不足。也就是说，我们得确保课程的内容与学习者的工作紧密联系。这些内容也许是学习者想听的内容，也许是公司的要求，也许是讲师作为专家发现的学习者的不足，对于后两种内容，学习者不一定认同或愿意接受，甚至还会成为一种学习的负担。无论是哪类内容，讲师必须想办法把这些内容与学习者的工作联系起来，让学习者明白能学到什么、对实际工作有哪些帮助，明确收益更能激发学习者的兴趣。

课程打磨的过程告诉我们，不能从内容来"看"学习者的工作，要从学习者的实际工作来"看"内容。

2 课程打磨需要解决"听不听得懂"的问题：关注学习者的理解

学习者是课堂的主体，课堂是围绕学习者来进行的。"听不听得懂"不仅仅指的是学习者听没听明白，还指讲师应该明确哪些内容是"应知"、哪些内容是"应会"、哪些需要学习者"应用"，这就要求讲师课前就要做到心中有数。

在内容讲解的过程中，为了便于学习者的理解和接受，讲师有时需要解读内容，有时需要论证内容。这些都要求讲师储备大量的素材，这些都是课前需要准备的！

3 课程打磨需要解决"讲不讲得清"的问题：关注表达的思路

把内容讲清楚是对讲师的基本要求。讲清楚而不是"读"清楚，在讲授的过程中，我们必须了解学习者的思路、记忆方式等。

从课程整体来看，我们应该提供的是一个相对完整的知识体系，它包含了全部的内容，这些内容形成理想的知识架构，能让学习者形成完整的记忆。讲师要精心构建课程的知识体系，避免知识缺失造成逻辑问题。从内容传授来看，课程不是经验分享和故事会，学习者在课堂上不应只记住几个故事，还应记住某些知识和认识某些客观规律。因此，培训师要将"经验""故事"等与课程内容有机结合起来，从而达到教学目的。

对课程进行调整和打磨时，必须采用科学的手段和方法。

三、步步为营的课程设计与开发

进行课程设计与开发时需要做很多工作，课程设计思路不同，开展的步骤也略有差异，但宗旨都是根据学习者的需求开发课程。为了让课程更好地对接业务，AACTP(美国培训认证协会)推行"以业务问题为导向"的课程设计与开发基本流程(见图1.1)，分6步来开发课程，在实践中颇有成效。

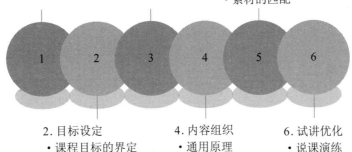

1.课题分析
　•业务目标确认
　•业务问题分析
　•课程整体策略

3.结构搭建
　•知识结构的梳理
　•表达逻辑的建立

5.教学过程设计
　•开场 /结尾的设计
　•方法的匹配
　•教学方法的设计开发
　•素材的匹配

2.目标设定
　•课程目标的界定
　•课程目标的书写

4.内容组织
　•通用原理
　•实践经验

6.试讲优化
　•说课演练
　•演课实战

图1.1　以业务问题为导向的课程设计与开发基本流程

1　课题分析

课题分析的目的是通过"为学习者定位"，建立内容与学习者之间的连接，建立内容和业务之间的连接。它包含业务目标的确认、业务问题的分析和课程整体策略和信息的整理。打磨课题可以帮助我们最终确定课程内容的范围、重点和方向。

② 课程目标设定

课题分析的最后，我们必须回答一个问题"课程到底能给学习者带来什么"。这个问题的答案，就是基于课题的分析写出来的课程目标。课程目标体现了课程的核心价值。打磨"课程目标"不仅对学习者的意义重大，还可以让讲师对授课内容准确把握，采用得当的方法确保目标实现。

③ 课程结构搭建

课程结构就是课程的提纲和主干。课程结构能厘清课程内容和标题之间的内在逻辑和讲师的表达逻辑。课程结构搭建在课题范围的基本内容和清晰的目标基础上。课程结构形成后可以依据逻辑思路整理出PPT的核心内容和课程的基本大纲。

结构的搭建有助于建立课程的主线，并可以从学习者的角度对诸多课程信息做逻辑化的整理，这不仅有利于学习者接受，也有利于讲师的记忆和教学，让表达更加有条理。

④ 课程内容组织

课程内容一般包括知识、态度、技能3个方面，表现为某个具体的概念、要点、原则、流程、技巧、方法等。在课程框架建立以后，特别是做PPT时，必须整理每个内容(标题)的具体细节。整理内容看似很简单，但在实际的整合中必须考虑内容的合理性和来源。

⑤ 教学过程设计

好的教学过程设计就像在课程中加入了一条故事线，让学习者感觉每个场景都美不胜收。教学过程设计就是针对整个课程的开场、教学过程、课程结尾等不同阶段策划不同的教学方法，让课程在既有逻辑的基础上，使学习者学习得更有效。各种教学流程和方法的运用离不开素材的辅助，有人称素材是使课程锦上添花的钥匙，拿到这把钥匙就等于打开课程精彩之门，但同时素材的滥用也会让课程毁于一旦。

⑥ 试讲优化

初步完成的课程就像一个孩子，需要在实践中不断成长。"说课"是我们用来介绍课程设计的方法，包括课程名称、授课对象、课程背景、课程目标、内容大纲等。"演课"是课程实践前做真实演练的过程。做好"说课"和"演课"可以让我们不断优化和调整课程，最终产出精品课程。

·········· 四、课件包的构成 ··········

1 课件包的作用

通常情况下，课程设计与开发的成果以PPT的形式展示出来。PPT作为培训师授课教案的同时学习者也在使用，但是PPT远远达不到课件包的要求。课件包作为一个成熟的课程设计与开发成果，需要形成一整套的材料。课件包可以让培训师更加系统地管理自己的课程，更重要的是，对于企业内部讲师来说，一整套课件包有利于进行知识管理，培训部可以将其装订成册，编入企业的课程库，这样做的好处有如下两点。

(1) 便于完善企业课程体系。一般情况下，企业的课程体系不是一朝一夕就能完成的，这是一个长期工程。企业需要有意识地开发课题，不断完善企业课程体系，因此，需要对每个课程进行全面的记录，包括学习对象、授课时长、内容大纲等。

(2) 便于后期的使用升级。随着内部讲师的转型或流失，需要补充新鲜血液，新成长起来的内训师就可以在原来版本的基础上进行升级，避免重复开发。

2 课件包的内容

课件包所包括的内容比较全面，具体如下。

1) 课程大纲

课程大纲是一门课程的简介，包括课题开发的背景、课程目标、授课对象、授课时长、教学形式、内容大纲、主要课题开发成员和日期。下面"从专业人才走向管理"课程大纲范例，如表1.1所示。

表1.1　"从专业人才走向管理"课程大纲范例

[课程背景]
在企业内部培养人才，是许多知名企业的成功法宝！古人云：学而优则仕，技而优则管，将公司的专业人才提升到管理职位，让其学会带领团队，是企业立于不败之地的不二选择！ 　　但是每一位企业的领导者都应当认识到，专业人才离开熟悉的专业领域，进入管理领域，是一个化蛹成蝶的过程，期间充满了痛苦与挣扎！刚刚转型做管理的主管和经理们能否迅速提升自身的管理技能，将直接决定着其能否成功转型、能否突破职业瓶颈，甚至决定着企业能否健康成长！ 　　在转型的过程中，其将面临以下具体问题： 　　1. 既是业务能手，又是团队领导，如何有效切换角色？ 　　2. 虽然人人头上有指标，可是团队成员没有完成任务最后却由经理承担责任，如何才能发挥员工积极性，使其积极高效地执行任务？ 　　3. 虽然团队人员不多，但年龄差异大，性格各异，如何实现有差别的管理？ 　　4. 处于中层，如何处理与上级、同级及下属的关系，做到畅通的上传下达？ 　　5. 如何让专业人才率领团队去完成企业的战略任务？

(续表)

　　有没有简单、易懂、全面、实用的管理技术，让专业人才实现转型梦想，让企业健康成长？因此，专业人才急需通过专业的管理类培训达到岗位的任职要求。

[课程目标]

通过一天课程的学习，使新任经理能够：

- 清晰描述管理的定义及管理者的4项基本职能；
- 能够通过案例说出管理的3个层次并能够意识到从自身修炼开始；
- 运用团队协作的沟通技巧在给出的课堂案例中进行有效分析。

[授课对象]

已经上任或即将上任的技术型管理者、主管、经理

[授课时长]

6.5小时

[教学形式]

讲授-启发式/互动式教学、小组讨论、案例分析、角色扮演、观看视频、心理测验-练习

[内容大纲]

第一部分：认知管理，开启意愿

一、管理的定义

二、管理发展之路

- 第一阶段：古典管理理论
- 第二阶段：行为科学阶段

三、管理的四项基本职能

- 计划
- 组织
- 领导
- 控制

第二部分：转变角色，修炼自我

一、常见管理角色错位

- 缺乏权威
- 事必躬亲
- 专业代表
- 传声筒

二、正确的角色定位

- 人际关系
- 信息传递
- 决策制定

三、管理的三个层次

- 制度建设
- 团队管理
- 领导力塑造

第三部分：凝聚团队，创造共赢

一、团队的定义

二、团队协作的五种常见模式

(续表)

- 竞争
- 合作
- 逃避
- 顺应
- 妥协

三、团队协作的沟通方式

- 上行沟通要有胆
- 下行沟通要有心

主要撰写人：   日期：

2) 讲师手册

讲师手册是一门课程的核心资料。一个完整的讲师手册按照PPT页面展示的内容包括标题页、自我介绍页、主题导入页、培训目标页、目录页、每一章过渡页、正文页、每章小结、总结回顾页、号召行动页、感谢祝福页。下面是"从专业人才走向管理"课程的讲师手册主要页面，如图1.2所示。

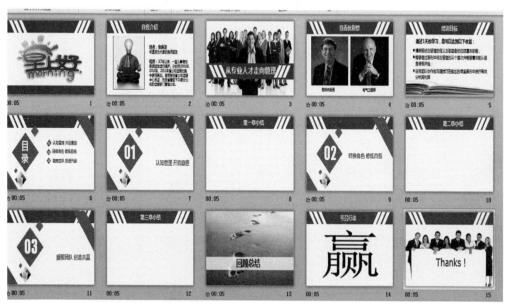

图1.2 讲师手册主要页面范例

按照PPT页面表现的形式，讲师手册通常包括PPT放映页面和备注页两部分。PPT放映页面是培训师需要在课堂上讲授的内容，包括素材、图片、案例、核心观点；备注页部分包括每页PPT内训师讲授时所用的时间、所讲授的台词和运用到的教学方法。通常讲师手册的制作最能体现一个讲师的专业水准，一个人如果拥有一份好的讲师手册，就能讲这门课程，可见其记录是非常详尽的。下面是"从专业人才走向管理"课程的讲师手册备注页，如图1.3所示。

图1.3　讲师手册备注页范例

3) 学员手册

学员手册是讲师提供给学员的学习资料，这里面不仅有课堂上讲师讲授的主要内容，还会有一些延伸阅读材料，供学员课后增长知识。学员手册可能有部分位置是留白的，需要学员在听课过程中边听边记录，这些内容一般比较重要，通过这种方式可以加深学员记忆。学员手册还包括练习部分，可以让学员结合自身的生活或工作经验进行学习，这样大大增强了学员学以致用的效果。

4) 导师工具箱

导师工具箱包括教学计划和各种重要教学方法的具体应用。

(1) 教学计划。教学计划包括时间段、内容、教学方法、所用时间，能够一目了然地知道在某个时间段，培训师讲哪些内容、运用了哪些教学方法、大概用多长时间，这些具体内容能让培训师的授课有条不紊。例如，"客户服务关键的行为模式"课程的教学计划如表1.2所示。

表1.2 教学计划范例

(教学时间：一天)

环节	内容大纲	教学方法	时间	时长
团队破冰	1. 讲师自我介绍 2. 废墟重建 3. 课程目标	游戏001：破冰游戏	09:00—09:15	15分钟
		小组讨论：为什么要重视服务？	09:15—09:45	30分钟
第一部分 深入认识 客户服务	1. 服务经济时代来临 2. 服务的概念与目的 什么是服务 分析Good Service与Great Service的区别 3. 重新认识客户忠诚对企业的意义	服务小测验 案例讨论：糟糕服务/寻常服务/优质服务 案例001：GREAT SERVICE 思考题：忠诚客户为什么对我们非常重要 摩拳擦掌：小试一回	09:45—10:45	60分钟
	课间休息		10:45—11:00	15分钟
	1. ××酒店顾客分析 2. 服务禁忌	练习：外公司的专业人士到达××酒店前要经过哪些环节？ 游戏002：优秀员工的自画像	11:00—12:00	60分钟
休息	午休		12:00—13:00	60分钟
午间充能	抓老虎/坐坐看	游戏	13:00—13:10	10分钟
	● 关键时刻的概念和起源 ● 探寻××酒店客户关系中的关键时刻	游戏003：充能游戏：坐坐看 案例002：SAS公司MOT传奇 讨论：××酒店的关键时刻	13:10—13:50	40分钟
	课间休息		13:50—14:00	10分钟
第二部分 客户服务 关键的行 为模式	MOT关键时刻的行为模式图 1. 奠定基调 2. 诊断问题	情景讨论：罗先生的需求 故事001：英国老门童 讨论：你怎么感觉到别人真正在听你说话呢？ 案例003：煎药服务 情景剧001：怎样的服务才是关怀服务	14:00—15:30	90分钟
	课间休息		15:30—15:40	10分钟
	MOT关键时刻的行为模式图 3. 解决问题 4. 总结回顾	录音001：预订康乐服务 情景练习：积极表达 案例004：一张"难订"的火车票 案例005：一次错误的转账 思考：在服务结束时，你希望服务人员做什么，你会更满意	15:40—16:40	60分钟
	课间休息		16:40—16:50	10分钟
	MOT关键时刻的行为模式图 5. 完善跟进	案例006：换房事件 案例007：真诚服务、情动客人	16:50—17:50	60分钟
课程结束	总结激励	讲授	17:50—18:00	10分钟

(2) 教学方法的具体应用。各种重要教学方法的具体应用也需要在导师工具箱中予以说明,包括教学方法在课程中的使用位置、所用时间、操作步骤、所用道具、最终传递的内容和观点等,以方便培训师对每种教学方法的熟练操作。以下列举了课堂中常用的教学方法的具体应用范例,游戏教学法具体应用范例如表1.3所示,小组讨论教学法具体应用范例如表1.4所示,案例教学法具体应用范例如表1.5所示。

表1.3 游戏教学方法具体应用范例

游戏001——破冰游戏:废墟重建

在课程中使用位置:授课前,PPT 4			
形式:分组	时间:15分钟	材料:白纸、笔、胶带	场地要求:教室

目的:
活跃培训课程的开场气氛;
培养团队合作意识和凝聚力;
设立课程目标

操作步骤:
- 将参与人员按每组5~6人分组,并推选出各组的队长;
- 在队长的带领下,各小组集思广益为自己的团队起一个队名(不超过4个字且与服务相关)并设计一个队徽;
- 各组队长组织队员讨论对本次培训的期望,筛选出最有代表性的三条期望并记录在白纸上;
- 将写有自己小组期望的白纸贴在离该小组最近的墙上;
- 当各组基本完成后(约10分钟),讲师请各组的代表上台向大家介绍自己的团队。

注意:
- 讲师需提醒学习者期望的内容尽量具体详细;
- 讲师要结合课程的目标对学习者的期望给予适当的意见;
- 讲师要对各组的陈述表示欢迎和感谢

导师点评:
    破冰游戏的重点在于创造机会让各小组成员相互认识、熟悉,培养团队合作的精神,并且让学习者在相互的沟通中明确此次培训的目的——大家希望通过培训得到些什么

表1.4 小组讨论教学方法具体应用范例

在课程中使用位置:PPT 5	时间:10分钟

讨论主题:为什么要重视服务?谁是衡量服务质量的人?

操作步骤:	备注
- 在各组组长带领下,讨论两个问题; - 将讨论结果整理在大白纸上,并注明组名; - 讨论完成后,请各组委派一位代表,轮流用大白纸展示并发表讨论的结果; - 发表完成后,导师提醒个性部分,总结共性的部分; - 要求各组把自己的讨论结果都张贴在自己小组座位旁边的墙壁上	可以采用有奖方式鼓励小组积极讨论,并建议每组每次派出不同的代表,让小组成员都有展示的机会

导师点评:
    通过讨论,大家都认同服务是核心竞争力。归根结底,顾客是衡量我们服务质量的人

表1.5 案例教学方法具体应用范例

案例001——GREAT SERVICE

在课程中使用位置：PPT 17	发生地点：希尔顿酒店

案例知识侧重点： 通过对此案例的分析讲解，让学习者明白什么是卓越和富有个性化的服务	

案例内容	分析
好多年以前，Linda还没有进酒店行业，也没见过什么世面，她和一个朋友相约在希尔顿饭店的餐厅吃饭。在西餐厅的桌面上有一个水晶杯，非常精致，开始她们也不知道它是做什么用的。刚好Linda的朋友在吃西餐的时候需要一个喝汤的碗，Linda看到那个水晶杯非常适合，就建议朋友使用那个水晶杯。后来Linda从事酒店业工作，知道了那个水晶杯的用途，大家猜猜它是做什么用的？原来它是烟灰缸。各位知道，在希尔顿饭店，服务人员是很充足的，因为这样才能保证随时随地发现客户的需求并提供服务，但是却没有一个服务人员过来告诉Linda这个水晶杯的正确用途，这是为什么？因为他们不希望我们难堪，这就是一种卓越服务能力的表现。事情过去很久了，可是这次用餐经历让Linda难以忘怀	为什么当服务人员看到Linda她们在用烟灰缸喝汤时没有提醒它的正确用途呢？带来的思考有哪些？

总结建议	通过刚才的讲解，我们会发现，如果我们只是一切按章办事，照本宣科，按照既定程序和普遍规律为客户提供服务，在有的时候会让我们的客人觉得尴尬。而希尔顿的服务人员充分尊重客人的想法和做法，只要客人觉得这个烟灰缸可以用来喝汤，那这个烟灰缸此时就可以成为汤碗，我们永远不能否定客人的想法，要明白客人永远是对的！并且要为客人创造亲切、轻松、舒适的环境和卓越的服务，让客人在任何时候都能收获美好的感觉

第二节
磨选题：聚焦问题 分析课题

课题分析指的是在既定的课题范围内，围绕课题方向，分析出培训对象与之相关的问题，从而获得课程所需的重要信息。课题分析作为课程设计和开发的基础，是建立课程与学员联系的关键，是建立课程基本信息的重要前提。

一、从课题到课程的困惑

在追求效率的商业环境中，课程设计同样需要借助有效方法及工具提高效率。特别是在企业培训中，当培训师领到某一课题开发任务，或在工作过程中发现问题从而转化为课程并开展培训，可供培训师课程开发的时间并不多。

在日常设计课程过程中，从"课题"到"课程"培训师会碰到这样的困惑：

- 收集到的问题很多，如何做问题分析，抓住关键？
- 该选题方向有很多素材和信息，但培训时间有限，不可能面面俱到，如何作内容裁剪？
- 培训主要为了解决人的问题，如何有针对性地组织课程内容？
- 培训后如何检验问题已经解决？

从课题到课程的过程中提出解决问题的方法，为"课题分析法"。课题分析法结合课程设计中的关键要素，进行有针对性分析，让培训师能够在分析的过程中，对课题作深度思考，进而理清思路，避免发散性思维耽误太多构思时间。

课题分析法可以由培训师自我填写，采用自问自答的形式；也可以由一方提问发起，培训师通过口头方式回答。

·········· 二、解读"课题分析法" ··········

课题分析法具体由五个围绕课题展开的问题组成，分别为：

- 对象分析：这个课讲给谁听？
- 问题分析：为了解决什么问题？
- 影响分析：为什么要解决这个问题？
- 方案分析：如何解决这个问题？
- 效果分析：通过什么检验该问题已解决？

五个问题相互独立同时又相互联系，如同医生问诊，对象分析：哪个病人得病了？问题分析：病人哪里不舒服？影响分析：为什么要治这个病？方案分析：怎么治这个病？效果分析：如何检验病已经治好了？通过系列问题，最终分析病因并开出有效药方。

"课题分析法"针对性非常强，这主要体现两个方面：一是对象明确，问题始终围绕学习者而展开；二是方向明确，所有的问题答案都是为了课程开发做准备。

·········· 三、"课题分析法"为课程设计提速 ··········

课题分析法应关注以下事项。

1 对象分析：这个课程讲给谁听?

在回答这个问题时，培训师需要对学习者作以下分析：职务、年龄、层级、工作年限、男女比例。课程的受众应聚焦同一职务或同一层级的学习者，否则需要扩充课题内容或使用多样化的教学方法。

比方说讲授"如何提升组织执行力"的课程，如果把基层、中层、高层的人都召集在一起上课，就需要分别结合层次的学习者设置有针对性的内容，囊括的课题内容会很多，很显然课程实施难度非常大。

所以，学习者群体统一能够让课题更有针对性。

2 问题分析：为了解决什么问题?

首先，在课题分析前，我们往往会界定一个课题方向或课题范围。这样，在课题分析时，培训对象工作中的全部问题就不需要一一罗列出来，只需写出与选定课题相关的问题。

其次，培训要解决培训对象"本人"的问题。为了更好地说明这些问题是学习者"本人"的问题，我们必须把出现在学习者工作场景中的问题详细地罗列出来。这些问题大多体现在意识不够、知识欠缺和技能不足三个方面。

需要注意的是，如果需要解决的问题比较笼统(后期课程设计时不利于匹配具体的学习内容)，如"服务意识不强"，还可以具体到工作中的具体行为上，如"某某在接待客户时，要等客户走上前才主动开口，不能提前迎接客户进来"，这样得出的答案就比较具体了。问题分析这个过程非常考验培训师发现问题的能力，好的培训师都是发现问题的高手。如果培训师自身没办法发现学习者存在的问题，可以通过需求调查、专家访谈、行为观察等方式获取。总而言之，提出的问题越多、越具体，培训的针对性就越强。

3 影响分析：为什么要解决这个问题?

对这个问题的回答可以从正反两方面来思考。一是，如果这个问题解决了，会为公司层面、客户层面、个人层面带来哪些价值?二是，如果这个问题不解决，会给公司层面、客户层面、个人层面带来哪些影响?对这两方面思考得越多，课题的价值就被挖得越深。但是，如果所有的回答都是否定的，如该问题其实解不解决都无所谓，那么说明该课题开发的意义不大。

在这个阶段，培训师在回答这些问题时，可以有意识地寻找一些论据，如近期的统计数据、发生的案例、法律法规条文、权威人士的话语、符合观点的视频等，主要为后期收集素材提供方向。

4 方案分析：如何解决这个问题？

当培训师回答这个问题时，首先要做好角色定位，以培训师的角度看问题，而不是以管理者的角度看问题。很多培训师都具有双重身份甚至多重身份，要避免在看待问题时从管理者的角度去提出解决方案。

举个例子，某培训师是银行网点负责人，同时也是一名企业内训师，有一次他负责设计和开发一门"如何让员工工作更有成效"的课程。其中碰到这样一个问题，新制度要求员工化淡妆上岗后，有很多员工迟到的现象。该培训师在"方案分析：如何解决这个问题"中写出了以下措施：①增强员工高效工作意识。②每天晨会点名批评迟到人员。③加大迟到人员扣分力度，从原来的3分改为5分。很显然，这是个从管理者的角度做的方案，当这部分培训内容出现在培训课堂上，大家可以想象培训效果。也就是说，该培训师利用了管理手段而不是培训手段来解决问题。针对这一问题，较好的方法是在课堂中教学习者"如何3分钟搞定一个妆容"等实用技巧，节省员工化妆时间，从而达到解决问题的效果。

除了做好角色定位，培训师还需要增加知识储备量，因为"方案分析"环节需要收集大量资料。需要注意的是，收集的资料要与"问题分析：为了解决什么问题"有关，否则再好的内容，也要摒弃。

如在某次课程中，培训师针对车间员工设计与开发"车间消防安全实务"的课程，当时培训师收集到了几个非常全面的有关消防安全的课件，大概有200页，其中对中国消防的演变进程描述得非常清晰。培训师一开始把这些内容都放进来，后来想到"问题分析：为了解决什么问题"，发现"中国消防的演变进程"与"车间消防安全"没有太多的关联性，最终裁剪掉那部分的内容。

5 效果分析：通过什么检验学习的成果？

培训最终需要体现培训效果，而培训效果集中体现在学习者的行为表现上。尽管培训后的效果转化占主要方面，但我们也应尽量让课堂培训效果最大化。因此，培训师需要通过一些教学方法来检验培训效果。

不同教学内容的检验培训效果的方式不同。如果是态度类内容的培训，可以在培训课堂上设置一些情境让学习者给出评价，借此来判断其观念的转变程度；如果是知识类内容的培训，可以通过让学习者复述或测试的方式来检验；如果是技能类内容的培训，可以提供一些背景让学习者在课堂现场做角色演练，同时培训师给予及时指点。因此，如何检验需要考虑两个要素：第一，这部分是属于态度、知识还是技能的内容，不同的内容选择不同的检验方式；第二，让学习者达到怎样的教学效果，需要对照"问题分析：为了解决什么问题"进行分析，并以学习者实际工作的需求作为重要的检验参考依据。

比方说，银行的"柜面识别客户技巧"的课程，如果面对的问题是"柜员在业务受理过程中，不知道如何区分不同的客户"，依据问题可推断解决后的效果是"让柜员能够按照客户办理业务的种类快速进行客户分类"，那么在检验培训效果阶段，就必须以"给出不同的业务，测试学习者能否快速区分客户类型"来检验；但如果面对的问题是"柜员在业务受理过程中，不知道如何区分不同的客户并有针对性地推荐产品"，依据问题可推断解决后的效果是"让柜员能够按照办理业务的种类快速进行客户分类，并能够合理推荐产品"，那么在检验培训效果阶段，就必须以"给出不同的业务，通过角色扮演的方式让学习者能否快速区分客户类型并进行产品推荐"来检验。

有效的课题分析意味着讲师很好地建立了内容和学员工作的联系，对课程设计有积极的意义。现以某银行"如何认识会计分录"的课题分析(见表1.6)为例进行介绍"课题分析法"的实际意义。

表1.6 "如何认识会计分录" 课题分析范例

问题	答案
对象分析：这个课讲给谁听？什么岗位？(年龄、层次、男女比例)	网点的柜员和会计、工作年限不超过3年、女性居多
问题分析：为了解决什么问题(该问题一定是培训对象在工作中碰到的问题，并与工作场景相关)	日常工作中经常有客户问，票据中的借贷是什么意思，柜员不清楚，然后问会计，会计也不是很清楚。后来调查了一下，网点80%的人都不是很清楚
影响分析：为什么要解决这个问题？ 正面：解决了对银行有什么价值？对个人有什么价值？对客户有什么价值？ 反面：如果不解决对银行有什么危害？对个人有什么危害？对客户有什么危害	这是基础的金融知识，需要对银行员工普及。况且如果客户问起相关问题，我们答不上，也显得我们很不专业

（续表）

问题	答案
方案分析：如何解决/改善这个问题？ 需要改变什么态度？传授什么知识？指导什么 技能？能罗列得更具体一些吗	首先普及一下会计分录的定义，都有哪几部分组成。 其次是教他们一个解读知识的方法
效果分析：课堂上通过什么检验学习的成果	在培训现场给出几个会计分录，看一下学习者是 否能够运用所学到的方法来说出借与贷的含义

可以看到，"问题分析"中所罗列的所有问题，都发生在学习者身上，同时，都是有关知识欠缺或技能缺失的问题；从"影响分析"中也可以看到，罗列的影响从银行和个人两个角度进行分析；在"方案分析"中体现的是培训师通过教授学习者一些知识和技能来解决问题，运用的是培训手段而不是管理手段；最后在"效果分析"中也对应了"问题分析"中提及的问题进行检验。

四、"课题分析法"链接课程设计

课题分析法通过问题和答案的方式得出结论，以此来指导课程设计。

课题分析的信息最终会在课程设计的课程大纲中体现。课程大纲一般包括课题名称、学习对象、授课时间、课程背景、培训目标、内容大纲、教学形式等。

培训师在课程的设计与开发中，可以通过课题分析法分析的信息梳理设计思路，完成对内构思的过程，通过课题分析法的结论找到原始信息。通过表1.7的方式，可以找到"课题分析法"与"课程大纲"内容的对应关系。

表1.7　"课题分析法"与"课程大纲"内容的对应关系

课题分析法	对象分析	问题分析	影响分析	方案分析	效果分析
课程大纲	学习对象	培训目标	课程背景	内容大纲	教学形式

"课题分析法"中的对象分析可以对应"课程大纲"的学习对象，包括工作年限、职务等信息。

问题分析可以对应"课程大纲"的培训目标，通俗来说叫"缺什么补什么"。问题分析体现的是学习者缺的东西，而培训目标体现的是学习者补了之后的状态，两者起到相互呼应的关系。

影响分析对应"课程大纲"的课程背景，具体描述课题开发对行业、企业、学习对象个人的影响，说明课题开发的价值。

方案分析对应"课程大纲"的内容大纲，不同的是前者罗列的内容比较全面，但是逻辑性不够，而后者需要遵循一定的逻辑结构，体现课程的核心知识体系。

效果分析对应"课程大纲"的教学形式，如运用测试、案例分析或角色扮演来进行训练和检验，让教学形式更加丰富有效。

实 | 用 | 工 | 具 | 练 | 习

课题分析法及练习

演练目的：运用"课题分析法"对需要开发的课题进行课题分析

基本要求：请根据待开发的课题，完成表1.8的填写，并至少找一位伙伴分享您的填写内容，借此对课题进行深度分析，并进一步理清课题思路。

表1.8 课题分析

问题及填写要求	答案
对象分析：这个课讲给谁听？什么层级？什么岗位	
问题分析：为了解决什么问题(该问题要跟课题方向相关，是培训对象在工作中碰到的问题，与工作场景相关，并具体表现为可列举的行为)	
影响分析：为什么要解决这个问题？ 该问题要从开展这个课程的必要性上加以分析，可以从环境竞争、公司战略发展需要和领导要求三个层面来描述。也可以从正反面来描述。 解决了对公司有什么价值？对个人有什么价值？对客户有什么价值？(正面) 如果不解决对公司有什么危害？对个人有什么危害？对客户有什么危害？(反面)	
方案分析：如何解决/改善这个问题？ 是指基于课堂的解决方案，即需要改变什么态度？传授什么知识？指导什么技能？主要为前期分析的各个问题找出相应培训的具体内容，这些内容包括某个具体的概念、要点、原则、流程、技巧、方法等。 在填写时，需要把内容罗列得非常具体	
效果分析：课堂上通过什么检验学习的成果？这里说的是"课堂上"如何检验，而不是"课后"在实际岗位上如何检验	

第三节
磨目标：梳理差距 锁定目标

在课题分析工作完成后，讲师可以问自己一个问题"课程究竟能让学员学到什么"，这就是培训目标的设定了。

一、培训目标的作用

培训目标在一堂培训课中的作用究竟如何？可以说如果没有清晰的培训目标，就无法衡量培训的有效性，因此培训目标在培训中的价值在此就不再赘述了。然而虽然很多人已经知道了培训目标的价值，却没能很好地表现出来，导致培训目标书写流于形式。请看以下两条培训目标的书写：

(1) 通过本次课程的学习，让学习者能够规避操作风险，使车间安全达标率为100%；

(2) 通过本次课程的学习，了解一些沟通的基本原理，掌握有效沟通的技巧。

相信大家对这样的培训目标并不陌生，但是这样的课程目标是存在问题的。培训目标针对的是个体或群体行为的改变，是学习者培训后能检验的学习效果。换句话来说，就是学习者在课堂上学会了什么，表现为可衡量、可量化的具体行为和操作。

如第1条中"使车间安全达标率为100%"的培训目标，这个目标并不是课堂上能达到的，是学习者在课堂上学会某种规避操作风险的技巧和方法后在业务实践中体现出来的。这种以业务效果为衡量标准的目标，我们把它称为"业务目标"。通常培训目标就是课堂上学习者学会的某种规避操作风险的技巧和方法，当然这些技巧和方法一定是为了实现"使车间安全达标率为100%"这个业务目标。

第1条目标可调整为：

通过本次1.5小时的课程，让学习者能够写出3种操作风险的类型，能够在案例中识别出可能的风险类型并写出风险预控对策。

当然，这样书写培训目标并不是说业务目标不重要，只有清晰的培训目标，才能衡量培训的有效性，才能促使业务目标的达成。业务目标的达成离不开培训后的工作实践，需要在培训目标的指导下促进知识、技能的应用。

第2条目标在书写上选择了一些不可衡量的动词，如"了解""掌握"，这些动词都过于笼统，导致学习者学习后的状态无法判断。因此也需要调整如下：

通过3小时的课程，让学习者能够说出沟通的基本概念和原理，能够在场景演练中运用有效沟通的五大技巧做出沟通过程的演示。

培训目标在书写上如此考究，并不是为了符合某套标准或者为了美观，而是因为精准的培训目标书写能够起到标尺的作用，能让培训效果立竿见影。

1 准确的培训目标书写能够为讲师作内容裁剪时提供依据

讲师在开发某个主题课程结合自身经验的同时会大量收集资料，在有限的时间里对海量的信息进行取舍，一定要以学习者的当前问题为中心、以学习者当前的短板为中心，而这些在培训目标上有明确的体现。如果讲师没有依据培训目标进行讲授，产生的现场效果就是讲师想到哪讲到哪，甚至会出现讲师对某个无关紧要的知识点夸夸其谈却忽略了其他重要内容的情况。

例如在某一次项目访谈中，我们需要协助20名企业高层做课程开发，每位领导需要开发一门课程。其中有一位领导对讲课需要课件这件事情比较排斥，他的观点是上课不需要备课，不需要做课件，不需要书写培训目标。当时他还跟我们谈起他25年行业的工作经验，说所有的案例、相关政策法规都在他的脑里，学习者想听什么，他基本上都能讲什么，只要不超出他们的专业领域。我们钦佩这位领导丰富的从业经验的同时，也带着一丝疑问采访了他的授课对象。事实正如我们所推测，反馈回来的信息主要有三点：一是这位领导行业经验丰富；二是这位领导经常利用下班前的半小时给大家开展培训；三是这位领导所讲的很多案例会在各个培训中重复出现，甚至有的案例在上次培训中已经讲过，有的案例大家听了一半就知道结果了，但这位领导每次都像讲新的案例一样，声情并茂。

上文案例中的领导不是在做培训，他的课堂充其量为经验分享，并且中心为分享者，不是学习者。因为真正的培训以学习者为中心，能够让学习者在知识、技能、态度上发生改变，培训10分钟就要产生10分钟的效果，参与1小时就要有1小时的收益。因此，培训目标书写准确，讲师在授课过程中铭记于心，才能真正带着学习者完成这段学习之旅。

② 准确的培训目标书写能让讲师清楚授课过程中的侧重点，合理安排时间

没有经验的讲师授课，当课程结束后，学习者对于这次课程所学的内容并没有特别清晰的印象，如蜻蜓点水；而有经验的讲师能够安排好内容与时间的关系，能够把更多的时间和精力放在重点难点上这样，当课程结束后，学习者能够非常清晰地知道本次课程的重点难点，并能够在课堂上得到很好的体验和练习。当然，要做到这一点，除了培训目标书写清晰之外，还需要结合有效的教学方法。

③ 准确的培训目标书写能够提高培训测评的准确度

课程是否有效，最好的检验方法是在课堂上设计测评环节，但是测评到什么，就要视培训目标而定了。

例如一个教学习者切蛋糕的技能课程，培训目标是让大家能够学会切蛋糕，只有1.5个小时的培训时间，在蛋糕房里面，人数为5个人，这些都是培训的资源条件，那么有三种测评方法来检验培训效果：

(1) 让学习者描述切蛋糕的步骤和流程；

(2) 让学习者实际操作一遍；

(3) 让学习者评价其他人切蛋糕。

你会选择哪种测评方法呢？很显然答案是第2种，为什么呢，因为此次培训的目标就是让学习者学会切蛋糕，所以在检验培训效果环节就应该让学习者动手操作一遍，通俗来说就是，目标是什么就检验什么。

因此，培训目标书写是一个严谨的环节，需要讲师结合学习者情况、组织方需求和资源条件作反复确认，才能让培训目标落于实处，充分发挥培训目标在授课过程中的指导作用，同时成为培训效果评估的有力依据。

培训目标的产生和书写，国外已有很多研究。以研究行为目标著称的美国学者马杰(Mager)于1962年在他的《程序教学目标的编写》中提出，一个培训目标应该包括行为、条件、标准三个基本要素。后来在教学设计的实践中，人们认为有必要在三要素的基础上，加上教学对象的描述，简单来说就是描述学习者通过培训后能够

做什么，在什么条件下做，并且能做到什么程度。

培训目标的书写格式比较复杂，因为在教学的实践过程中会发现，一次培训课程不可能只有一个培训目标，而且有时条件和标准很难区分，例如"3分钟之内"既可以认为是条件的描述，也可以认为是标准的描述。后来另一位行为研究学者格兰德(Norman Gronlund)提出了用行为(Behavior)加标准(Degree)的形式来表述，更为简便。

综上所述，一条标准的培训目标从产生到完成书写应该经过4个阶段：从业务差距中梳理目标、区分目标的类别、通过描述行为的方式书写目标、确定和调整语言的表达格式。

二、从业务差距中梳理目标

虽然通过学习者的改变会最终影响组织绩效，但培训目标的主体是学习者而不是组织，培训目标更多体现的是学习者在态度、知识、技能上的提升情况。与培训目标呼应的方向即为学习者目前的业务短板，因此第一步需要梳理业务差距，这个差距体现在学习者身上，而不是组织身上。

比如，某咖啡厅第三季度投诉率上升，分析原因主要有以下几点：该季度咖啡豆的品质有问题、点餐系统由于升级操作缓慢、服务人员对标准化操作不熟练和个性化技能不足等。如果要组织一次针对服务人员的服务技巧培训，讲师就不能单纯地将"通过培训，降低咖啡厅第四季度投诉率"作为培训目标，因为这个针对的是组织绩效，而应该找出服务人员服务技能的业务差距，比如对标准化操作不熟练，培训目标应改为"通过培训，服务人员能够在培训课堂上流畅地展示出标准的服务七步骤"。

另外，在"课题分析法"课题分析的问题分析中，很容易找出对应目标的内容。课题分析中问题的分析越全面，对目标内容的提炼越有利。

三、区分目标的类别

布卢姆在其《学习、教学和评估的分类学》一书中写得非常清楚，教学过程中需要找出不同目标的一些共性特点，使用类似的教学手法和训练手段。他把培训内容分为三类，简称KSA模型：K(Knowledge)知识，包括事实性知识和概念性知识；

S(Skill)技能，程序性知识；A(Attitude)态度，反省认知知识。在组织中，让员工完成某项工作任务，他就需要从知识、技能、态度三方面学习。

比如一位公司前台人员要做好这份工作，从知识层面需要学习相关的公司制度、每个分机号码代表哪个部门、公司的组织架构等；从技能层面需要学习各种办公设备的操作、接待的流程和技巧、电话接听的标准语言和技巧等；从态度层面需要学习服务精神、负责任的心态等。因此培训师在撰写培训目标之前，需要分析学习者(前台人员)的短板，并且区分哪些属于态度问题，哪些属于知识欠缺，哪些属于技能操作不熟练，再将这些内容按类别纳入目标书写范畴。

需要注意的是，虽然培训目标的内容包含了知识、态度和技能三种类别，但以技能实操为主的目标(内容)在课堂上所占的比重会越来越大，造成这种情况的原因有三点：第一，这类以应用为主体的课程更能体现讲师的实操经验和分享价值。第二，随着互联网的发展，E-learning平台和碎片化学习模式广泛应用，学习者可以通过自主学习来完成大量知识类课程内容的学习。第三，尽管学习者业务短板中或多或少存在态度问题，但态度的改变恰恰是培训的难题，因为态度的改变需要时间，而培训的时间是有限的。另外，态度的改变对教学手段的要求很高，培训效果受环境、学习氛围、讲师授课技能等多方面影响。但当培训目标中不可避免出现大量以态度改变为主导内容时，应以专题的体验、拓展、事迹分享、企业文化精神故事会等特殊的培训形式来设计教学。因此，在常规的企业培训中，我们提倡大多数培训应侧重员工技能的提升。

四、通过描述行为的方式书写目标

这个阶段是培训目标书写的关键，培训最终体现的是学习者行为的改变，需要做到以下两点。

1 权衡学习者能够达到的程度

对于知识、态度和技能的各项目标，学习者需要学到什么程度，在目标书写时需要考虑。

比如，"让学习者通过1个小时的学习，能说出功夫茶的冲泡步骤""通过1个小时的学习，让学习者能依据功夫茶的冲泡步骤，冲泡出符合A标准各茶品类的功夫茶"，这两个目标的程度要求显然是不一样的。

那么目标的程度如何界定呢？在实际操作过程中可从以下三方面加以权衡。

(1) 学习者的基础。新晋员工记住相关的概念、分类、原理就可以了；3～5年工作经验的员工，不仅能记住概念，还能综合应用和分析。

(2) 培训资源和教学的条件。培训资源包括时间和环境，如果时间有限，学习者只能停留在简单了解阶段；如果环境受限，比方说有些课程需要户外操作，学习者在课堂上的培训目标只能是"描述出操作过程中的注意事项"，而不能达到"学习者现场熟练演示"的培训效果。这里的教学条件主要指企业和培训对象对培训形式的接受度。前文中提到，改变态度需要时间和教学手段的多样性，把握不好就会出现态度认知的不一致，让人觉得"不可理喻"。

(3) 学习者实际开展的业务。对培训对象业务缺乏理解就不能明确其需求，这样是写不出好的课程目标的。通过对学习者工作的了解，结合表1.9进行比对，最终确定课程学习中需要学习者达到的目标水平。

表1.9　三大类学习内容目标水平层次描述表

目标类别	程度等级	目标水平的描述
知识性目标	低↓高	了解水平 再认或回忆事实性知识；识别、辨认事实或证据；列举属于某一概念的例子；描述对象的基本特征等
		理解水平 把握事物之间的内在逻辑联系；在新旧知识之间建立联系；进行解释、推断、区分、扩展；提供证据；收集、整理信息等
		应用水平 归纳、总结规律和原理；将学到的概念、原理和方法应用到新的问题情境中；建立不同情境之间的合理联系等
技能性目标	低↓高	模仿水平 在原型示范和他人指导下完成操作，或对所提供的对象进行模拟等
		独立操作水平 独立完成操作；在评价和鉴别基础上的调整与改进；尝试与已有技能建立联系等
		熟练操作水平 根据需要评价、选择并熟练操作技术和工具，在新的情境下运用已有技能，理解同一技能在不同情况中的适用性等

(续表)

目标类别	程度等级	目标水平的描述
情感(态度)性目标	低↓高	经历(感受)水平 从事并经历一项活动的全过程，获得感性认识
		反应(认同)水平 在经历基础上获得并表达感受、态度和价值判断，做出相应的反应等
		领悟(内化)水平 建立稳定的态度、一贯的行为习惯和个性化的价值观等

②按照类别和目标的程度选择合适的动词

书写目标时需要挑选表现性动词或用特定的语言表达方式，让培训目标更清晰、可衡量。如"了解""掌握""明白""学会""希望"等词义过于模糊，在书写培训目标时应尽可能避免使用。

总体来说，针对三类学习内容的不同层次，选择不同的动词来表现培训目标，表1.10可作为参考。

表1.10　三大类学习目标常用的表现性动词表

目标类别	目标水平	推荐使用的行为动词或参考格式
知识性目标	了解水平	叙述、背诵、辨认、复述、描述、识别、列出、列举等
	理解水平	解释、阐明、比较、分类、区分、对……进行整理等
	应用水平	分析、设计、制订、选用、选择、判断、依据……解决……问题、检验等
技能性目标	模仿水平	对……进行演示、模拟、编写(说出)等
	独立操作水平	运用、使用、制作、操作、搭建、安装、开发、制定、解决、绘制等
	熟练操作水平	熟练操作、熟练使用、有效使用、联系(依据)……灵活运用、联系(依据)……进行转换等
情感性(态度)目标	经历(感受)水平	对……进行体验、经历……过程、感受、讨论、观察、参与……尝试、意识到等
	反应(认同)水平	认可(接受)……并加以分享、识别、指出、支持……并说明理由、依据……做出……行为、分享等
	领悟(内化)水平	形成(确立、树立、构建)……并做出……举动、具有……特点、表现……行为、坚持(保持)……观点(行为)等

五、确定和调整语言的表达格式

任何工具的广泛应用必须具有一个前提——简单实用。培训目标的表达格式可以简单概括如下(注：课程的培训目标通常指的是课堂的培训收益，因此标题也可写为"课程目标")。

- 对象——学习者；
- 条件——通过多少时间的学习和演练；
- 动作——表现性动词；
- 内容——所学习的知识；

某个课程的培训目标如图1.4所示。

课程培训目标
通过3小时的学习和演练(条件)，学习者(对象)能够：
• 描述(动作)车床操作的动力原理(内容)；
• 画出(动作)车床操作的原理图(内容)；
• 指出(动作)案例中故障点并列出整改措施(内容)。

图1.4 培训目标的表达格式范例

培训目标的梳理并不直接影响讲师授课的"表达"效果，但它体现了整个课程的价值。因此，一个优秀的讲师应该重视课程的培训目标，并不惜花费比授课更长的时间来书写。

实用工具练习

培训目标书写及练习

目的：培训目标书写练习

要求：请根据待开发的课题，进行培训目标的书写

_____

_____

_____

_____

_____

_____

第四节

磨结构：厘清逻辑 搭建框架

书籍通过目录就能表明整体思路。书籍的目录是读者看书的索引，书籍的目录不仅体现书的逻辑是否清楚，还能体现结构和内容是否合理。如同书籍的目录一样，文字版课程大纲就是课程结构的表达形式，课件的核心内容也是依据文字版课程大纲去制作和调整的。

一、课程结构既是知识结构也是表达结构

优秀课程的结构都是非常清晰的，讲师在进行课程结构设计时，既要梳理课程知识的体系，又要考虑授课的过程。课程结构可以帮助授课者厘清逻辑，提高授课时的流畅性。因此，课程结构是课件全部内容的框架，也是讲师的表达结构。一旦课程结构形成，改变起来是相当困难的。因此，在课程设计时必须有正确的思路指引，避免课程设计不当导致结构重建，推倒重来。

二、课程结构搭建应遵守的原则

1 紧扣主题

所有的课程结构都应围绕主题去展开和设计。主题的方向和范围直接影响结构的框架和设计的复杂程度。

比如，"微信营销"和"创新型微信营销"这两个课题虽然都是讲微信营销的内容，但它们主题侧重点显然不同，前者重点在微信营销，而后者重点则在微信营销的"创新"上。又如，"高效沟通"和"跨部门沟通"这两个课题虽然都是讲沟通的，但它们的主题范围却不相同，前者范围较大，后者范围小。

因此，课程的主题会决定课程的内容，在设计这些课程结构时，不能把一些与主题不相关的内容随意堆砌上去。但是需要注意的是，我们还要留意课程结构所涉

及的内容是否将课程目标的内容涵盖进去。一旦发现课程结构的内容没有涵盖课程目标的内容，必要时我们需要修改标题，扩大标题范围。

② 联系培训对象

课程的结构就是课程的内容框架，它包括学习者需要学习的全部内容。很多人在进行课程结构设计时容易走进一个误区，他们认为只要把学习的知识罗列出来就可以了。比如，有些课程是讲产品知识的，课程设计者经常把产品手册照搬到课件上去。从知识的完整性来讲，这似乎没问题，但是大多数产品手册描述的是产品的基本信息，而不同工作岗位的人员来听这些产品知识的目的却是不同的。也就是说，销售人员、维修人员、服务人员等对这些知识的应用各不相同。不可否认核心知识应该是课程内容的一部分，但从听众的角度来讲，我们设计课程时还应该考虑学习者在运用这些"知识"时的"态度"和实际工作中应具备的操作技能。课程的结构不是简单的知识内容的排列，它需要更多考虑学习者，让内容与学习者的工作联系更紧密。

③ 内容之间的关联

各种逻辑顺序有很多，但内容之间的关联非常重要。搭建课程结构的一个重要环节就是考虑模块和模块之间、内容和内容之间的逻辑顺序。

某些内容之间的逻辑不仅应考虑"顺序"问题，还需要考虑前后的"呼应"问题。

例如，在"员工职业化"课程的第一部分，讲师讲授了"职业化的意义"，接下来分别讲授"什么叫职业化"和"如何做才算职业化"。在第一部分"职业化的意义"中详细讲了"对企业的意义""对个人的意义"，第二部分重点讲授了"职业化的定义""基本要求"，最后一部分"如何做才算职业化"详细讲了怎么做的"几个要点"。这种结构在逻辑上问题不大，但从授课效果来考虑，特别是第一部分"职业化的意义"，学习者在听的时候容易觉得是"讲大道理"，职业化的意义不讲大家也知道一二。因此我们建议在第一部分不仅要讲意义，还要加入职业化进程中"有什么误区，常见的问题是什么"等内容。这样一来，第一部分的标题应该有所调整，可以用"职业化进程中面临的挑战"作为标题，一方面能够有效地"联系听众"，引导学习者深度学习，另一方面可以为后面"正确的做法"埋下伏笔。内容之间的关联是结构设计中非常重要的细节问题，需要精心设计。

4 关注应用

无论讲什么样的课程，我们都希望给学习者带来工作上的指导，所以课程结构搭建应关注应用，即课程结构下的课程内容要紧密联系学习者的实际工作，并能对学习者的工作有所启发，并能应用到工作中。

一些直接讲应用的课程，如"线路故障的排除"，这类课程几乎都与"应用"紧密联系，课程结构比较容易搭建；还有一些与工作应用没有直接联系的课程，"企业文化""××产品的特征与设计理念"，这类课程在结构设计中如果不关注"应用"的话，很容易把课程变成"照本宣科的材料"。

另外，课程结构的搭建还需要考虑"课程目标"，课程目标中的"知识、态度、技能"的内容，都需要在课程结构的某一部分体现。这也可以为上面所说的"联系培训对象""关注应用"提供依据。

考虑清楚这几个基本原则后，我们就可以在此基础上来搭建和调整课程结构了。

三、确定写实、"聚焦"的标题

标题就是你的课程题目，是所有课程内容的概括。课题的方向一般在结构设计前"课题分析"的步骤中完成的。为了让课程更加切合学习者的需求，更加鲜明突出，我们有必要对主题进行进一步的界定，最终确定课程的标题。标题确定后会对课程内容产生极大的约束。

在确定标题的过程中除了考虑课程时间外，还要考虑以下两个方面。

1 标题应更写实

"实"指的是实际操作，我们不仅要关注"知识"，还需要关注"应用"。一个好的培训课程，我们要避免仅仅普及知识。例如，把"××产品的简介"调整成"××产品的基础知识及操作实务"，在接下来课程框架和内容的设定中，修改后的标题更注重"应用"，不仅避免了单纯普及知识，还使课题方向更明确、课题内容更实用。

2 标题要更"聚焦"

写实是让我们注重操作，但学习对象不同，需要的"操作"存在很大差异。课程的设置都是为了帮助学习者解决工作中的实际问题，所以围绕学习者的工作情景设定课程标题非常必要。例如，把"时间管理"调整成"高效回访管理"，那么它们的内容框架也会完全不同。让整个课程围绕学习者的关键工作——"回访"做文章，让课程更加聚焦于培训对象的业务。

四、建立课程的层次和逻辑

标题确定后，要开始思考课程的层次和逻辑了。这是课程结构设计的核心工作。设计好课程的整体脉络，对讲师在课程讲授过程中的思路有积极的影响。

在这个阶段我们必须关注三个重要的层面：课程模块、知识点标题和知识点的内容，如图1.5所示。

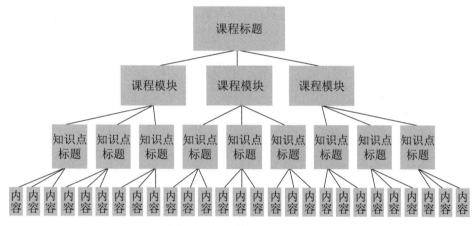

图1.5 课程结构的基本框架

课程模块指的是课程的"章节"或称"段落""部分"，课程的知识点是模块中包含的核心要点，知识点的内容则是知识点中包含的具体内容。模块与模块之间可以按照逻辑顺序进行调整，同一个模块下的知识点之间也可以进行调整。每个知识点的内容都可以展开，除概念的展开是一段文字外，其他知识点都应有内容框架。

需要说明的是，课程结构图表达的是课程的"核心知识体系"，因此在搭建课程结构框架时有些内容不能罗列到结构图上去，如课程的导入、案例、教学方法、素材、过渡语等。有些课程设计者会把其中整个模块叫"案例分享"，然后在这个模块下列举几个案例，这在实际课程设计中容易犯的错误。我们必须把案例中的一些做法总结成"通用的规律"，传授给学习者，这些"通用的规律"才是我们的"核心知识体系的内容"，案例只是载体或素材，严格地说，它是教学方法的一部分，不是内容框架。

从标题开始，层层往下规划和搭建课程结构时要做到以下三点。

1 注意上下层次的关系

下一层的内容与上一层的标题有密切的关系，也就是说上一层是下一层的总结。

例如，"跨部门沟通"课程结构(见图1.6)的第一个模块"沟通的重要性"的设置就不恰当。虽然"跨部门沟通"是沟通的一种方式，但"沟通的重要性"与"跨部门沟通"的主题不具有直接的联系。如果我们讲"高效沟通"这样的主题，那么第一部分讲"沟通的重要性"就是恰当的。

图1.6　"跨部门沟通"课程结构修改前

"跨部门沟通"课程模块调整后的课程结构如图1.7所示。

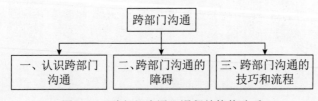

图1.7　"跨部门沟通"课程结构修改后

2 避免内容混乱

同一层的课程模块或知识点应该按同一个逻辑来分类，例如，"人"的分类可按以性别来分，也可以按年龄来分，但在表达时，我们不能先讲以性别分的"男人"，然后再讲以年龄分的"小孩"，否则就会出现前后内容不搭的情况或信息交叉的现象，让人思维混乱。课程也是如此。

例如"谈判技巧"课程结构(见图1.8)就存在"内容混乱"的问题。"合同的重要性""合同的拟定"是谈判的重要环节，与谈判直接相关，这两个模块是按"谈判合同"这条线来划分的，但第三模块与"谈判合同"没有直接联系。我们可以做适当修改，"谈判的技巧"可以改为"合同在谈判中的运用"，主题也相应改为

"合同在谈判中的运用"。

图1.8 "谈判技巧"课程结构修改前

如果按谈判的过程来规划,可以参考调整成图1.9的结构样式。图1.8中"合同的重要性"和"合同的拟定"的内容应在"谈判前的准备"模块里讲授。

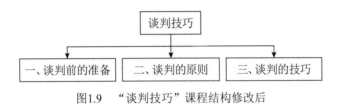

图1.9 "谈判技巧"课程结构修改后

3 严格推敲逻辑顺序

课程模块和前后知识点之间存在一定的逻辑关系,有时候前面的内容为后面的内容做铺垫。因此在规划这些模块和知识点时要考虑他们之间的逻辑顺序,应先确定模块的逻辑,再确定模块中各知识点之间的逻辑。逻辑结构顺序通常包括"要素型结构顺序""流程型结构顺序""Why/What/How型结构顺序"三种。

1) 要素型结构顺序

要素型结构顺序把内容按照某种维度分成几个模块,然后将各个模块按照"并列"的方式组合起来。模块之间或内容之间是"平级"的关系,没有先后和包含关系,可以打乱顺序重新进行组合。

比如"服务人员的5项修炼"课程,包含了5个部分(模块),分别是"修炼一:看的技巧""修炼二:听的技巧""修炼三:说的技巧""修炼四:笑的技巧""修炼五:动的技巧"。

模块中的知识点之间也存在要素型的结构,如"现场服务规范化的内容"模块所包含的N条规定,每条都是一个独立的知识点。

某个知识点也可以由要素型的逻辑构成,如"成人学习的特点",分别是"自主学习""目标导向""实用基础""经验基础"。

要素型结构顺序多用于知识性比较强的内容。它的优点是概括性强、便于记忆、分割自然、调整方便。缺点是结构比其他类型松散，内容前后关联不紧密，给人堆砌的感觉，不容易持续抓住学习者的注意力。因此，当课程一个模块下多层出现要素型结构时，建议把其中一层内容调整成流程型或Why/What/How型结构顺序。

要素型结构典型范例点评：

　　课程背景： 此课程名称为"三'管'齐下打造星级厅堂"，受众是厅堂负责人，其课程结构如图1.10所示。

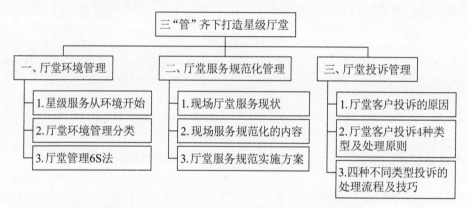

图1.10　"三'管'齐下打造星级厅堂"课程结构

该课程是非常典型的要素型结构，其优点表现为4个方面：

● 从课程标题就能体现出模块找寻采用了要素型结构，"三'管'齐下"能够让受众了解到本课程将从三个模块展开，并且三者缺一不可，都是关键要素。

● 每个模块的二级目录，都统一运用了WWH[①]的结构，让人觉得结构很清晰，同时确保了受众能够学习到具体操作的内容，符合成人学习中以实操为主的特点。

● 每模块二级目录之间有承上启下的功能，如第二模块第1点分析厅堂现状和第2点服务标准化管理具体内容之间相互对应，并且能够为第3点做铺垫。

● 第三模块第2点与第3点相互对应，符合逻辑顺序。

2) 流程型结构顺序

流程型结构顺序是把内容按照事物发生的先后顺序连接起来。简单地说，流程

---

① 　WWH：Why，What，How。

型结构顺序是按照操作步骤或时间先后等来安排内容的。

例如，"客户营销技巧"课程的模块设置就属于流程型结构顺序，第一部分：客户分析；第二部分：探寻需求；第三部分：产品推荐；第四部分：处理异议；第五部分：成交；第六部分：跟进。

在模块中的知识点里，我们也会用到流程型结构，如"现场客户投诉管理"课程中模块三"如何处理客户投诉"，具体的5个知识点就是"处理客户投诉的五步"。

某个知识点的讲解也会乃至流程型结构顺序，如"功夫茶的冲泡过程"就是典型的流程型结构顺序。

流程型结构顺序多用于操作性比较强的内容。它的优点是环节紧凑、逻辑性强、能吸引学习者。但由于流程型结构本身很严密，当学习流程以外或在流程操作中必须掌握的辅助知识和技能需要加入模块时，我们很难找到合适的位置。比如上面提到的"客户营销技巧"课程，当我们想加入一些营销中像"聆听"这样的技巧时，加在哪部分似乎都不太合适，而大多数营销环节中营销人员都需要"聆听"技巧。出现这种状况时，我们一般会在课程中设计一个独立的部分，称之为"基础技能"，这样设置不但有利于内容的表达，而且不会影响课程的整体格局。

流程型结构典型范例点评：

课程背景：此课程名称为"未成年客户业务准备办理三部曲"，受众是银行柜台已经有一年多操作经验的员工，其课程结构如图1.11所示。

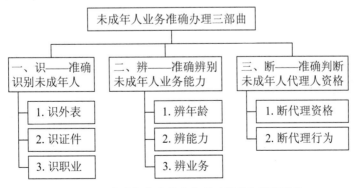

图1.11 "未成年客户业务办理三部曲"课程结构

该课程是非常典型的流程型结构，有以下3个优点：

- 从课程标题就能体现出模块的搭建采用了流程型结构，"三部曲"能够让受众了解到本课程将以3个关键步骤作为3个模块的内容，并且模块之间环环相扣。
- 每个模块的二级目录，都统一运用了要素型结构，内容相互独立。
- 每个知识点字数统一，让人一目了然，记忆深刻。

3) Why/What/How型结构顺序

Why/What/How型结构顺序也叫WWH型结构顺序或演绎型结构顺序，是按照解决问题式的推理过程进行内容排序的课程结构顺序。它适合大多数课程结构的搭建，是一种通用的课程结构顺序。Why/What/How型结构顺序就是：为什么/是什么/怎么做。在实际课程结构搭建中，为了避免过于死板，也有一些异化的做法。例如，"Why"的内容包括"困难、障碍、原因、重要性、现状、背景"等；"What"的内容不仅包括"是什么"，还包括"定义、概念、原则、要点、要素、分类、规定"等；在"How"的内容中把"方法、步骤、方案、流程、技巧"等加进来。

很多课程都能采用Why/What/How型结构顺序，例如"××产品的销售"课程的结构顺序：一、服务零售市场客户新商机；二、××产品优势与卖点；三、××产品在价值呈现环节的关键点。

模块中的知识点的搭建也可以应用Why/What/How型结构，如"如何当好优秀的班组长"课程"现场环境管理"模块下的知识点内容的设计：现场环境管理的挑战、环境管理分类、环境管理中5S的推行。

在知识点的讲授中我们也经常用到Why/What/How型结构，如讲到"聆听"，会讲到聆听的障碍、聆听的原则、同理心的聆听。

Why/What/How型结构顺序多用于搭建注重学习者心态转变的内容，这些内容或容易引起争议，或需要让学习者更加重视。这是因为，应用Why/What/How型结构顺序的课程内容的表达，符合人们接受事物的习惯。这类课程不仅教会学习者怎么做，还讲清楚了为什么要这么做，有逻辑紧密、说服力强的优点。但在课程设计中，组织"Why"部分的内容有一定难度，容易造成内容流于形式、结构机械套用的问题。另外，什么内容都讲重要性，会让学习者觉得讲师是在讲"大道理"，对所讲课程不感兴趣。因此，我们在设计"Why"部分的内容时，要把握两个原则，一是要与学习者的现状(工作)联系上；二是要为后面的"How"的内容埋下伏笔。

WWH型结构典型范例点评：

　　课程背景： 此课程名称为"如何打造激情团队"，受众为中层管理人员，其课程结构如图1.12所示。

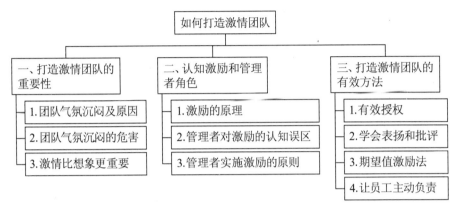

图1.12　"如何打造激情团队"课程结构

该课程是一个典型的WWH型结构，优点有4个：

● 三个模块的内容互相呼应，逻辑清晰。

● 第一模块的2、3点从好、坏两方面进行团队气氛的分析，快速激发学习者的学习动力。

● 第二模块第3点提到的激励原则，与第三模块的内容相互对应。

● 在内容上侧重第三模块、以实操为主，符合解决以工作任务问题为导向的课程特点。

五、跟进完善最终设计

　　基本框架搭建完成后，还需要进行下列工作来完善课程设计。

　　(1) 整理内容。课程设计的模块和知识点的逻辑顺序规划好后，其中大量知识点的具体内容是缺少的，这些内容需要我们查阅大量资料，有些实操的内容我们还必须从经验丰富的员工那里获得，萃取他们的宝贵经验，提炼"通用的规律"。这些内容的整理是课程核心知识体系形成的基础。

　　(2) 调整标题。搭建课程框架时我们考虑更多的是课程的逻辑，但一个好的课程还应考虑学习者的记忆、学习者的兴趣等。所以对课程的标题进行适当的包装也是一个必要的工作。好的课程标题不仅能让学习者感到新颖，还便于学习者的长时记忆。另外，我们应尽可能站在学习者的角度，做正向引导，例如把"常犯的错误"

调整成"常见的误区"、把"常见的问题"调整成"面临的挑战"。

(3) 书写课程大纲、制作PPT。依据设计好的结构，整理出文字版课程大纲，依据大纲整理出课程设计PPT的框架。

练一练

练习一： 请您根据前面所学有关课程结构搭建的知识，对"如何有效防止火灾事故的发生"的课程结构进行分析，并指出存在的问题。

课程背景： 本课程的授课对象为某电气设备制造企业车间的生产一线人员，他们平时工作中缺乏火灾安全防范意识，同时对火灾的预防和应急处理缺乏系统培训。授课时长2小时。课程结构如图1.13所示。

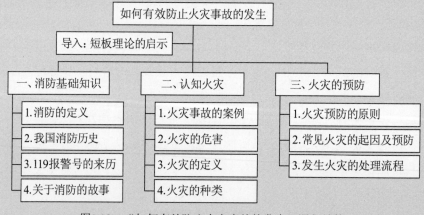

图1.13　"如何有效防止火灾事故的发生"课程结构

请指出以上课程结构存在的问题，罗列如下：

_____

_____

_____

_____

_____

_____

点评： 根据练习中所提供的课程背景，该课程结构的搭建存在以下问题。

问题1：本课程结构更多体现的是课程的"核心知识体系"，因此，结构中出现的两点内容"导入：短板理论的启示"和"火灾事故的案例"不属于知识体系内的内容，而只是教学方法，应该剔除出结构。

问题2：本课程的主题为"如何有效防止火灾事故的发生"，而第一模块列举是"消防的基础知识"与主题联系不紧密，建议删除。

问题3：本课程的学习对象为提高火灾安全防范意识的一线生产人员，课程的开始就应强化学习者的意识，建议把标题改为"如何有效防止车间火灾事故的发生"，把第一模块相应改为"车间火灾事故带来的危害"。

问题4：对于只有2小时的课程，内容要更聚焦，而第二模块"认知火灾"过于笼统，建议改为"认知车间4种常见火灾及起因"。

问题5：第三模块作为应用层面，讲授得不够透彻，建议"火灾的预防"可以改为"车间火灾的预防及处理流程"，从3方面讲授：1.火灾防范原则；2.车间4种常见火灾种类的预防措施；3.发生火灾的处理流程。这3方面内容能更加贴近学习者工作场景，便于在实际工作中应用。

参考课程结构的修改方案如图1.14所示。

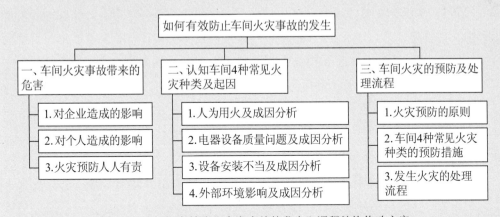

图1.14 "如何有效防止火灾事故的发生"课程结构修改方案

练习二：请您根据前面所学有关课程结构搭建的知识，对"柜面主动营销技巧"的课程结构进行分析，并指出存在的问题。

课程背景：本课程授课的对象为某银行的柜台服务人员，平时以办理业务为主，现实行全员营销，柜台服务人员也承担起部分简单业务的推广工作。授课时长2小时。课程结构如图1.15所示。

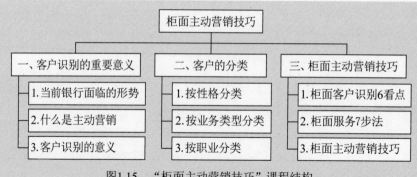

图1.15　"柜面主动营销技巧"课程结构

请指出以上课程结构存在的问题，罗列如下：

_____

_____

_____

_____

_____

点评：根据练习中所提供的课程背景，该课程结构的在搭建存在以下问题。

问题1：本课程主题与内容不符，课题为"柜面主动营销技巧"，但其内容既有识别客户的技巧，又有服务7步法，还有柜面主动营销技巧，这就需要厘清上面提到的3种技巧之间的逻辑关系。由于本课程的对象为柜台服务人员，所涉及的销售工作并不复杂，主要以转介绍为主，因此，建议将课题改为"柜面识别客户技巧"。

问题2：第一模块的第3小点"客户识别的意义"，可以改为"客户识别是主动营销的关键"，既体现了2、3点的逻辑关系，又避免对意义的描述过于单一。

问题3：第二模块讲客户分类，从知识本身角度来说没有太大的问题，但是为了更贴近学习者的实际应用场景，可以增加"三个分类的组合运用"这一点。但是单纯讲分类是不够的，还应该增加"客户分类及金融产品偏好"这个知识点。

问题4：如果是以"柜面客户识别"作为课题，那么第三模块的重点就是要讲授柜面识别客户的技巧，第2点就不能单纯讲"柜面服务7步法"，而应该讲"柜面服务7步法在客户识别中的应用"。这部分需要厘清三个关系：一是每步服务环节可以识别的要素；二是根据这些要素来判断客户类型；三是针对不同类型客户类型推荐不同的金融业务。当然，在课程结构上不一定要具体体现出来，只需在知识点的讲授上需要注意这个逻辑。

课程结构的修改方案如图1.16所示。

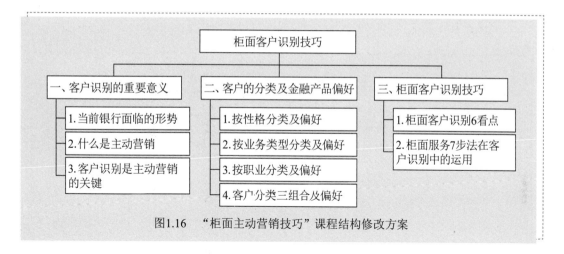

图1.16 "柜面主动营销技巧"课程结构修改方案

实 用 工 具 练 习

课程结构搭建方法及练习

目的：搭建课程结构框架图并整理课程大纲

要求：1.请根据待开发的课题，依据结构的要求，搭建标题、课程模块、知识点标题和知识点内容4层结构图；

2.检验知识点内容是否涵盖"课程目标"；

3.依据课程结构框架图的层次整理出文字版课程大纲和课程设计PPT基本框架。

课程结构框架图：

文字版课程大纲：

PPT基本框架

第五节

磨内容：贴近业务 组织内容

课程的结构搭建只是课程的整体思路，当形成课件后，每张PPT代表的是每个核心的知识要点。而这些要点包含的具体内容不一定是完整的，需要我们进一步整合，这便是课程内容的组织。根据课程结构搭建的原理把课程的大框架和结构定下来以后，需要填充实质的课程内容，正如一个人的骨架需要包裹匀称的肌肉一样。

课程内容是课件的核心与主体，课程教学的重点、难点、时间进度合理分配等都与课程内容密不可分。课程内容取决于课程目标和课程的结构安排，即从学习者的培训需求中确定学习重点，再从结构的整体以及课程的实用性等方面来整合。其目的，一方面是在课堂中让学习者系统性学习，二是让课程联系实际，内容取材更丰富。

∷∷∷∷∷∷ 一、课程内容整合的误区 ∷∷∷∷∷∷

很多课程在课程设计前似乎"内容"非常明确，比如需要学习者学习公司的规章制度、产品的知识、某项操作技能等。于是讲师把这些内容都堆砌到课件中，似乎整合内容很容易。结果，课堂的授课也是照本宣科。出现这种情况，很多组织者认为是讲师的授课技巧有问题，殊不知课程的授课思路和内容的组织已奠定了课程的基调，让"授课技巧"难以发挥作用。

任何知识与跟应用分不开，都是在为工作应用服务。再好的知识如果不能有效地联系学习者的工作应用，就不能充分调动学习者的学习兴趣。比如让学习者学习某些规章制度，与其"一条条地读给学习者听"，不如列举案例让学习者讨论，最后总结出这些条条规规。又比如让销售人员学习产品知识，讲师不仅讲产品的基本知识，还需要涉及"基本知识"之外的内容——了解这些"知识"对销售工作的影响是什么，哪些事的发生与不了解这个知识有关，甚至要考虑课程结束后学习者有哪些改变。综上所述，我们在整合内容时应充分思考以下问题。

- 讲给谁听？
- 为什么需要讲这个课程？

● 课程中应包括哪些内容或不应包括哪些内容？

● 这些内容与学习者哪个工作应用场景有直接关系？

● 培训结束后，学习者应该具备哪些能力？

显然，在课题分析时我们就已经对这些问题做出了初步的判断，解决这些问题要先从课程结构入手，把相关应用设计到课程内容中，再来整合相应的内容。也就是说，考虑课程的内容不光应站在"知识"的角度，还应从学习者学习的"结果"出发，考虑学习者如何才能改变态度和掌握技能。如果缺乏对学习者工作的了解，想全面收集以上问题的信息是很困难的。

二、课程内容的类别

课程的结构框架方便我们寻找内容，从课程结构框架的第四层中我们可以获得知识点的方向和名称。从课程教学结构的名称中，我们能分析出这个知识点的实质和具体的内容。比如说，"聆听的技巧"应包括具体技巧和实际操作的内容，而完善这些具体内容就需要我们查阅大量的信息和资料了。网络、相关书籍、公司文件和操作手册、实践工作等都可以帮助我们获得这方面的信息。我们要想更有针对性、更有效率地完善教学内容，必须从内容的"特性"上加以区分。内容的"特性"可以分为两类：一种是"通用规律"，一种是"实践经验"，如图1.17所示。

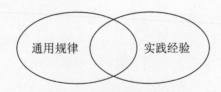

图1.17　内容特性的分类

通用规律指的是通常被大多数人认可的，具有必然、本质、稳定的特点。这些内容在工作中反复出现，对日常工作有很强的指导意义，包含概念、原理、模型、部分操作步骤和方法，也包括公司的标准、规范等。

实践经验是指实践产生的某种经历的概括与总结。经验不是"真理"，它具有隐蔽性、个性化的特点，但对经验加以深化可以上升到理论，即经验的深化是隐性知识显性化的过程。实践经验包括原则、要素、某些操作步骤和操作方法等。

按布卢姆对教学目标的划分，课程内容的类别也可分"知识内容""态度类内容""技能类内容"，三种类别在课程结构中的名称如表1.11所示。

表1.11 内容的类别及其在课程结构中的名称

内容类别	名称
知识类内容	概念、要点、要素、特点、原理、规范、标准、观点、历史、文化、理论模型、公式……
态度类内容	理念、影响、目的、利益、误区、优势、原则、价值、愿望……
技能类内容	操作流程、行动步骤、行为技巧、方法……

其中"知识类内容"大多为"通用规律","技能类内容"大多为"实践经验",而"态度类内容"介于两者之间,要根据课程的实际情况来选择获得内容的具体途径。

三、课程内容的组织

"通用规律"的内容组织比较简单,一般通过直接查阅就能完成。但需要注意的是,选择内容时要保证其来源的权威性,以免"不专业"给学习者带来麻烦。相对而言,"实践经验"的整合比较复杂,培训师大多以采访专家的方式萃取和提炼出相关经验,形成"普遍规律"用于课程教学。在采访的过程中应关注以下要点。

1 获得更多信息

以前期产生的内容范围作为切入点,把一个"难题"抛给专家,请教专家在完成"这个任务"时,一般是怎么做的。例如,对于"客户营销中需求的挖掘"这个内容,我们可以这样提问:"您在营销中挖掘需求特别有经验,是怎么做到的?"可多问一些"还有呢",以便获得更多的信息。海量的信息是我们提炼关键信息的基础。无论专家怎么回答,都要认真记录。

2 追踪到可操作层面

专家在回答一些问题(特别是谈做法)时一般不会特意说明难点和要点。但是一项工作专家做起来容易,我们去做就没那么容易了。如专家说:"先由规模来判断它的实力,然后再……"这里面就存在一些难点——规模的大小怎么确定?有哪些注意事项?这需要在接下来问话中加以追问。直到追踪到"行为层面",得出的结论才具有操作性。

3 结构化提炼

凌乱的信息需要我们加以整理,最终形成规律。在内容提炼时我们要对内容的类别进行区分，然后对它进行结构化的整理。例如，如果专家的答案更多倾向于态度的转变方面，我们可以把信息整理成要点；如果专家的答案更多倾向于动作方面，我们可以把信息整理成步骤和流程。内容结构化的提炼可参考表1.12。

表1.12　内容结构化参考表

内容的类别	内容的结构	
知识类内容	要素型结构 流程型结构	1. 按重要性顺序总结罗列 2. 按并列顺序总结罗列 3. 按时间顺序总结罗列
技能类内容	流程型结构 演绎型结构	1. 按时间顺序总结罗列 2. 按操作工艺顺序总结罗列 3. 按行动步骤顺序总结罗列 4. 按因果关系顺序总结罗列
态度类内容	演绎型结构 要素型结构	1. 按因果关系顺序总结罗列 2. 按重要性顺序总结罗列 3. 按并列顺序总结罗列

4 多让专家列举一些例子

为了便于学习者的理解，课堂教学中我们最好用举例的方法去讲解。专家访谈是个获得实践案例的好机会，在操作的每个阶段的关键点和难点问题上应该让专家多提供一些成功或失败的案例，以供课程使用。

关于经验萃取的技术，在后文中会作进一步介绍。

总之，课程内容的组织不是简单的知识堆砌，是课程设计的重要阶段，既要考虑讲师"要讲的"，也要考虑学习者"要听的"。唯有联系学习者的工作实际，才能让课程更好地服务于学习者，利于学习者业务的开展。

第六节
磨实践：提炼精华 复制规律

苹果iPad刚上市的那段时间，笔者经历过这样一件事情，当时给一家通信公司做培训，当天在现场发现很多人都有iPad，这在当时还是比较少的现象，感叹他们福利待遇好的同时，笔者面临了一个更尴尬的情况。在授课过程中针对某些概念和原理进行讲解时，很多学习者通过iPad浏览信息，一个学习者不经意地说了一句："老师，您是在MBA智库里找的这部分内容吧，这里的解析还挺全面的。"

在这个信息爆炸的时代，资讯非常发达，不明白的问题只要百度一下就好，正因为如此，培训师在课堂上仅仅介绍知识的基本信息是不够的。那么，培训师应该给学习者提供什么样的内容？所讲课程如何体现培训师的讲台价值？接下来，笔者会进一步就课程中内容的组织作深入探讨。

曾经为某海上石油开采公司做内训师培训之前，我以学习者的身份观摩了一位内训师的教学。这位内训师讲授的课程是"海上求生技巧"，对于课程中的"抛投式救生筏的释放操作"这个知识点，内训师按照标准的流程一步一步讲解，也配合了图片进行展示，学习者也是人手一本操作手册，边听边翻阅，但是我总觉得缺了点什么。后来我尝试打断这位内训师并提问："陈老师，刚才介绍中您谈到自己有二十多年的海上作业经验，从您的角度来看，救生筏的抛放操作对于新手而言有容易出错的地方吗？"当我这么提问的时候，我能看到这位内训师眼睛一亮，他说："当然有了，新手在抛放救生筏时，筏入水后很容易呈翻覆状态，要及时扶正。"紧接着我继续追问："那太好了，如果碰到这种情况您会怎么处理？"此时，我能够看到这位内训师陷入思考状，他停顿了几秒钟后说："通常要这么处理：①站位很重要——扶正人员要穿好救生衣，爬上筏底，站在钢瓶一边；②看风向——要迎着风的方向扶正；③扶正——双手拉筏底的扶正带，下蹲往后仰。"接着，这位内训师开始侃侃而谈，并且谈起了某一次海上作业在扶正环节的一些惊险片段，而我留意到台下的学习者都在认真听讲，不断地记录要点。

通过以上案例不难看出两个细节：当培训师陷入思考时，他在整理自己过往的操作经验；当培训师在分享这些操作经验时，学习者的眼睛是雪亮的。如果培训师能够对优秀经验进行提炼，去指导学习者，将大大提升培训的内容价值，这些提炼的精华也是学习者最想获得的。

一、优秀经验从哪来

优秀经验来自业务专家。我们身边不乏专家，我们对这些人也并不陌生，如企业中某个业务团队的领导，手下的人都喜欢亲切地叫他："头儿！"他带出来的员工个个都是士气冲天，业绩也是所向披靡，总经理很希望把他带团队的管理经验进行推广；如技术部刘工，兢兢业业在岗位上二十多年，所从事的生产线检修技术无人能比，多难的问题他上去摆弄摆弄就能迎刃而解，其他技术员很想学习他是如何分析、如何推断的。这些被我们称为"牛人""大神"的业务专家，正是优秀经验的拥有者。如果培训师自身没有这方面的经验，便要向专家请教。

优秀经验的提炼并不容易，会存在以下困难。

(1) 优秀经验很隐蔽。优秀经验隐藏在专家身上，不易觉察，只能看到他做出来的结果，看不到影响结果的核心要素。特别在现代管理工作中，有很多成功的工作方法不直接体现在动作层面，不像功夫茶的冲泡流程那么直观，而是隐藏在专家的大脑里，整个分析、思考、判断的过程都是不可视的。

(2) 部分业务专家表达提炼的能力欠缺。如果您在请教专家时，他能够侃侃而谈把操作要领和注意事项都一一分享到位，那么，这种专家是不可多得的人才。但是部分专家在总结提炼的能力上是欠缺的，这类专家在分享经验的时候喜欢运用一些含糊其辞的话语，如"我一眼就能看出他有问题""这个操作要靠手感的""要感受一下现场的氛围，度的把握很重要"，并没有将优秀经验转变为可操作的方法。

二、锁定主题内容

主题应更多倾向于体现优秀经验的内容。因此，在主题内容的选择上，有以下三个特点。

(1) 能够体现实操经验；

(2) 有一定的挑战和难度；

(3) 有业务专家提供支持。

如在设计"如何处理银行网点客户投诉"的课程中，以"银行网点不同类型投诉的处理流程和技巧"为主题内容，可以深度挖掘营业厅服务人员优秀实操经验；再如设计"贷前调查的操作要点"课程中，以"如何开展一次有效的面谈"为主题内容，可以深度挖掘信贷客户经理优秀实操经验。

三、专家访谈7步

业务专家在经验分享的过程中，会有以下特点。

(1) 能做不能说。并不是意愿问题，是自身也没有发现自己的操作与别人有什么不同。

(2) 容易陷入细节或某一经验中。如在分享的环节反复强调一两个事件，并且带有感情因素，不能够提供更多有价值的经验。

(3) 思路分散，易跑题。很容易想到哪说到哪，思想容易分散，分享了一些与主题内容无关的信息。

为避免在挖掘优秀经验的过程中碰到上述问题，应通过"专家访谈7步"来开展，以便收集到所需信息，提高访谈效率。

第一步：说明目的。目的是阐述此次访谈的目的，并对对方的分享先表示肯定和感谢。

第二步：分享事件。根据主题内容让专家分享典型事件。这个事件必须具体到实际工作场景。

例如，在做"银行网点不同类型投诉的处理流程和技巧"的专家采访时，可以提问："能不能分享一个有关银行网点处理客户投诉的事件？"在业务专家分享案例时，我们要做好记录。在记录的过程中，非常考验访谈者的提炼能力，这就要求我们把握住事件的基本要素：背景(时间、地点、人物、环境)——事件(有一定冲突性，不容易处理)——解决方案(这部分是接下来经验提炼的重点)——结果(以圆满结果为主，负面结果要思考原因)。在记录的过程中，可以按照这个框架记录事件经过。当然，在整个聆听的过程中还要不断鼓励对方多分享，例如，"接下来您是怎么处理的？""这真是很难的事情，接下来怎么办？"通过追问的方式，提高专家分享的意愿。在访谈时，如果有部分专家回忆不起来当时发生的一些事件，可以恰当提醒专家，比方说："如果今天就有一位顾客由于等候时间太长，在营业厅大吵大闹，您碰到这种情况一般如何处理？"通过协助专家还原实际工作场景来帮助其回忆，也是一种对经验提炼有帮助的访谈方法。

第三步：提炼经验。通常优秀经验都有一定的操作流程和步骤，通俗来说就是具体的做法。这个环节非常考验访谈者的抽象思维能力和逻辑思维能力。

在提到"银行网点如何处理客户投诉的事件"时，专家分享了这样一个事件：

某天，网点来了一位客户，要存5000元，柜台人员在清点过程中发现有一张100元假币，按照银行规定是需要没收的，但是客户说刚刚别人把货款给他，他就直接来银行了，那个人还没走远，他要拿这张假币回去找那个人讨个说法。可是，银行最终没有退给他这张假币。当时客户情绪非常激动，破口大骂，影响了网点的正常运作。作为值班大堂经理(专家)，她分享了自己的一些做法，她说，当时观察了一下这位客户，他穿着一件皱巴巴的文化衫，满脸是汗，身上一股鱼腥味，应该是不远海鲜市场卖鱼的商户。她判断客户经常收付款，应该知道银行规定假币需要没收，之所以现在大吵大闹可能是被骗了心里不好受因此，现在并不是解释银行的规定的好时机，而是要快速平复他的情绪。接下来，这位大堂经理说："大哥，你看你热的，到休息室一下，这边空调凉快些！"同时吩咐同事拿了茶水和小吃进来，等客户情绪稍微平复，她说："您看您应该是有经验的人了，今天怎么这么不小心收了假币呢？"一下碰到了客户的痛处，客户开始吐苦水："真是的，今天很倒霉！你们也是，就不会通融一下……"很明显，客户在吐苦水的过程中，慢慢回归理性。此时，大堂经理表明了处理的方式："碰到这种情况我们也替客户着急。作为银行，我们能做的是教授你们一些识别假币的方法，吃一堑长一智吧！"后来，客户静下心来听大堂经理讲了很多识别假币的方法，表示感谢后走出了休息室，大堂经理不忘多拿两瓶矿泉水给客户，还叮咛一句："外面热，注意多喝水，保重身体！"

从这位专家分享的案例中，我们不难看出在处理上的几个关键的步骤：

(1) 通过观察，对客户投诉的诉求点进行快速判断。很显然，在这个事件中，客户只是气急败坏，借机发泄一下情绪，而不是没对收假币的规定不清楚。

(2) 先处理情绪，后处理事情。让客户在休息室休息并让客户把不好的情绪说出来。

(3) 提供一些合理有效的解决方案。大堂经理先教授对方一些识别假钞的技巧，最后不仅感性关怀，还注重客户体验。

这样，通过事件提炼日常工作的步骤和做法，初步形成优秀经验的框架，为下一步深度提炼做准备。当然，这个环节看起来并不复杂，但在实际操作过程中，如果专家分享的思路并不清晰，就需要访谈人员帮助专家整理。最后，需要与专家确认，查缺补漏。

第四步：深挖难点。在常规操作的基础上，有些挑战和难点对学习者的帮助会更大。因此，在挖掘难点时可以这样提问："如果是一个新手来做这个事情，最可能碰到的问题在哪？"专家回答可能是："只要按流程做，就不会有问题。"或者是："最容易出错的点有以下几个……"如果是第一种，所涉及的内容对学习者而言只是普通内容，并没有吸引力；如果是第二种，所提炼的内容却对学习者具有很大价值。

就刚才的事件，访谈者提到："在网点处理客户投诉的流程中，哪个环节最容易出错？"大堂经理(专家)分享道："如果是没有经验的大堂经理，最难的是快速识别客户投诉的诉求点。诉求点把握不准，后面的处理方法都不奏效。我见得多，自然容易分辨。"谈到这里，相信大家都能觉察到一个关键词——我见得多，于是，可以就这部分进行深挖："一般在网点客户投诉的诉求点有哪些？"接下来，大堂经理(专家)就会分享出更深层次的经验。

第五步：提出方法。如果专家能够罗列出作为一个新手会碰到的问题，那么接下来就应该挖掘应对这些难点的解决方案。这部分内容最能体现培训师授课的价值，能让学习者少走弯路。通常的话术为："针对这些常见的误区，您是否有比较好的应对方法？"如当专家提到"最难的是快速识别客户投诉的诉求点"这个问题时，可以提问："有哪些方法能够快速识别客户不同的诉求点？"

第六步：收集例子。案例是最真实也是最能打动人的素材。如果在课堂上分享一两个重点难点的案例，会让培训课程更生动、更有说服力。在访谈时，我们可以这样提问："我觉得您的应对方法对学习者特别好，能够分享一两个这方面的案例吗？"这些针对应对方法的案例发生在专家的日常工作中，具有典型性、应用性，能引起学习者的兴趣。

第七步：表达感谢。在这个环节需要做好三件事情：

一是对所访谈的内容特别是操作步骤进行确认；

二是对后续如何应用进行说明；

三是表达感谢。

以上专家访谈7步和具体话术可以体现在表1.13中。

表1.13　专家访谈7步记录表

步骤	话术	记录专家访谈内容
1. 说明目的	"很荣幸能约到您，您在……领域有非常丰富的实践经验。今天想耽误一个小时的时间，请教一下您这方面的问题。"	
2. 分享事件	"我们此次开发一门……的课程，您方便分享一下在处理……问题时的方法吗？"	
3. 提炼经验	"刚才这个事件，请您确认一下，是否按照……步骤处理的？还需要增加吗？"	

(续表)

步骤	话术	记录专家访谈内容
4. 深挖难点	"您描述得非常好，让我受益匪浅。如果一个新手按照这个步骤来操作，哪些环节是难点和障碍？"	
5. 提出方法	"针对您刚才提出的新手容易犯的错误，是否有些有效的方法可以解决这些问题？"	
6. 收集例子	"就刚才您谈到的这些重点难点，在日常工作中是否有比较典型的例子，可以分享一两个吗？"	
7. 表达感谢	"就刚才关于……的操作内容，是否可以总结为以下几步……，而难点在于……，是否有遗漏的呢？如果没有，接下来我们将把今天的内容添加到课程中并作为重要的一部分。再次感谢今天您的分享。"	

四、结构化所提炼的内容

在访谈几位业务专家后，我们所收集到的内容大多是零散的，这就需要对不同的业务专家在该主题内容上的操作经验进行分析，提炼共性内容，并进行结构化，如三步骤、四象限、五维度等，让授课内容便于记忆。同时，还需要对某些案例进行再加工，这类案例在培训中并不作为内容出现，而是作为论据或教学方法。作为论据出现的案例，是为了支撑某些观点，需要做好规划，将案例裁减得更加简练；作为教学方法出现的案例，是为了锻炼和考察学习者分析问题、解决问题的能力，需要按照标题、背景、事件、问题、解决方案五大要素进行编写。

五、验证内容的可操作性

任何内容的有效性必须以培训需求来衡量。当通过一系列的访谈已经把内容收集整理出来，还需要检验内容是否能解决目前的实际问题，操作方法是否可行、是否贴近实际工作场景、是否符合培训目标。

企业培训师的价值在于把隐性知识显性化，冰山上的知识容易被获取，而冰山下的知识往往不容易被发现。因此，在信息发达的时代，培训师要更加明确自己的角色和价值，开发更多有指导性的内容，减少学习者"摸着石头过河"的经历，有效地帮助学习者，从而提高组织生产率。

实 用 工 具 练 习

专家访谈7步及练习

目的：熟练专家访谈7步

要求：根据"如何有效辅导下属"这一内容，按照专家访谈7步开展一次访谈练习，每三人一组来演练。

● 角色分配：三人一组，分成A、B、C角色。

A角色负责提问，也是此次练习的主角；

B角色为被访谈者(需要对该主题内容有一定了解)；

C角色为观察者，负责观察和记录A的访谈步骤、动作和语言。

● 练习结束以后，让B先来谈谈A角色提问后的感受，然后由C角色点评A角色的表现，最后让A角色谈谈自己的练习体会；

● 时间：访谈时间30～60分钟，点评分享时间为15分钟；

● 成果：根据访谈内容，A角色完成以下内容的填写，可以边访谈边记录，也可以采取草稿速记(或录音)，访谈后填写表1.14。

表1.14　专家访谈7步记录表

步骤	话术模版	记录专家访谈内容
1. 说明目的	"很荣幸能约到您，您在……领域有非常丰富的实践经验。今天想利用一个小时的时间，请教一下您这方面的问题。"	
2. 分享事件	"我们此次开发一门……的课程，您方便分享一下在处理……问题时的方法吗？"	
3. 提炼经验	"刚才这个事件，请您确认一下，是否按照……步骤处理的？还需要增加吗？"	
4. 深挖难点	"您描述得非常好，让我受益匪浅。如果一个新手按照这个步骤来操作，哪些环节是难点和障碍？"	
5. 提出方法	"针对您刚才提出的新手容易犯的错误，是否有些有效的方法可以解决这些问题？"	
6. 收集例子	"就刚才您谈到的这些重点难点，在日常工作中是否有比较典型的例子，可以分享一两个吗？"	
7. 表达感谢	"就刚才关于……的操作内容，是否可以总结为以下几步……，而难点在于……，是否有遗漏的呢？如果没有，接下来我们将把今天的内容添加到课程中并作为重要的一部分。再次感谢今天您的分享。"	

第七节
磨素材：修枝剪叶 佐证观点

素材是课程不可分割的组成部分。素材的合理使用不仅能增加课堂的生动性和观点的说服力，还能体现讲师的深厚功底。

一、素材收集——"功夫在诗外"的能力

曾经为某电力系统下属一家主营铁塔生产的企业开展TTT培训，其中一位内训师选择试讲"如何做好售后服务"的课程，当讲授到"售后服务人员必须具备良好的沟通协调能力"知识点时，他对"为什么需要具备沟通协调能力"进行了简单说明。当时这位内训师是这么说的："我们去施工现场以后，会面临形形色色的人和事，这就需要我们具备很强的沟通协调能力。"从PPT的制作来说，这部分内容并没有太大的问题，但是从听者的角度总觉得干巴巴的，没有说服力。后来，我与他探讨这部分观点如何说明才会更好，当时我引导他："就沟通协调这部分，在日常工作中有没有让你印象深刻的事件。"他想了一下，很兴奋地表示，有一件事他印象特别深，当时还拍了很多现场照片。我建议他把这个案例作为素材应用到PPT上。接下来，几经修改，该内容在"为什么售后服务人员需要具备沟通协调能力"这个知识点中呈现。该内训师先在PPT上打出一个真实的事件：2010年×月×日，公司售后人员接到施工单位通知，要求马上赶到现场，协助解决质量问题。但到现场后发现情况并不如电话所述，现场情况是这样的(内训师在PPT上打出了四张图片)：两张为现场施工人员表情激动的图片，两张为现场设备撒落一地和补料车被铁链子拴住的图片。售后人员了解情况后得知：公司塔脚加工错误，施工单位安装后才发现，提出更换塔脚及补偿误工费用的要求。公司赶制了塔脚，却因没补偿误工费用，导致施工单位把送补料的车辆锁住了。该内训师把案例前后经过和图片展示完毕，停顿了一下问大家："如果你就是这位售后服务人员，出现这种情况，将如何应对？"此刻我留意到，下面的学习者陷入沉思，频频点头。

以上是教学中的一个小案例，从中我们感悟到，运用合适的素材，能让课程生动有趣，让学习者印象深刻，这比光讲大道理强一百倍。除了讲授真实发生的事

件，培训师也可以通过播放某位资深售后服务人员的一段话来表达观点，同样会取得很好的效果。

培训师收集的培训素材为课程内容服务，能够有效论证观点，让内容生动化，提高课程质量。其表现形式多样，如数据、名言警句、录像、照片、音乐、案例、故事、经典文献、热点话题等。

培训素材的收集和整理是一件很有趣的事情，培训师总是乐此不疲。它特别考验培训师跨专业知识面和日常资料储备量，是"功夫在诗外"的能力。在收集和整理的过程中，容易出现很多问题，接下来将针对这些问题一一进行说明，并给出相应的解决措施。

二、常见问题一：急于找培训素材，喧宾夺主

问题：尽管收集培训素材很重要，但是不要操之过急。在实践中，有些培训师在课程构思阶段，与笔者探讨："老师，我有两个很好的视频，我要放在课堂上，很有趣，我相信学习者一定会很喜欢。"这个观点没有错，但是在课程框架和核心内容未完全定下来之前，是不建议先收集素材的，否则会干扰到课程逻辑的梳理。

曾经为北京某培训机构的班主任做TTT培训，这些班主任平时有大量的机会听各种各样的课程，各种前沿的理论、案例、故事、视频，用他们自己的话来说就是"应有尽有"。但是在课程结构搭建环节，他们很容易受到各种素材的干扰，把一些自认精彩的培训素材放进课程中，有时会导致课程脱离中心思想。

解决措施：一定内容、二定方法、三定素材，即课程内容确定后，规划好相关的教学方法，再考虑选择合适的培训素材。

比方说一门"中层管理干部综合能力提升训练"的课程，其中涉及"如何对有意愿有能力的员工进行授权"的知识点，首先培训师需要把授权的七步提炼出来；然后，培训师可以选择用看录像的方法来讲授这个内容；最后，视频素材可以通过互联网搜索或实景拍摄来获得。

三、常见问题二：素材过多，未能有效突出重点

问题：时尚界有一句俗语："哪哪都是亮点，到最后没有了重点。"同样的道理，每个素材本身有趣味性和生动性，但是如果多个素材随意堆砌而没有合理布

局，就不能突出重点，培训效果未必理想。

笔者曾经辅导过一个"如何进行团队建设"的课题，培训师为了论证"团队的意义"这个知识点，收集了大量的素材：①非洲大草原上蚂蚁军团的威力；②非典时期科学家团队共同研制疫苗；③中国登月计划的团队协作；④比尔·盖茨的经典语录——小成功靠个人，大成功靠团队；⑤亚当·斯密《国富论》对捆铁钉的描述；⑥帝企鹅日记；⑦史玉柱巨人集团的案例。尽管这些素材都与团队的意义有一定联系，但是一个个素材的展示，反而使受众忽略了所要论证的观点。

解决措施：挑选精品素材，并做结构化展示。素材在精不在多，为了辅助说明某一观点，通常使用一个精准的素材。如果几个素材同时出现，素材之间需要有一定的逻辑联系。

针对上面的案例，建议做"减法"处理，并找出素材间的逻辑关系。可以去掉素材②、③，先用素材①、⑥从自然界的竞争论述，再用素材⑤、⑦从商界的竞争论述，最后用比尔·盖茨的经典语录作为结论，突出团队的意义。

::::::::: 四、常见问题三：素材与学习对象不匹配 :::::::::

问题：有些培训师选择的素材过于单一，未能满足不同受众需求，往往达不到应有的培训效果。

曾经为一家国有企业提供TTT培训，其中有位内训师开发一门"领导力修炼"的课程，试讲环节涉及一个内容：领导人要以身作则。该名内训师播放了一段视频，是当时热播的一部电视剧《我的前半生》其中的一段：女主角罗子君刚到一家市场调研公司上班，她的上司Miss吴就安排罗子君去异地拜访客户。第二天一早，Miss吴自己开车来接罗子君，整个途中还不断学习英语口语。罗子君面对这样一位严于律己的上司，不敢有任何抱怨，只是暗暗下决心向她学习。当该内训师播放完这段视频后，发现台下的学习者(中层干部、40～50岁，男士居多)大眼瞪小眼，都说这部电视剧没看过，尽管该内训师演绎得很生动，视频截选得也不错，但学习者共鸣感不强。

解决措施: 素材除了要匹配内容,同时要考虑不同的受众。在课程开发前期的需求调研阶段,一般会对培训对象进行分析,如行业特点、男女比例、职务层级、年龄等,这些信息可为后期素材的收集提供指导。

职业讲师对不同的企业做培训时,最好能够选择与该行业相关的案例;而企业内部培训师,选择企业内部案例会让课程更加接地气。

学习者的年龄也是不能忽略的,对于"90后"群体,素材中多一些网络热点话题,他们会很感兴趣;而对于"70后"群体,培训师可以选择一些热点民生、财经类的案例,更能引起共鸣。

再一次试讲"领导力修炼"的课程时,该内训师换上了一段《三国演义》的经典片段——割发代首:三国时期,曹操发兵宛城时规定:"大小将校,凡过麦田,但有践踏者,并皆斩首。"这样,骑马的士卒都下马,仔细地扶麦而过。可是,曹操的马却因受惊而践踏了麦田。他很严肃地让执法的官员为自己定罪。执法官对照《春秋》上的道理,认为不能处罚担任尊贵职务的人。曹操认为:自己制定法令,自己却违反,怎么取信于军?即使是全军统帅,也应受到一定处罚。他拿起剑割发,传示三军:"丞相踏麦,本当斩首号令,今割发以代,日后以战功赎罪。"当看到学习者在传示三军的尾音中陷入思考状,这位内训师露出了舒心的笑容。

五、素材收集和整理的三重效果

素材收集和整理容易出现上述三类问题,为了能够让素材精益求精,更加生动地诠释知识点,在素材的选择和整理上应遵循三条原则。

1 有一定的冲突性

冲突性主要体现在学习者感受层面上,让人感觉存在意见的对立、不一致或认知不和谐。素材的冲突主要体现出3个方面。

(1) 案例素材中的冲突体现在事件上。事情时处理上是让人为难,就产生了冲突性,比如制度已经规定,但是往往有人违背了规定而又事出有因。

(2) 故事、视频素材中的冲突体现在情节上。故事情节不能过于平铺直叙,让人看了开头就知道结果,最好一波三折,有一定的起承转合或者让人意想不到。

比如,一位培训师播了一段视频,想说明"与众不同更容易让人印象深刻",

其实观点本身也不难理解。培训师播放了一段天鹅湖的舞蹈，其中有4个白天鹅舞者，1个黑天鹅舞者，在观看了长达8分钟的视频后，培训师问大家，对哪个天鹅印象最深刻，大家异口同声地回答"黑天鹅"，最后培训师把观点打出来：与众不同更容易让人印象深刻。整个手法没有问题，观点也没错，但是这个视频过于直观了，冲突性不强，课堂效果并不好，部分学习者看到一半就不耐烦了。

(3) 角色扮演中背景素材的冲突体现在角色难度上，即不能让培训对象过于容易达成目标。比如下述A销售角色的成功扮演就体现了一定的难度：角色目标——角色A运用所学销售技巧对角色B开展销售；背景——销售人员A这个月的业绩目标只差3万，拟向客户B销售公司产品；虽然客户B有需求，但是已经对销售人员的销售套路感到厌烦，因为之前有好几位销售人员找过B客户。但如果快速准确地把B客户的"脉"，合作的可能性还是有的。

❷ 有一定的对比性

我们经常会看到这样的广告：对比产品使用前和产品使用后，因为这样截然不同的画面具有直观性，能让人印象深刻。所以，我们在整理收集到的素材时，也力求达到这样的对比效果，具体做法如下。

(1) 正反对比。适合表达好坏、对错、前后等完全相反的内容，如将两张不同效果的图片、两段不再结果的视频、两个正反案例，通过反差对比强调正面好处。需要注意的是，在同一性质和水平的对比才更有说服力，比方说，某培训师在"说明哪种大堂经理的职业形象更容易被大众所接受"时选取了两张图片：一张图片为端庄的大堂经理职业照，另一张图片却是"犀利哥"的照片，这两张照片的性质和层面不同，因此没有可比性。

(2) 相似对比。适合在某个内容很容易与其他内容产生混淆的情况下运用。如培训与演讲、目标和目的等，培训师可以通过相似案例素材的对比，让学习者找出其中的共同点和不同点，从而对需要学习的重要内容进行强化。

❸ 有一定的多样性

很多培训师学会了素材收集之后，就会习惯性地运用一到两种相对素材表现形式。比方说某个培训师特别喜欢引用名言警句，在一次课程中出现了20多处名言警句这样的课程会让培训对象觉得授课手法单一；再比如某个培训师喜欢用案例，特别是在讲授法律法规的课程时，在课堂中大量运用案例素材，好的地方是非常切合企业实际，不好的地方是案例的文字都偏多，短时间内学习者的大脑储存空间有限，会消化不良。因此，培训师在收集素材时，要注重多样性，通过运用不同的素材表现形式，增加课程的丰富程度，最大限度地满足不同学习者的需求。

美国哈佛大学教育研究院心理发展学家霍华德·加德纳在1983年提出多元智能理论，即人有多元智能，有些人在数理逻辑上特别突出，有些人在音乐上特别突出，而有些人在身体运动上特别突出。变化不同的素材表现形式，如有时给一组权威的数据，有时播放一段触动人心的音乐，有时讲授一个耐人寻味的案例，都是为了满足不同学习者的诉求，让课堂更加生动有趣。

培训素材的收集和整理非常考验培训师的阅历，这是日积月累的过程。

第二章

"授之以方"
——五大核心教学方法

本章要点：

▶ 教学方法的选择

▶ 讲授法/演示教学法/角色扮演法/游戏教学法/案例教学法

▶ 设计示范/延伸阅读/实用工具

第一节
匹配教学方法

　　笔者在某通信行业的培训中心授课期间，与该培训中心的主任午餐闲聊时，他说起一件事情：前段时间培训中心邀请了一位培训师给新员工上产品营销类的课程，当时培训师在开场做了一个"萝卜蹲"的游戏，让10个学习者在台上一字排开，每人给自己起了个不同颜色萝卜的名字，如"青萝卜""红萝卜"等，接下来喊到哪个萝卜，哪个萝卜就得蹲一下，反应慢或喊错就得出局，最后留下来为赢。但是这10个学习者反应速度都非常快，谁都没有输，这个游戏玩了将近1个小时也没有分出胜负。该培训中心主任很感慨地说："这个课程一共就6.5小时，可"萝卜蹲"这个游戏就花费了1个小时，实在太可怕了。"

　　诚然，这个培训师的出发点是好的，希望通过游戏的教学方法在开场阶段引起大家的兴趣，活跃课堂氛围。但需要考虑的是，这个游戏教学方法在开场进行是否合适，它与接下来所讲的内容是否有联系，教学方法在设计上是否存在问题。这些都是培训师在课程设计阶段需要认真思考的。

·········· 一、教学方法你选对了吗 ··········

　　在教学活动中，选择与运用恰当的教学方法是实现教学效果的前提条件，讲师借助有效的教学手段和教学方法来与学习者进行充分互动。

　　随着培训理论的应用和发展，在实践中创造出来的教学方法五花八门，一些讲师为了追求"互动的课堂"，在培训中滥用教学方法，导致培训课堂很热闹，效果却大打折扣。因此，选择正确的教学方法是培训成功的重要一环。

那么，在各种各样的教学方法中，应优先考虑哪些方法？这些方法如何有机地结合在一起呢？

⋮⋮⋮⋮⋮⋮ 二、基础原则：匹配教学内容 ⋮⋮⋮⋮⋮⋮

教学方法在传授内容时起到至关重要的作用，不同的课程内容应该运用不同的教学方法去教学。

课程的内容一般分为三大类：知识类、态度类和技能类，不同的内容教学要求也不同。简单地说，在教学的过程中知识类内容要让学习者多"动脑"，技能类内容要让学习者多"动手"，态度类内容要让学习者多"动情"。

相信大家都有学开车的经历，理论考试，基本没有太多窍门，需要学车者实实在在地看和背，教练需要提供的是足够的知识量，确保囊括考试范围，这叫多"动脑"；而实际操作，必须手握方向盘坐在驾驶室里才能真正学会，教练需要给学车者提供大量的操作练习，因此要多"动手"；而开车安全意识的培养是最难的，不可能让学车者出了车祸才醒悟过来，因此很多驾校的教练都是"黑脸"角色，他们会用过激的语言方式唤醒学车者安全意识，同时，驾校演示大厅也会循环播放一些触目惊心的车祸现场录像，让学车者获取间接体验，起到"动情"的教学效果。

1 知识类内容

知识类内容是指描述事情"是什么"的知识。一般包括事实性的知识和概念性的知识，如分类、定义、步骤、产品特征、原则、制度、功能、原理等，这些内容通常比较单调、枯燥，同时比较抽象。

学习知识类内容的主要目的是扩大学习者的知识面，讲师主要的任务是讲清楚某类知识内容，强调学习者的理解和记忆。知识类内容的教学形式有以下三种：

- 向学习者单向传递的方式
- 双向互动的方式
- 多方交互的方式

这三种方式可以单独构成一个教学过程，也可以组合的方式构成教学过程。其教学方法可以按某种教学形式单独选择，也可根据教学互动的期望的结果组合地选择，具体教学方法如表2.1所示。

表2.1　知识类内容教学过程与方法匹配表

知识类内容教学过程(形式)	适合的教学方法
向学习者单向传递的方式：讲师运用口头语言向学习者描绘情境、叙述事实、解释概念、论证原理和阐明规律	讲授法 视频教学法 图示法 打比方法
双向互动的方式：讲师引导学习者运用已有的知识和经验回答讲师提出的问题，获得对新知识的思考与总结	提问法 测试法
多方交互的方式：小组各成员围绕某内容发表各自意见和看法，共同研讨，集思广益，相互学习	小组讨论法 头脑风暴法 两人分享 案例分析法

1) 向学习者单向传递的方式

例如在一次社工培训中，培训师要向社工解释"家庭暴力与家庭纠纷的区别"，通过三步传递这个知识点：

第一步：把情境文字输入PPT并进行口头描述。

有一对夫妻因为中午要吃什么吵了起来：

- 男方问："你想吃什么？"
- 女方回答："我想白菜饺子。"
- 男方说："白菜饺子有什么好吃的，吃芹菜饺子!"
- 女方说："可我就想吃白菜饺子！"

女方的话刚说完，男方的拳头已经打在女生的脸上。

第二步：在PPT上展示一张家庭纠纷与家庭暴力对比表(见表2.2)。

表2.2　家庭纠纷与家庭暴力对比表

维度 ＼ 类别	家庭纠纷	家庭暴力
双方关系	平等	不平等
行为目的	为了说服对方	为了控制对方
使用手段	争吵、协商	殴打、威胁、恐吓
身体伤害	无	有

第三步：进行讲解："区别家庭纠纷和家庭暴力，可以从4个方面进行比对，即双方关系、行为目的、使用手段和身体伤害。很显然，按照这个对照表，情境当中男方的拳头已经打在女方的脸上，造成女方身体伤害，因此该事件已构成家庭暴力行为。"

2) 双向互动的方式

举例：在一次银行信贷方面的培训课堂上，培训师向学习者解析"5P(个人、资金用途、还款财源、债权保障、企业前景)要素分析法"，这是金融机构对客户进行信用风险分析时所采用的专家分析法之一。培训师可以通过以下三步传递这个知识点。

第一步：在PPT上呈现一个问题："友情大考验：如果朋友向你借10万元，哪些因素决定你是否借给他/她？"学习者根据自身的经验，给出了很多答案，如"会考虑对方的偿还能力""借钱用途是什么""对方的人品如何"，等等。

第二步：培训师根据学习者回答的答案进行总结："大家回答都非常好，这几个要素不是独立存在的，而需要综合起来进行评判。同样，金融机构在发放贷款过程中，也需要通过一系列要素对客户进行信用风险分析，而这几个要素与我们刚才的例子是很相似的，接下来，给大家讲解一下5P要素分析法。"

第三步：培训师打出5P分析法所包含的5个要素，并一一进行讲解。

3) 多方交互的方式

例如在一次培训师综合能力提升的课堂上，培训师向学习者讲授"成人学习的特点及应对策略"时通过以下4步传授这个知识点。

第一步：在PPT上呈现"小组讨论：成人学习的特点及应对策略"。

第二步：培训师宣布主题讨论规则：①全体参与，群策群力；②把答案写在大白纸上；③最终形成结论并安排一个代表发言。

第三步：组织学习者分享，培训师快速记忆和核心观点提炼，为接下来的点评做准备。

第四步：结合学习者答案，分享成人学习的5个特点及应对策略，每个特点用案例加以论证，并提出可行性应对策略。

2 技能类内容

技能类内容包括动手、开口等需要协调思维和肌肉共同参与的技能，综合运用各类知识进行分析、判断、评价的技能，人际间互动的技能，如操作流程、行动步骤、行为技巧等。技能类内容的培训涉及学习者实际工作和操作能力，因此除了理解和记忆之外还需要加入大量练习。

在技能类知识的学习过程中应主要关注学习者的实际工作和操作能力，要求学习者自己动手实践并能够及时发现和学会正确或规范的做法，更多强调学习者的操作应用。

技能类内容的教学形式有以下两种：

● 直观地获得技能的方式

● 以现场训练形式形成技能、技巧的方式

可根据学习者的经验能力来选择不同的教学方式。一般来说对于难度较高的技能和经验较少的学习者，讲师在技能教学中可以采用"直观地获得技能的方式"，即让学习者在课堂上先"看到"技能后，再加上练习和应用。

如果大多学习者能通过自身经验"摸索"出规律和正确做法，最好采用"以现场训练形式形成技能、技巧的方式"，即让学习者在课堂上先"直接参与练习"，体验后加以总结与应用。具体教学方法如表2.3所示。

表2.3 技能类内容教学过程与方法匹配表

技能类内容教学过程(形式)	适合的教学方法
直观地获得技能的方式：讲师组织学习者直接接触实际事物并通过感知获得和领会所学习的技能	示范教学法 视频教学法 图示法 案例分析法
以现场训练形式形成技能、技巧的方式：在讲师的引导下和在设置的情境中学习者练习各种技能	角色扮演法 练习法 游戏法

1) 直观地获得技能的方式

举例：在一次关于安全急救的技能培训中，参训学习者为新员工，他们从来没有接触过有关急救方面的培训，也没有相关经验。培训师根据学习者的情况，在传授"心肺复苏法的操作步骤和要领"这部分内容时，通过以下5步进行教学。

第一步：播放一段"心肺复苏法操作步骤"的录像，让学习者边看边记录录像当中的步骤和关键要领；

第二步：培训师通过提问的方式让学习者分享记录的内容；

第三步：通过现场示范的方式边做动作边讲授要点；

第四步：在PPT上显示该内容的具体操作步骤和要领；

第五步：让每个学习者利用道具做练习并口述操作步骤和要领。

2) 以现场训练形式形成技能、技巧的方式

举例：在一次商务礼仪培训中，参训学习者为销售部门的客户经理，已经有一定的工作经验。培训师需要向他们传授"商务接待中介绍和握手的礼仪"，通过以下5步完成知识点传授。

第一步：在PPT上展示角色扮演的背景——A公司总经理贾总(男)与B公司的合作很顺利，贾总携带夫人去B公司进行进一步考察。B公司的小李(男)陪同丁总(男)前来迎接。在机场出口见面时，经介绍后丁总热情地与A公司贾总及夫人握手问好。

第二步：在了解清楚角色扮演的背景后，培训师挑选4名学习者参与角色扮演，并要求他们完成相互介绍和握手的动作。

第三步：学习者在演练的同时，培训师要求其他学习者做好笔记，记录演练人员在"介绍和握手"礼仪中展示得好与不好的地方。

第四步：组织学习者进行分享，培训师做总结。

第五步：安排学习者重新练习正确的做法，强化训练效果。

3 态度类内容

态度类内容包括态度、价值观、信念和习惯等方面的内容，如价值、目的、利益、危害、心态要求、精神愿望等。对态度类内容的学习应强化学习者情感、促进学习者观念和意识的改变，从而影响言行。

态度类的内容显得空泛，教学中容易进入"说教"的误区。因此，态度类内容的教学需要关注学习者的情感触动、情绪反应。

态度类内容教学过程要强化学习者的"情感"，其教学方式分以下两种：

● 直接强化的方式

● 间接强化的方式

直接强化的方式即学习者自身参与体验活动。这种方式通常对教学条件的要求较高，对学习者的"刺激"也较高，学习者会有"强烈的反应"，因而这类教学对讲师的控场能力要求也较高。在间接强化的教学方式下，讲师通过描述和展示相应的情景，或通过学习者的自我分享来触动学习者，学习者"被动"体验，因此特别考验讲师的演绎、呈现和课堂组织能力。具体教学方法可参考表2.4。

表2.4 态度类内容教学过程与方法匹配表

态度类内容教学过程(形式)	适合的教学方法
直接强化的方式：讲师引入情境活动，让学习者直接参与行动，从而反思	游戏法 角色扮演法 辩论法
间接强化的方式：讲师通过各种方式，向学习者展示情境状态，让学习者获得感知上的体验，从而反思行为	故事法 案例分析法 两人分享 小组讨论

1) 直接强化的方式

例如在一次关于手部安全防护的培训中，培训师向学习者传授"注意手部安全防护意识"的内容。因为这是典型的强化学习者意愿的知识点，培训师运用了游戏法让学习者直接体验的方式。具体操作为如下6步。

第一步，每组安排一名代表到台上，且这些代表都穿着绑带的鞋子。

第二步，台上的代表进行一次"看谁快"的穿鞋带比赛，并记录好各自所用的时间。

第三步，培训师把台上代表的拇指用透明胶绑起来，假设拇指没有了的情况下，进行第二轮穿鞋带比赛，并记录好所用的时间。

第四步，比较前后两次比赛所用时间。

第五步，培训师让台上的代表逐一分享活动体验，很多学习者表示，平时做起来很简单的事，如果没有了拇指，也不能顺利完成。

第六步，培训师对此次活动作总结，提出保护好双手，引起大家对手部安全防护的重视。

2) 间接强化的方式

例如在一次关于强化安全生产意识的培训课堂上，培训师运用间接强化的方式，收到了意想不到的现场效果。具体操作为如下4步。

第一步，随着轻音乐响起，培训师声情并茂地给大家读了一份报道(PPT图文并茂地展示了相关内容)。这份报道说一个员工一直没有跟父母说自己从事高危工作，有一天，父母从电视的报道中看到儿子工作的场景，但并没有揭穿这个秘密，每次儿子轻松地跟家人打电话报平安的时候，父母尽管非常担心，也故作轻松地配合着。因为亲情的深厚和伟大，两代人共同守着这份并不是秘密的秘密。

第二步，报道念完后，培训师让大家闭上双眼，随着《母亲》的音乐响起，大家在心里默默想念着自己的亲人。

第三步，当音乐结束，培训师引导大家思考。有的学员表示，为了能够让所爱的人放心，应当安全操作；有的学员表示保护小家为大家，应当以身作则，安全操作。

第四步，培训师让全体学习者站起来，共同读出以下两句话：每当你走向岗位，肩上承担着亲人的等待。千万要安全地回来，延续生活的精彩!

根据内容的特性，遵循学习的客观规律，是教学方法选择的基本要求。当然，同一课程内容的教学方法并不是唯一的，对同一内容也可以使用不同的教学方法。知识类的内容有时也需要"转化"成应用的"技能"，而某些技能类的内容，有时只需要让学习者了解一下。那么，我们如何判断某个知识点对学习者来说是应知还是应会呢？我们必须参考和依据课程的培训目标来确定。

·········· 三、最佳判断：以培训目标为依据 ··········

授课方法是培训过程设计的一个重要环节，每种授课方法都有各自的优缺点，不同的培训目标应该用不同的教学方法去实现。

培训目标会对学习者学习某个知识内容的学习程度有明确的要求和描述。如"课程结束后学习者能记住沟通的5个原则"和"课程结束后学习者能演示一个符合沟通5个原则的沟通过程"这两个培训目标的实现，显然在课堂上对教学方法的要求是不同的。

虽然知识类内容的学习目标是"让学习者获得基本认知"，技能类内容的学习目标是"让学习者获得操作技能"，态度类内容的学习目标是"让学习者发生态度转变"，但从学习的需求层面分析，各自的学习程度会有所不同，因而教学方法也有所差异，如表2.5所示。

表2.5 三类课程内容的培训目标层次与教学方法匹配表

内容分类	培训目标层次及描述	主要教学方法参考
知识类内容	了解水平 能回忆事实性知识； 能识别、辨认事实，能列举例子进行说明； 能描述出基本信息	讲授法、视频教学法、提问法、图示法

(续表)

内容分类	培训目标层次及描述	主要教学方法参考
知识类内容	理解水平 能解释、推断、区分新旧知识； 说明事物并提供证据； 收集、整理信息等	讲授法、测试法、两人分享、小组讨论
	应用水平 能将学到的概念、原理等应用到新的问题情境中	角色扮演，案例分析
技能类内容	模仿水平 根据示范和他人指导进行模拟操作	示范教学法、视频教学法、图示法、游戏
	独立操作水平 根据自己的理解，独立准确完成操作	角色扮演、练习法
	熟练操作水平 根据需要选择和评价操作环境，在新的情境下能熟练运用已有技能	角色扮演
态度类内容	经历(感受)水平 经历活动的全过程，说出感性认识	讲授法、故事法、视频教学法、两人分享
	反应(认同)水平 在经历基础上获得并表达感受、态度和价值判断，做出相应的动作和反应等	角色扮演、案例分析、游戏法、小组讨论
	领悟(内化)水平 建立稳定的态度、一贯的行为习惯和个性化的价值观等	角色扮演、辩论

1 知识类的培训目标

例如某石油企业的培训中，学习对象在之前基础课程中已经学习过"翻滚"的原理，因而此次培训目标定为"学习者通过培训能够描述翻滚原理并针对不同的现象提出解决方案"。该培训目标属于知识类目标层次的应用水平，培训师在课堂上应多提供案例，让学习者进行讨论和分析，使其能应用所学原理提出解决方案，而不应仅仅通过提问让学习者回答翻滚的原理。

2 技能类的培训目标

例如某银行的"柜面服务七步法"培训中，培训师确定的目标为"让学习者在不同情境中能够综合应用七步法"。针对这样的培训目标，在训练阶段，培训师就不能单纯通过示范教学让学习者模仿，还需要提供大量的情境,让学习者通过角色扮演反复练习,使其服务技能达到熟练操作水平。

3 态度类的培训目标

例如某企业在"企业文化"的课程中，需要学习者对企业文化的4个关键词作深入解读。培训师把培训目标设定为"通过培训让学习者能够详细描述4个关键词的含义并能应用到日常的判断和决策中"。该培训目标属于态度类的反应(认同)水平，因此，培训师不能单纯地通过解析让学习者记住4个关键词的定义，而是要通过大量的日常案例影响学习者的价值取向，并通过案例分析等方法检验学习者的学习成果。

需要注意的是，我们在设计课程的时候，先让课程内容与教学方法相匹配，再根据具体的每一个培训目标来调整相应的教学方法，当出现不同的选择时，应以培训目标的实现为主。

四、灵活应变：不可忽视的教学过程

在培训的过程中，学习者的状态、培训的环境都有不确定性，因此，在教学过程中还需要灵活调整教学方法。

1 根据课程的进展选择合适的教学方法

课堂学习是个循序渐进的过程，不是一蹴而就的。为了让学习者有个很好的学习状态，我们必须考虑学习者对各种教学方法的适应度。图2.1反映了不同方法对学习者的刺激度。

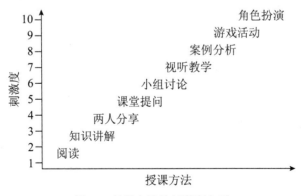

图2.1 教学方法的刺激度水平

在整个教学过程中，把高刺激度和低刺激度的教学方法交错搭配，形成一个

"心电图"状的刺激曲线，能保证很好的课堂效果。另外，在课程的前段时间，除了破冰的环节外，不应过多选择刺激度较高的教学方法，要让学习者逐渐熟悉和适应讲师的课堂教学。

② 根据学习者的状态灵活调整教学方法

讲师要特别留意学习者的学习意愿和学习能力。对于不同状态的学习者，讲师选择合适的教学方法，才有利于调动学习者的课堂积极性。

对于学习意愿较高的学习者，讲师应该给予学习者更多的自主性，多选择讨论、案例分析等方法，给学习者创造宽松的学习环境和更多自由发挥的空间。对于学习意愿较低的学习者，讲师应该多用提问、两人分享等方式，小范围地逐渐带动其学习兴趣。

对于能力较高的学习者，讲师应该多引入角色扮演等难度和刺激度较高的学习活动，让学习者在自主学习的同时，获得"成就感"和"刺激感"。对于能力较低的学习者，讲师应该多用讲解、示范、视听等教学方式，也可多用两人分享的小范围的学习方式。

一般来说，课堂中多种学习者并存，因此，总体而言把握从低到高的原则，即从小范围到大范围，从低难度到高难度渐进。具体方法的选择可以参考图2.2。

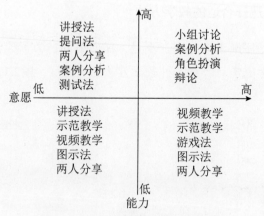

图2.2　学习者状态与教学方法匹配

当然，学习者的状态除了需要讲师对教学方法的灵活把握之外，还需要讲师从课堂的多方面来调整。

③ 教学环境等因素会影响教学方法的使用

首先，培训人员的多少对教学方法有影响。如分组讨论、角色扮演等教学方法不适用人数较多的培训；而讲授法和视频教学等的实施不受人数限制。

其次，培训时间的长短对教学方法有影响。如案例分析、角色扮演等教学方法一般需要较长的操作时间；而讲授法、两人分享的实施受时间的影响较小。

最后，培训场地的大小和场地的课桌摆放方式也对教学方法有影响。

教学方法的选择既有一定的标准或规范，又要在实际教学中灵活多变。教学方法的组合运用有利于讲师的创造性的充分发挥，能够大大提高培训的效果。

实 ▎用 ▎工 ▎具

常用教学方法如表2.6所示。

表2.6 常用教学方法

名称	定义	优点	缺点	适用范围
讲授法	以说明、阐述、讲解、论述等口头语言方式进行培训的教学方法	● 应用条件宽松； ● 能同时对多数学习者传授知识； ● 信息量丰富，易系统表达教学内容	● 缺乏主动思考、被动性强； ● 内容较多，学习者不易吸收，较难掌握学习者的理解程度； ● 对讲师语言表达要求高	适用于各种内容，可在短时间内传授知识，适用于经费不多但是又希望更多人听课的企业
故事法	通过典故、真实发生的事件、寓言、历史事件等形式来说明观点的一种教学方法	● 寓教于乐，趣味性强； ● 引人入胜； ● 让内容变得生动具体	● 故事素材难与主题或观点吻合，容易跑题 ● 对讲师的演绎能力要求较高	适用于内容比较枯燥和抽象的课程，让课程更具趣味性；适用于需要触动人的心灵或改变意识类内容的讲授
图示法	借助图片、演示图等的，让阐述的观点更清晰、更直观的一种教学方法	● 使内容更加直观、丰富； ● 方便学习者理解和记忆	● 图片和内容吻合度要求比较高； ● 图片的收集并不容易； ● 演示图的制作会耗费大量的时间	适用一些操作步骤和流程的讲授，通过现场图片更直观；技术类的原理通过动态演示图表现也非常合适
打比方法	针对一些相对复杂、抽象的课程内容，通过作比喻的方式让学习者更容易理解和记忆的一种教学方法	● 可以让抽象的内容生动起来； ● 通俗易懂； ● 有效激活学习者旧知识	● 合适的喻体不易找到； ● 需要耗费很长的构思时间	适用于新知识的讲授；适用于抽象概念、复杂内容的讲授，便于学习者理解；适用于激活学习者原有的经验

（续表）

名称	定义	优点	缺点	适用范围
提问法	为了说明某个观点而设计一系列引起互动、激发兴趣、收集信息、引发学习者思考的提问的一种教学方法	● 能够与学习者进行交流和探讨； ● 可以检验学习者的理解和学习进度； ● 活跃课堂氛围； ● 启发学习者思考，增加学习者对知识的理解深度	● 提问不当容易引起课堂失控； ● 会让部分内向的学习者感到不适应； ● 会耗费一定的课堂时间	适用于对所讲内容有一定的经验和基础的学习者；适用于调节课堂沉闷气氛；适用于激发学习者旧知识
测试法	在内容讲授前或讲授后让学习者做连线、选择题、填空题、问答题、判断题等，以达到检验学习者对知识掌握程度的一种教学方法	● 方式灵活多变，学习者参与度高； ● 能够启发学习者思考； ● 可以有效检验知识类的内容	● 容易让部分学习者有抗拒心理； ● 题型设计不好可能会流于形式，检验不出真实水平	适用于认知类内容的摸底；适用于记忆类内容的检验
两人分享	通过随机或者指定的方式，两人一组就某一主题内容进行分享和探讨的教学方法	● 比较被动和内向的学习者容易参与进来； ● 有利于有效和充分沟通； ● 便于个人情感交流； ● 容易达成教学成果	● 课堂人数为单数时不好操作； ● 不好把控学习者之间谈话的内容，容易偏题； ● 对时间有一定要求	适用于培训设备固定、不方便走动的场地；适用于谈感受、谈看法等态度类内容的教学
头脑风暴法	以小范围会议形式进行讨论、座谈，打破常规，积极思考，畅所欲言，充分发表看法的一种教学方法	● 能够激发学习者的创造力和积极性； ● 容易收获意外的成果； ● 能够充分开发每个人的智慧； ● 能够营造出民主、平等的教学氛围； ● 让教学成果更高效	● 对主持人有一定的要求； ● 产出的成果不一定达到预期效果	适用于没有标准答案，需要大家群策群力拿出方案的培训
小组讨论	就某一或多个主题，由小组成员之间进行相互交流和探讨而得出统一结论的教学方法	● 有利于增加小组成员间的交流和凝聚力； ● 通过民主集中的方式，让讨论的主题更加深入； ● 增强学习者学习的主观能动性	● 小组成员间如果配合不好，容易出现相互推诿现象； ● 团队氛围会影响讨论的结果； ● 会耗费比较长的时间	适用于比较重要的课程内容；适用于对主题有一定的了解的学习者；适用于需要活跃课堂氛围的教学环节

（续表）

名称	定义	优点	缺点	适用范围
视频教学法	通过播放与主题相关的视频，让学习者通过情节、声音和画面，更直观感受教学内容的一种教学方法	● 形象生动 ● 直观 ● 趣味性强	● 视频素材的收集比较困难，不容易获取； ● 视频所表达的观点比较多，扣题是难点	适用于抽象概念的讲授； 适用于课堂现场操作受局限时内容的讲授
示范教学法	有目的的以讲师技能示范作为引导，使学习者能模仿和操作必要的技能的教学方法	● 提高记忆力； ● 内容直观； ● 增强吸引力，让操作步骤更加清晰易学； ● 启发学习，提高参与意愿，增进学习效果	● 适用范围有限； ● 会出现耗费时间长的情况； ● 场景若与实际状况脱离，学习者的参与度会降低	适用于动作技能类内容；适用于需要场景化提高学习者共鸣的课堂教学
案例分析法	培训师提供背景信息，由学习者通过讨论分析提出不同解决方案的教学方法	● 有聚焦性和高产出特点，针对性强，提高解决实际问题能力，并能解决实际问题； ● 发挥团队精神，树立整体观念，能集思广益； ● 发表自己的观点，学习者参与感强，激发学习者的兴趣； ● 营造气氛，讨论的结果容易被接受、容易在以后的工作中实行	● 占用时间较多； ● 有一定的失真性； ● 人数有限制，以3~5组，每组5~6人最适当，小组过多时，过程容易失控； ● 培训师须在课前有充分准备，并具备良好的实践能力和引导技巧。 ● 学习者对议题须具有充分的认知	适用于技能类，特别是需要考察学习者思维、判断、决策、思路等方面能力的内容；适用于对主题有所了解的学习者；适用于考查学习者综合知识和技能的教学
游戏法	学习者按照一定规则开展游戏，在游戏过程中思考或模拟解决实际问题的教学方法	● 寓教于乐，激发学习者的积极性和参与性； ● 破冰或暖身，调节气氛，改善学习者集体的人际关系； ● 使一种观点或一个道理、易于理解、记忆深刻，刺激学习者认识到改变的必要； ● 学习者有亲身体验，参与度强	● 可能将现实简单化，进而影响到现实工作； ● 游戏存在后勤保障问题，如教具、安全； ● 开发准备时间长，游戏开展也较费时间，须经常修改和设计； ● 过程中不可控因素较多	适用于需要活跃课堂氛围的教学环节；适用于比较年轻的学习者群体；适用于需要改变思维和态度类内容；适用于的教学综合技能训练的内容

(续表)

名称	定义	优点	缺点	适用范围
角色扮演	学习者在一定情境中以一定角色进行表演而学习、练习某种技能的教学方法	● 调节气氛，容易引起兴趣，学习者愿意积极参加； ● 学习者亲身体验、可以获得具体的感受； ● 加深理解，实效性较强，可发现"知道"与"实行"间的差距； ● 强化反应能力和心理素质，培养随机应变的技巧	● 扮演活动必须具有高度的真实感，不具有普遍性； ● 易脱离培训师的控制，内向的学习者参与度不高； ● 适用范围有限，会场安排、器材准备较浪费时间	适用于技能类，特别是动作技能和沟通表达方面的内容；适用于与实际工作场景吻合的技能训练；适用于考查学习者技能的掌握情况

综 合 演 练

教学计划编写练习

目的：依据课程大纲内容制订教学计划(见表2.7)。

要求：1.请根据课程大纲及具体内容选择教学方法；

　　　2.预估填写教学时间。

表2.7　教学计划

环节	内容大纲(课程三级和四级内容标题)	教学方法(与每个重要的内容对应)	具体时间	时长
开场				
第一部分 (课程模块标题)	三级大纲标题	四级大纲标题		

第二节

讲授法——从单向讲解到双向互动

讲授法是以口头语言方式向学习者叙述事实、解释概念、论证原理和阐明规律的教学方法。在教学过程中讲授法能充分发挥讲师自身的主导作用，讲师能够掌控教学时间，教学内容、教学策略、教学方法和教学步骤，有利于提高教学的效率，使学习者在短时间内获得大量知识和技能，也有利于帮助学习者准确地掌握课程内容。

一、讲授法的三个误区

正因为讲授法有应用条件宽松、便于口头表达的特点，一些讲师为了"尽快"完成教学任务便采用此种方法教学，把大量的信息和专业术语"搬运"给学习者，使学习者被动地参与，影响了学习的效果。培训师在运用讲授法时容易陷入以下三个误区。

1 满堂灌

讲师往往只考虑自己怎样讲得全面、细致、深刻、透彻，却忽略了学习者的接受程度。讲师总觉得自己不讲学习者就学不到东西，甚至认为只有这样，学习者才能掌握得越多、越好。

在这种"满堂灌"式的讲授过程中，讲师把知识确实讲解得清清楚楚，却忽视了个体差异。这种情况下，学习者容易以听讲代替思考，即使偶尔有自己思维参与，因为要与讲师同步，就有可能把所碰到的各种疑问、障碍和困难隐蔽起来。这种方式还容易让学习者不知不觉地形成依赖心理，等待讲师来讲解一切问题。讲师讲得越好，学习者的期待和依赖心理就越强烈。这种期待和依赖心理严重地削弱了学习者学习的主动性和创造性。

2 直接用"书本的语言"代替"口头的语言"

通俗来说就是"照本宣科"。尽管一些知识要使用该学科的专业术语讲述才能准确地传递它在学科范围内的确切含义，但是过多使用"书本的语言"既不能保证学习者听得清，又不能保证学习者听得懂，更难让学习者长时间保持注意力。

3 忽视知识的迁移

有些讲师认为，在课堂上要教授完整的、现成的知识，学习者只需认真听讲和记好笔记就可有效地获得知识，并不重视对学习者学习效果的检验。结果就出现学生在课堂上好像什么都明白、课后却又说不清的现象。这一方面说明学习者没有独立思维，没有举一反三的能力；另一方面也说明课堂学习效果及时检验的重要性。

二、讲授法的三个关键阶段

在讲授过程中，讲师应该先对自身角色有深刻认知，讲师不能仅是知识传播的"中介"，还应是学生学习的引导者。讲师必须调动学习者的积极性，提升学习者获取信息的能力，从而高效地解决问题。

围绕培训目标，应用"讲授法"时，讲师应做好以下三点。

- 讲师应起主导作用，引导学习者进行思考；
- 讲师需要对课程内容做合理阐述；
- 关注和监测教学过程中的成果。

因此课程中，每个知识点的讲授需要经历三个阶段，即：

- 让学习者思考的阶段
- 学习者理解(讲师讲解)阶段
- 知识巩固阶段

在教学设计过程中可以制作如表2.8所示的表格。

表2.8　知识点的讲授过程设计

阶段	策略
学习者思考阶段	
讲师讲解阶段	
知识巩固阶段	

三、让学习者思考：发挥"不讲"的力量

任何知识的真正掌握都是建立在新旧知识的有机结合和独立思考之上的，虽然讲授法离不开讲师的"讲"，但讲师在传授一个新的知识点之前，应调动学习者的主观能动性，让学习者自己去挖掘、去思考这个知识点的内容，在这个过程中讲师获得与所讲授知识直接相关的信息，提炼出需要讲解的核心观点。

如在讲解"团队的定义"时，讲师并不需要一开始就在PPT上把团队的定义展示出来，可以先问大家："团队"和"团伙"的区别在哪？等大家热烈讨论和发言后，讲师对大家谈到的和团队相关的关键要素进行提炼和解读，最后把团队的定义完整展示出来加以讲解。

讲师"不先讲"是讲授法的指导思想。为了达到"不讲"的目的，讲师必须想办法调动学习者思考或开口，使学习者能结合自身原有的经验，学会学习，学会提出问题、分析问题和解决问题，以达到"无师自通"。

在实际教学中，如何有效地调动学习者思考、开口、解决问题是一件复杂的事情，不是单纯设计些问题就可以了。根据学习者对课程内容认知程度的不同，可以采用以下两类做法来促进学习者思考。一是直接引导学习者用原有的经验去解决问题，如小活动、讨论、填空、测试等；二是引入一个情境让学习者思考，如举例、录像、引用、联想等。

运用这两类方法时需要根据讲师讲授的知识点类别来设计，如表2.9所示。

表2.9 针对不同内容讲师引导学习者思考的策略

内容类型	简单描述	讲授前引导学习者思考的策略
事实信息、特点	独一无二的文字信息	讨论、填空、提问
概念、定义	用来反映"对象"或"事物"的本质特征	举例、测试、引用、联想、提问
规定、原则、原理	用以指导人们行动的一些规定和惯有的做法	测试、举例、录像、提问
态度、要点	对某事的观点或做法	讨论、举例、录像、引用、提问
步骤、流程	完成一个任务的必要顺序	小活动、录像、提问

在讲授法的学习思考阶段需要注意以下几点。

(1) 讲师不能急于把知识的全部展示给学习者，只需提示学习者学习的主题；

(2) 当学习者需要围绕某个主题思考时，讲师不要直奔主题提问。

比如讲师在讲"处理客户投诉的5个步骤"时，不要问学习者："你觉得处理客户投诉的5个步骤是什么？"正确的做法是，举一个客户投诉的实例，让学习者分享做法，再把要讲的5个步骤总结出来。

(3) 讲师要在引导学习者思考的过程中不断捕捉与讲授内容相关的信息，即进入讲授法的第二个阶段"讲解"。

:::::::::: **四、助学习者理解：从演说到讲解** ::::::::::

　　无论学习者思考问题到什么程度，一旦新的知识点提出后，讲师就不能保持"不讲"的状态了，必须深入浅出地讲解，这时必须更多考虑学习者的理解和接受情况。

　　一谈到"讲"，我们会想到"口头语言、表情语言、体态语言"，它是一个优秀讲师必备的基本功，需要不断训练。除了这些基本的"演说"技能外，讲师还需要重视表达的思路。

　　在讲解开始之前，讲师需要从前期和学习者"探讨"的过程中总结出自己"鲜明的观点"，围绕观点的具体内容，或解读，或论证。

1 关注内容表达的逻辑

　　1) 知识性内容的讲授

　　讲师在讲授概念、定义、事实信息等内容时，需要进一步"解读"。这些内容在传授的过程中都有一个特点，那就是讲师不需要刻意去证明这些内容正确与否，学习者只需要理解或遵循这个规则去做就可以了。我们把这些内容称为"知识性"的内容。

　　知识性内容的讲授，主要目的是让学习者产生记忆，并能联想到工作上的应用。一般会采用以下的逻辑层次去展开讲解，如图2.3所示。

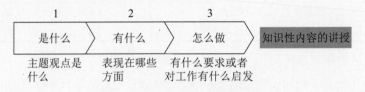

图2.3　知识性内容的表达逻辑层次

　　2) 说服性内容的讲授

　　讲授的内容是要点、流程等方面时，我们不仅要告诉学习者怎么去做，还需要说服他们愿意这么做。在传授这些内容的过程中，讲师必须强调与学习者自身利益相关的方面，如优点、好处等，得到学习者的认可后，再指导如何去做。我们把这些内容称为"说服性"的内容。

　　说服性内容的讲授，主要的目的是让学习者了解事物背后的原因，使其能关注做法的必要性，并能联想到工作上的应用。一般会采用以下的逻辑层次去展开讲解，如图2.4所示。

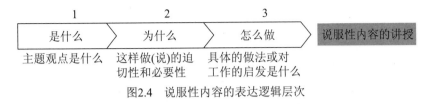

图2.4 说服性内容的表达逻辑层次

讲授的知识点很难明确界定是知识性内容还是说服性内容的，讲师需要参考教学目标和课程设计的相关要求来判断。通常，除了一些明显的概念、定义、事实信息外，我们建议把大量的内容作为说服性内容去讲授。比如，公司的某项规定，它是公司的硬性要求，是一个知识性的内容。但在实际教学中，为了让学习者重视，达到教学目的，我们会讲一些因不符合公司规定出现不良后果的例子。不同内容讲解时适合采用的表达逻辑类型如表2.10所示。

表2.10 不同内容类型及其表达逻辑

内容类型	表达逻辑
事实信息、特点	知识性表达逻辑
概念、定义	
规定、原则、原理	知识性表达逻辑、说服性表达逻辑
态度、要点	说服性表达逻辑
步骤、流程	

② 收集教学素材

讲授过程中没有素材，讲解会显得空洞枯燥和无说服力。根据讲解过程的需要，讲师需要收集大量的素材，主要包括用于论证、说明、讲解的各种案例、故事、数据、图片、小视频、名言警句等。

③ 规划讲解的形式

虽然常用的课堂表达逻辑只有知识性和说服性两种，但在课堂上针对不同的内容可以采用不同的讲解形式，将讲解的内容、表达的逻辑以及备用的素材合理组合衔接，形成一个有机整体。6种常用的讲解形式如表2.11所示。

表2.11 6种常用讲解形式

讲解的主要形式	适合内容	讲解知识点的具体步骤或要点
直接阐述	1. 概念、定义 2. 规定、原则、原理	(1) 收集与概念或观点相关的要素信息
		(2) 提出(总结)观点
		(3) 将要素联系起来，归纳总结出观点，适当举例
		(4) 指出概念或观点的出处

(续表)

讲解的主要形式	适合内容	讲解知识点的具体步骤或要点
举例说明	1. 态度、要点 2. 步骤、流程	(1) 提出观点
		(2) 选择正确的、有说服性和恰当的例证(素材)
		(3) 对素材透彻领悟，提炼与观点相关的信息(自圆其说)
		(4) 总结观点
关键词讲解	1. 概念、定义 2. 事实信息、特点	(1) 运用PPT或者大白纸展示观点
		(2) 提炼和强调关键词
		(3) 讲解或讨论，深入了解关键词(适当举例)
		(4) 归纳总结
数据、图表分析	1. 事实信息、特点 2. 态度、要点	(1) 提出观点
		(2) PPT展示或板书与观点相关的表格和数据(必要时要说明表格和数据来源)
		(3) 数据和表格的逻辑性要清晰
		(4) 对数据或表格进行总结性归纳
		(5) 回顾观点和主题
故事讲授	态度、要点	(1) 抛出观点
		(2) 引入与观点相关的故事，交代清楚时间、地点、人物和事件
		(3) 对于关键场景描述生动，恰当运用形容词
		(4) 有情感、语调的变化，适当设置悬念
		(5) 以故事说明的道理来论证与课程相关的核心观点
视频播放	态度、要点	(1) 抛出观点
		(2) 插播视频，说明引用视频的出处、背景
		(3) 结合视频引发思考
		(4) 提出观点
		(5) 归纳结论

在讲授法的讲解阶段，需要注意以下几点。

(1) 讲师提出的观点一定要结合前期引导学习者思考阶段的内容，否则第一阶段做的工作就显得没意义了；

(2) 在讲解的过程中讲师要避免读PPT，要做好PPT的文字"减噪"工作，尽可能在PPT上用概括的文字表达观点和内容，素材和案例的具体内容大多不在PPT上呈现，而多用口述的方式陈述，并力求简洁。

(3) 所有信息要紧扣主题，避免穿插与主题无关的信息。

五、知识巩固：让学习者从听到讲

每一个知识点讲授结束，尤其是一些知识性较强的原则、规定等，讲师都需要关注学习者是否已经理解并且产生记忆。要从课程目标出发，检查学习者的知识掌握程度，以强化教学效果。强化教学效果的方法多种多样，常用的方法有回顾、重复、变式测试、恰当的反馈等，具体方法如下所述。

- 直接让学习者说出知识点的内容
- 让A组根据讲授的内容出题，B组回答
- 学习者之间找搭档一起回顾授课内容
- 列举一些工作运用的场景让学习者评价和判断
- 设计一些测试题
- 让学习者做练习
- 举一个工作中的例子，让学习者尝试解决例子中的问题，给予反馈
- 用问题卡让学习者随机回答或抢答

在知识巩固阶段，需要特别注意以下几点。

(1) 这个阶段的设计应尽可能简短，除非课程内容有特别要求。

(2) 让每个人都有参与的机会。

(3) 围绕讲过的知识点开展。

例如，依据"知识点讲授法三阶段"设计"管理的概念"的教学方案如表2.12所示。

讲解内容：管理的概念(管理是有效地调动各种资源达到组织目标的行为)。

讲解目的：让学员充分理解，力求讲解过程生动。

表2.12 知识点讲授法三阶段设计(以讲解"管理概念"为例)

讲授法三阶段	策略选择	教学方法选择	教学过程与思路
阶段一：学习者思考阶段	■ 直接引导学习者用原有的经验去解决问题	□ 小活动 □ 讨论 ■ 填空 □ 测试 ■ 提问 □ 其他	1.先在PPT上显示管理的概念，空出"有效""资源""组织目标"三个词并打乱，让学习者填空。 2. 提问：大家对三个词的理解是什么？
	□ 引入一个情境让学习者思考	□ 举例 □ 录像 □ 引用 □ 联想 □ 其他	

(续表)

讲授法三阶段	策略选择	教学方法选择	教学过程与思路
阶段二：讲师讲解阶段	■ 知识性内容讲授(是什么、有什么、怎么做) □ 说服性内容讲授(是什么、为什么、怎么做)	■ 直接阐述 ■ 举例说明 ■ 关键词讲授 □ 数据图表分析 ■ 故事讲授 ■ 视频播放 □ 其他	1. 读出完整概念："管理是有效地调动各种资源达到组织目标的行为。" 2. 对"有效""资源""组织目标"三个**关键词**进行讲解，并举例加深学员的理解。 首先讲解"有效"——就是要求管理者不仅要做岗位职责的事情，还要发挥职能的效果。这意味着我们在岗位上不是没有功劳也有苦劳，不是事情做了就有效果，要考虑工作的目标和价值。讲故事：两个人在地上做一件很奇怪的事情，一个人挖土，另外一个人把土填回坑后，两人再去另外一个地方重复这个。人们很好奇地问他们在干什么，他们的回答是种树，但是人们并没有发现树苗或者种子，就更加好奇了，接下来这两个人说："还有一个放树苗的人请假了。"可以看到，看起来是在种树，但是没有起到种树的效果，也是不行的。 **再讲解"资源"**……(略)
阶段三：知识巩固阶段	■ 运用回顾、重复、变式测试、恰当的式反馈等方法来加深记忆、强化教学效果	□ 通过测试让学习者说出知识点的内容 ■ 总结回顾 □ 列举一些工作运用场景让学习者评价和判断或给出解决方案，并给以反馈 □ 其他	总结并重复："管理是有效地调动各种资源达到组织目标的行为。"

总之，讲授法是培训中常用的一种教学法。把每个知识点的讲授分成三个阶段(学习者思考阶段、讲师讲解阶段、知识巩固阶段)有利于充分调动学习者的积极性，让教学更有针对性。当然，讲授法不是孤立的，需要在实战教学中根据教学内容和要求与其他的教学方法配合使用。讲授法以讲师的讲解为主，对讲师的演讲技巧要求较高。"吐字清晰、措辞精当、生动有趣、富有激情和个性色彩"的语言能力，对于提升讲师的教学效果大有裨益。

延▍伸▍阅▍读

五星教学法①

五星教学法是当代国际著名教育技术理论家、教学设计理论家、教育心理学家戴维·梅里尔(M. David Merrill)教授近年来一直倡导的新教学理论。梅里尔教授既是以加涅为代表的第一代教学技术与设计理论的核心人物,又是第二代教学技术与设计理论公认的领军人物。梅里尔教授四十余年的教学设计研究历程呈现阶梯式的进步,而五星教学法可谓梅里尔学术研究之大成。

经过多年的研究,梅里尔教授提出了五星教学法,梅里尔趣称,只有在教学中贯彻了这五大原理,才能堪称"五星级的教学"。该原理的五大要义总结如下。

1. 聚焦问题(problem-centered)

学习者参与解决现实生活问题,才能促进学习;

学习者在问题或者任务的水平而不是操作或者行为水准上参与,才能促进学习;

学习者循序渐进解决了一系列问题,才能促进学习;

学习者对各种问题做出明确分析比较,才能促进学习。

2. 激活旧知(activation)

引导学习者回忆、联系、说明和应用相关的旧知识作为学习新知识的基础,才能促进学习;

向学习者提供相关的经验以作为学习新知识的基础,才能促进学习。

3. 示证新知(demonstration or show me)

向学习者示证新知而不仅仅是告知新知,才能促进学习;

向学习者示证新知时做到与学习目标的要求相一致,才能促进学习;

引导学习者关注相关的信息,才能促进学习;

向学习者展示多种特征,才能促进学习;

引导学习者对不同的特征做出明确比较,才能促进学习;

媒体对教学起到了恰当的作用,才能促进学习。

4. 应用新知(application or let me)

学习者在解决问题时运用新知识,才能促进学习;

解决问题的活动与学习目标的要求相一致,才能促进学习;

---

① 资料来源:盛群力,魏戈. 聚焦五星教学[M]. 福州:福建教育出版社,2015.

引导学习者检查和改正错误，才能促进学习；

进行适当的辅导并且帮助学习者解决问题，才能促进学习。

5. 融会贯通(integration)

让学习者展示自己的新知识技能，才能促进学习；

让学习者反思和探讨自己的新知识技能，才能促进学习；

让学习者创造、发明和探索新的个性化的新知识技能应用方式，才能促进学习。

实 用 工 具 练 习

讲授法设计及练习

目的：运用讲授法三个阶段设计课程中的某个知识点(填写表2.13)

要求：1. 选择课程中的某个知识点，了解知识点完整讲解的步骤；

　　　2. 标记出相应的"策略"和"教学方法"；

　　　3. 在"教学过程与思路"栏内将具体的设计思路写出来。

表2.13　"＿＿＿＿＿＿"知识点讲授法三阶段设计

讲授法三阶段	策略	教学方法	教学过程与思路
阶段一： 学习者思考阶段	□ 直接引导学习者用原有的经验去解决问题	□ 小活动 □ 讨论 □ 填空 □ 测试 □ 提问 □ 其他	
	□ 引入一个情境让学习者思考	□ 举例 □ 录像 □ 引用 □ 联想 □ 其他	
阶段二： 讲师讲解阶段	□ 知识性讲授(是什么、有什么、怎么做)	□ 直接阐述 □ 举例说明 □ 关键词讲授 □ 数据图表分析 □ 故事讲授 □ 视频播放 □ 其他	
	□ 说服性讲授(是什么、为什么、怎么做)		

(续表)

讲授法三阶段	策略	教学方法	教学过程与思路
阶段三： 知识巩固阶段	□ 运用回顾、重复、变式测试、恰当的反馈等方法来加深记忆、强化教学效果	□ 通过测试让学习者说出知识点的内容总结回顾 □ 列举一些工作运用场景让学习者评价和判断或给出解决方案，并给以反馈 □ 其他	

第三节
演示教学法——让技能更直观

学习者期望通过培训能学到可直接用于操作的实用知识、技术和技能。于是，讲师在课堂上把知识、技术或技能在实践中运用的现实场景提供给学习者，学习者对这些直观的感性材料形成映像，进而加工和过滤信息，形成新知。这种教学法在课堂中能把"真实情境"直接呈现给学习者，得到学习者的认可并被广泛应用，这便是演示教学法的产生背景。

一、认识演示教学法

演示教学法就是通过展示实物、图像、教具或现场操作等进行示范性教学，向学习者展示技术技能(要点)、操作流程、工作过程或加工程序等内容的教学方法，它使抽象、复杂的教学内容变得直观。简单地说，演示教学就是讲师"做给学习者看"。

二、培训过程中为什么需要"做给学习者看"

从讲师自身来讲，扎实的基本功和娴熟的操作过程的完美展示有利于学习者对知识的理解和接受，这种示范作用在教学中体现得尤为明显。课堂中精彩的演示是讲师"功底"和"实力"的一种体现，是建立在讲师对教学内容的理解、操作的精通和深入的实践经验的基础上的。讲师在演示过程中引导学习者了解和挖掘问题的本质，比"说教式"的教学更能拓展学习者的思路。

从学习者角度来说，演示教学法通过视频播放、图片展示、现场操作等方法，能让学习者"看到"鲜明、生动和真实的"工作场景"，有利于学习者快速地了解工作的要领和方法，缩短掌握技能的时间，提高学习的效率。同时有助于提高学习者的学习兴趣，使其对内容产生深刻记忆，不易遗忘。

·········· 三、聚焦适用场景 ··········

演示教学法针对学习者三种技能的提升来设计，这三种技能包括动作技能、心智技能和统合技能。

动作技能通常表现在外部行动上，表现为直接的行动，例如某种操作等。它更强调动作的一致性，讲师会给学习者示范和展示一些标准化的操作。

心智技能是在某些实践活动中概括和总结出来的，包括感知、想象和思维等。这类内容大多表现在理念层面，隐藏在内容背后的大量要点和规则，学习者很难掌握，而演示教学会给学习者带来直观的感受、体验和思考。

统合技能包含了动作技能和心智技能的共同特点，但又与两者不尽相同。一是统合技能在动作上具有很强的操作性；二是统合技能在内容上并不具备"标准性"，其内容体现了"客观规律"，对学习者的工作有直接的指导。正因为统合技能具备了以上两个特点，讲师在课堂上的演示能让学习者直接进行学习和模仿。

以上三种技能的差别在于"动作"的表现形式。倾向于动作技能的演示教学，对显性的动作展示和表现尤为突出，倾向于心智技能的演示教学，对应用情境的发掘尤为重视，如图2.5所示。因此，演示教学一般适用于特定的学习场景。

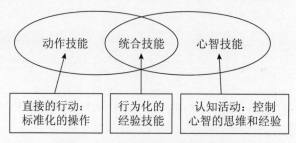

图2.5　学习者三种学习技能及其关系

1 动作技能：学习标准化的操作

标准化的操作一般属于动作技能，在一些标准化的操作教学中讲师可以采用演示教学法。标准化的操作要求操作者(学习者)必须按照标准的作业进行，以满足工作的要求，如心肺复苏国际标准操作流程、汽车轮胎气压的检查。标准化操作对学习者动作规范要求较高，为了减少学习者在学习过程中出现理解偏差，我们在课堂中要做正确的示范，或用其他方式进行展示。标准的演示可提高学习者学习的准确性。软件系统的操作、假钞的收缴流程、点钞技巧、服务七步法等具有操作标准的内容，在学习时都可以采用演示教学法。

2 统合技能：学习行为化的经验技能时的辅助示范

行为化的经验技能是一种统合技能。它指的是讲师把一些隐性的经验提炼成一些可以直接操作的步骤和技巧，供学习者直接借鉴及练习，如魔力演讲开场四步骤、员工辅导面谈的步骤等。对这些可以直接应用到工作的技能进行讲解时，讲师可以运用实物(或图示)进行示范，让学习者观察讲师的行为，然后提供一个模仿学习的机会，学习者在模仿的过程中就能获得新的知识、技术和技能。

3 心智技能：要点、难点的学习

心智技能学习中有些内容未必能讲清楚，如引导式面谈的五原则(①表达同理心；②察觉行为后果；③避免发生争辩；④参考新的观点；⑤支持个人的决定)、隐性负债调查的"六看"、养殖项目的贷前现场调查要点等，而这些内容的要点难点通过工作实际场景的课堂演示，能让学习者身临其境地，感悟学习的难点和应用的要点。

∷∷∷∷∷ 四、按情境或步骤实施演示教学 ∷∷∷∷∷

演示教学法的目的是通过各种展示启发学习者的感觉过程，帮助学习者形成对某一问题的认知。在实际教学中按情境或步骤实施的演示教学法主要有三种形式。

1 课堂现场示范

课堂现场示范类似于岗位中的师傅带徒弟，是一个"你想让学习者如何做，你先做给他看看"的过程。课堂现场示范一般要求由讲师本人来完成，因此，它对讲师的操作水平和专业性要求非常高。讲师可按照步骤来设计和实施示范教学。

第一步，选择适合在课堂示范的教学内容，并对内容本身及其实际应用场景加以熟悉。例如，当我们要教授批评的原则、扇面点钞操作流程、正式授权给下属的步骤等内容时，讲师应该熟悉这些内容及其应用场景。

第二步，剧本的编写和课堂的展示。

教学时示范的内容一般有两种。一种是动作技能和统合技能类别的内容，例如，教授某个技术的操作过程时，讲师可直接在课堂示范，但事先需要反复练习并准备好教具。如遇特殊情况需要他人进行"示范"，需要事先提出明确要求或让示范者反复练习后才可做演示，无论是正面示范还是反面示范，都不能随意发挥。另一种是心智技能内容，一般是已归纳的核心要点、注意事项等。教授这种内容时讲师需要以一个与内容相关的实际案例作为背景，事先编排好事件中角色的动作、情绪、台词等，学习的要点都要在这些动作、情绪、台词中体现出来。教学中，讲师需要先向学习者讲清案例基本背景，然后再"演"出来让学习者观察和体验。

考虑到剧本编排的难度，一般建议讲师示范的内容以动作技能类为主，心智技能内容可用视频的方式，这样更为安全、妥当。

第三步，学习者的引导与示范后的总结。在示范教学的过程中，学习者仅仅是观察者，我们需要引导他们更深入地去思考和应用。示范结束后，可通过以下问题(供参考)获得信息、归纳结论和指导行动：

- 我们用了哪些方法(步骤、要点)？
- 如果你是当事人，你的感受是怎样的？
- 需要这么做的原因是什么？
- 实际操作中会有哪些挑战？如何解决？

最后，结合学习者的回答以及对演示过程的回忆得出结论，并进行总结：这个(步骤、要点)对我们来说非常重要，希望对大家有所帮助。

❷ 视频呈现

为了减少课堂上现场示范带来的不确定风险，演示教学法中的"示范"可以用视频的方式代替，也就是把要示范的部分拍成视频。演示教学法使用的视频应该是根据教学内容"定制"的视频，不能用影视视频等代替(除非视频中的情节与教学内容完全吻合，如演示某项技术、某个工作原理)，一般情况下视频都需要专门拍摄。

演示教学的视频不是一个简单的视频故事或案例背景，它需要在情节中包含教学的结论。此类视频内容分为以下两种。一种为演示动作技能和统合技能类别的内容，如工作流程、技术操作过程，这种视频应尽可能实景拍摄，让学习者能够看到具体细节。另一种教学心智技能类别的视频，如核心要点、注意事项等，需要根据这些教学内容的实际应用，采集一个真实的案例作为剧本编写的依据，并设计视频的背景、人物、事件经过和解决过程等。同时，在视频里应融入核心要点、注意事项。可以拍摄一段完全符合"做法"的视频故事，也可以拍摄一段完全不符合"做法"的视频故事，以便形成对比。每段视频片段的时间控制在3～5分钟为最佳，最长不能超过8分钟。视频在课堂中的教学步骤基本与示范教学的步骤相同。

3 图片或动画展示

图片或动画展示的内容编排与视频演示教学的内容编排较为类似。图片和动画展示多用于演示步骤、流程等教学内容，把枯燥、抽象的文字表述转化为生动、直观的图示或动画，给学习者带来视觉刺激。

图片或动画展示设计的基本策略及表现形式如表2.14所示。

表2.14 图片或动画展示设计的基本策略及表现形式

技能类别	基本策略	表现形式
动作技能	1. 对知识点内容结构的理解，梳理步骤或流程框架； 2. 提炼每一步关键词、要点和核心知识内容等； 3. 按步骤或流程配图(文)； 4. 设置播放或制作动画	图解式动图设计
统合技能	根据教学内容可以与"动作技能策略"或"心智技能策略"相同	
心智技能	1. 对知识点内容的理解； 2. 匹配知识点的应用场景，找出相关案例； 3. 根据场景和案例编写"故事"，结合教学内容设计人物、事件及对话； 4. 配图(或绘图)； 5. 设置播放或制作动画	故事情节式动图设计

图片或动画演示教学的困难在于前期的设计和制作，在课堂中的教学比较简单，在课堂上讲师应尽可能避免"播放式"的告知模式，在讲解的过程中可适当穿插自身的行为示范或案例论证，促进学习者记忆与思考。

·········· 五、要让学习者"做做看" ··········

演示教学法在教学方法上看似简单，所以很多讲师容易忽视它的重要性，在课堂上只是"走了过场"。但是，演示教学法一定要注重演示形式及手法，才能"演"到学习者心灵深处。演示结束后，学习并没有结束。演示教学不仅是讲师在课堂中创设了一个反思的情境，更是学习者深入认识学习内容的过程。即便在演示中得出结论，也并不意味着问题本身得到了解决，学习者的行为、心态不可能单纯依据"正面和反面"的示范而改变。因此，在演示结束后，讲师还需要根据学习内容设计一个练习的情境，让学习者加以练习，必要时还可以让学习者再次尝试错误做法，引导其反思，强化演示教学的效果。

例如，针对"如何对下属进行批评教育"这个知识点，运用演示教学法中的视频教学法设计的方案如表2.15所示。

表2.15　演示教学法设计(以"如何对下属进行批评教育"为例)

设计要点	具体要求/方式	具体内容或过程设计
1. 背景题材的准备	"事件"或"情节"用实际案例为原材料，并与内容相关	陈经理是生产部的主管，下属小张负责的产品合格率非常低，陈经理对这个结果非常不满意，要对小张进行批评教育
2. 事件(操作)的过程和细节设计	课程内容(具体做法)必须融入视频或者现场示范者的情节、行为、言语当中。可以以正面或反面的形式来体现	镜头一：陈经理走到小张跟前示意他到办公室一趟；(课程内容：**私底下进行**) 镜头二：陈经理请小张坐下并给他倒了杯水；(课程内容：**调整状态，控制管理者自身情绪**) 镜头三：陈经理让小张对自己的工作进行自我评估；(课程内容：**引导下属作自我评估**) 镜头四：当小张为自己的过错找借口时，陈经理调整坐姿并控制了自己想发怒的情绪；(课程内容：**调整状态，控制管理者自身情绪**) 镜头五：陈经理清晰地罗列了小张的工作职责并谈及因此须承担的责任；(课程内容：**学会用工作说明书来明晰工作职责**) 镜头六：小张意识到问题的严重性，并做出深刻的检讨；(课程内容：**学会用工作说明书来明晰工作职责**) 镜头七：陈经理让小张做出承诺并宣布跟进措施；(课程内容：**让下属做出改正缺点的承诺并约定好具体时间**) 镜头八：陈经理对小张之前的工作给予了肯定和鼓励。(课程内容：**以积极的语言结束谈话**)
3. 演示教学法三种形式的选择及设计	☐ 课堂现场示范 ■ 视频呈现 ☐ 图片或动画展示	提前挑选演员和剧本，并进行视频拍摄
4. 结论表达方式的选择及设计(底牌)	■ 头脑风暴 ☐ 小组讨论 ■ 讲师回顾	大家分享后，讲师总结内容：通过对视频中细节的回忆，提炼总结"对下属进行批评教育"的要点： ● 私底下进行； ● 调整状态，控制管理者自身情绪； ● 引导下属作自我评估； ● 学会用工作说明书来明晰工作职责； ● 让下属做出改正的承诺并约定好具体时间； ● 以积极的语言结束谈话

实 | 用 | 工 | 具 | 练 | 习

演示教学法设计及练习

目的：运用演示教学法设计教学课程中的某个知识点(填写表2.16)

要求：1. 选择课程中的某个知识点，了解该知识点完整讲解的体系；

2. 选择现场示范、视频演示或图片、动画展示中的一种进行以下设计；

3. 在"具体内容或过程设计"栏内将具体的设计思路写出来。

表2.16 "＿＿＿＿＿＿"演示法教学设计练习

演示教学法设计	具体要求/方式	具体内容或过程设计
1. 背景题材的准备	"事件"或"情节"用实际案例为原材料，并与内容相关	
2. 事件(操作)的过程和细节设计	课程内容(具体做法)必须融入视频或者现场示范者的情节、行为、言语当中。可以以正面或反面的形式来体现	
3. 演示教学法三种形式的选择及设计	☐ 课堂现场示范 ☐ 视频呈现 ☐ 图片或动画展示	
4. 结论表达方式的选择及设计(底牌)	☐ 头脑风暴 ☐ 小组讨论 ☐ 讲师回顾	

六、演示教学法课堂教学操作步骤

现场示范操作步骤如表2.17所示。

表2.17 现场示范操作步骤

操作步骤		主要内容	具体方法或要点
第一步	示范前	道具的准备	(1) 准备与培训主题相关的道具
			(2) 道具、动作与教学内容要有机结合
			(3) 示范的步骤清晰(课前反复演练)
		现场展示中的角色分配、内容概要及背景介绍	(1) 提前交代现场示范的人物
			(2) 必要时介绍故事发生的背景
			(3) 指出观看示范的目的，提醒学习者联系课程内容来观看
		给学习者安排任务	提醒学习者要观察和记录现场示范的重点，观看结束后要点评和分享

(续表)

操作步骤		主要内容	具体方法或要点
第二步	示范中	环境营造	(1) 讲师认真示范
			(2) 必要时可暂停或重复示范并解释
		控场	(1) 避免示范时间太长，导致学习者注意力下降
			(2) 确保解说的声音清晰洪亮
			(3) 考虑室内光线，确保能够清晰观看
第三步	示范后	讨论的组织和点评	(1) 安排讨论时间
			(2) 学习者呈现讨论结果
			(3) 培训师点评

视频演示操作步骤如表2.18所示。

表2.18　视频演示操作步骤

操作步骤		主要内容	具体方法或要点
第一步	播放前	视频播放准备	(1) 准备与培训主题相关的影像素材
			(2) 确定观看内容形式(影片观摩、培训情景剧、培训教学案例)
			(3) 确认播放的设备正常工作(课前试播)
		视频中的角色分配、内容概要及背景介绍	(1) 提前交代片中的人物
			(2) 必要时介绍故事发生的背景
			(3) 指出观看的目的，提醒学习者联系课程内容来观看
		给学习者安排任务	提醒学习者要观察和记录影片的重点，观看结束后要点评和分享
第二步	播放中	环境营造	(1) 播放视频时保持安静
			(2) 必要时可暂停或重放并解释
		控场	(1) 避免视频时间太长，导致学习者注意力下降
			(2) 音量适当
			(3) 考虑室内光线，确保能够清晰观看
		记录	和学习者共同记录学习的重点
第三步	播放后	讨论的组织和点评	(1) 安排讨论时间
			(2) 学习者呈现讨论结果
			(3) 培训师点评 (如有必要重复播放)

图片展示教学操作步骤如表2.19所示。

表2.19　图片展示教学操作步骤

操作步骤		主要内容	具体方法或要点
第一步	展示	点题，抛出观点	(1) 开篇点题
			(2) 提问，让学员就内容进行思考

(续表)

操作步骤		主要内容	具体方法或要点
第一步	展示	分步展示	(1) 要将PPT做成动图的方式,一步步展示
			(2) 必要时重复展示
			(3) 一边展示一边讲解
		强调要点	提醒学习者关注细节和重点
第二步	讲解	举例	(1) 适当举例说明内容
			(2) 必要时可暂停或重放并解释
		示范辅助	(1) 对于复杂的内容可以加以示范
			(2) 关注学员理解的进度
第三步	回顾	要点总结和回顾	(1) 培训师点评 (如有必要重复播放)
			(2) 必要时学员可练习

七、演示教学法课堂教学的注意事项

(1) 现场示范或视频展示中演示的"事件"或"情节"用实际案例作为素材;

(2) 现场演示或视频中的情节中应包含解决问题的答案;

(3) 如果是现场示范,一般演示由讲师来完成,讲师应该操作熟练;如果是视频展示,画面应该清晰;

(4) 讲师要从学习者的分享、演示过程中或视频的情节中通过语言方式"回放细节",导出结论(解决问题的方案)。

第四节
角色扮演法——让学习贴近真实工作场景

企业最实用的培训方式无疑是,"在工作现场的培训",这是最有实效的。很多企业在培训时,通过各种方法、手段在课堂中"移植"尽可能接近真实状况的工作场景,进行体验式教学。

角色扮演教学法属于体验式教学法的一种,这种方法强调教学环境的真实性,强调"从做中学"。其根据特定角色的情况和任务,将学习者安排到模拟的、逼真的情境中,要求学习者处理可能出现的各种问题。

角色扮演教学法利用直观的学习方式，让学习者直接面对贴近现实的情境，将课程知识与实践无缝对接，加深学习者对教学内容的理解，提升学习者学习的乐趣，开发思维潜能。

一、角色扮演法的三大误区

角色扮演教学法在培训中的效果可能不尽如人意，主要因为角色扮演教学在设计和组织上存在以下误区。

1 把角色扮演教学当成简单的情境再现

在角色扮演教学中，讲师要求学习者在一定情境下扮演其中的角色，进行"表演"，以学习、练习某种技能。为了达到"表演"的效果，有些讲师特意为学习者(扮演的角色)设计了台词，让学习者按着"剧本"来"表演"。这种简单的情境再现虽然降低了讲师教学的控场难度，但也减弱了学习者"体验"的真实感，不能充分发挥角色扮演教学的真正效果。这是因为，角色扮演法不是常规的课堂练习和课堂示范，它需要参与角色扮演的学习者根据真实的案例背景，设身处地地去解决问题，从而让参与者和观察者"悟出"正确答案。

2 把角色扮演仅当成一种形式，与课程内容脱节

角色扮演法需要从学习者演练的体验中得出结论(即学习的内容)，这个结论应该完全依托演练者在任务中的表现和全体学习者的分享，能让学习者心悦诚服地认同这个结论。有些讲师在学习者角色扮演中并不能有效利用课程信息或完全忽略这些信息，结论的导出完全脱离演练本身，让角色扮演成为一种"形式"，只是走了过场。造成这个问题的原因除了课堂中讲师挑选的学习者自身素质达不到要求外，大多是角色扮演设计的两个失误造成的：一是演练中角色的"冲突"不够，演练者能轻易完成任务；二是演练者的任务指向不明确，轻易放弃或不坚决完成任务。

3 角色扮演教学组织过程中忽略情感共鸣

角色扮演教学的课堂中会有两种角色，一是参演者，他们是角色演练的主角，其表现决定了角色扮演能否成功。而容易被忽略的另一个角色同样影响着教学的效果，那就是"旁观者"，即观察演练的其他学习者。需要学习的是全体学习者，而不单单是参演者。有些讲师只关注到"前台"演练过程，而忽略了演练情境对观众

(观察演练的其他学习者)的"带入"效果，不能让其感同身受，产生共鸣。

综上所述，培训课堂中的角色扮演法应该给学习者带来更深刻的体验，更强烈的"真实感"和"临场感"。其区别于传统的课堂练习和示范教学，更强调学习者"从做中学"，而不是"学了再做"。因此在角色扮演背景设计和课堂组织中要充分考虑对角色扮演者和全体参与者"状态"的引导，使角色扮演的"真实感"最大化。

角色扮演法的教学活动设计与组织应从"角色任务""难度设计"和"底牌导出"等方面着手以增强教学效果。

二、背景中的角色应该"任务明确"

1 真实的环境模拟

在编写角色扮演的背景材料时，首先要明确教学内容。教学内容就是我们想让学习者通过演练学到的某个知识、态度或技能。角色扮演的背景资料就是这个知识、态度或技能在工作中可能涉及的某个情境，简单地说就是发生的一件事。角色扮演的背景资料示例，如表2.20所示。

表2.20　角色扮演的背景资料示例

学习内容	背景资料
与上级沟通的要点	某公司销售部经理发现最近部门销售业绩不理想，销售人员A说，最近竞品公司加大了市场的投入，是影响销量的主要原因。A建议公司也加大市场的宣传和投入力度，以促进销量的提升。销售经理觉得A的说法有一定道理，于是决定向销售总监提出建议
与员工面谈的七个步骤	刘经理是某酒店的部门经理。酒店有六个会议室可租给客户作为培训或开会之用。最近市场不景气，这些房间经常空置。今天刘经理巡视时，发现一台吊灯内十个灯泡坏了三个，这个时候，当值领班小陈刚巧经过，刘经理怎样对小陈说？

背景资料是对工作场景的还原，可以引起学习者的共鸣，把学习者引入实际的工作场景中，使其尝试解决问题。

2 让角色扮演的学习者去"续写"答案

除了上述事件背景资料外，角色扮演中的角色人物的资料也需要进行设计和编写。扮演的角色一般需要分成两种：辅练角色和主练角色。起到"背景"作用的角色称为"辅练角色"，比如我们用角色扮演来学习"与上级沟通的技巧"，这里面"上级"这个角色就是"辅练角色",扮演这个角色的学习者需要在演练中尽可能接近角色背景要求,需要根据自己真实的情绪做反应。而"下级"这个角色就是"主练角色",扮演这个角色的学习者需要在角色扮演中根据背景条件和自身能力去完成与上级沟通的任务,从他的失败和成功中大家可以学习到"与上级沟通的技巧"。也就是说"主练角色"去"续写"上述背景资料中事件的答案。

为了让这两种角色的学习者更快进入状态,必须设计详细的角色背景资料,阐述演练的任务。特别要注意的是,虽然要求角色背景资料要详细,但对各角色背景描述的范围有严格的规定。"辅练角色"的角色背景包括他的现状、处境等信息,供他"模拟场景",并依据"主练角色"的表现做出真实的回应。因而,我们不能在背景资料中对"辅练角色"的反应有硬性的规定。否则,"主练角色"的努力就失去了意义,将对结论的真实性产生极大的影响。"主练角色"的角色背景描述不能过分强调表演,除了事实信息的描述外,还应清晰指明其在演练中要完成的任务,促使他主动与"辅练角色"进行沟通。与"辅练角色"的背景资料一样,我们也不能对"主练角色"的行为做指示性的约束。

三、懂得用"冲突"设计来加大挑战难度

1 让角色从"面对面"到"背靠背"

所谓"面对面"的角色扮演,就是演练双方对彼此的背景信息完全知晓,也就是在准备演练前我们公开全部的信息,甚至对方的想法,显然在这样的演练中学习者可以有备而来,但演练的难度降低了,体验感减弱了。比如说讲解产品介绍的FABE法则时,让学习者分别扮演销售人员和客户,让销售人员利用FABE法则向客户介绍特定的产品,这时候会发现,演练双方非常清楚要练习的是什么,对方会说什么内容。"面对面"的演练不利于我们把学习者引导到真实的情绪状态。

因此我们在角色扮演中提倡用"背靠背"的方式进行演练,也就是说我们尽可能模拟真实的现实场景,除了必须公开的相同信息,我们还会在各自角色里设置个性化的事件信息,单方面发生的事,而对方一无所知。这会给学习者带来更"刺激"的体验,产生更加强烈的临场反应。

2 渲染角色的对立氛围

虽然我们不能对角色双方在演练中的行为背景做实质性的指示,但一旦双方轻

易完成演练，培训师在课堂中就会相当尴尬，因为讲师的"结论"需要在双方演练过程的信息中提炼。换句话来说，我们并不希望"主练角色"很容易完成任务。因此，我们有必要有意识地加入"冲突"的元素：在"主练角色"背景中要加入体现他完成任务的迫切性的元素，在"辅练角色"背景中要加入体现他做出决策的为难性的元素。角色背景中的冲突范例如表2.21所示。

表2.21 角色背景中的冲突范例

角色A：部门经理	角色B：员工
B是你部门的一位员工，他的技术和业务能力在同级员工中是最好的，是你部门的骨干员工之一。但他最近的工作积极性不是很高，在工作进度上不能令你满意。另外，他不善于与他人合作的弱点也有些令你担心。因此，你决定找他谈一次话	你是一名业务熟练、能力很强的员工，受到部门经理的认同和肯定，近期接到一家同行公司的邀请，给出比目前公司更优惠的待遇，你对新公司提供的待遇非常感兴趣。知道经理要与你谈话后，也想顺便谈谈加薪的请求，同时视谈话的结果决定去留

四、"底牌"导出应该灵活取舍

1 结论的导出

角色扮演教学法最后得出的结论，我们称之为"底牌"。之所以称为底牌，是因为讲师必须依据学习者完成角色扮演活动的各种信息导出学习内容。导出这个结论需要大量的课堂信息，这些信息来源于三个方面：一是演练者的体验，即"主练角色"的表现及"辅练角色"做出决策的原因是结论导出的有力证据；二是讲师的观察，讲师必须记录演练过程中大量的"原始"信息，加以提炼；三是其他观察者(其他学习者)的反馈。因此在角色演练开始前，讲师应明确布置观察者任务，让观察者也进入"主练角色"的状态，产生情绪共鸣，在分享时也可以要求观察者提供完成任务的建议。

2 信息的补充

接近于实际情境的角色扮演，得出的结论显然是值得学习者信赖的。但在某些角色扮演的教学中并不能获得需要的所有信息，或者为了说服听众，讲师不得不联系实际加以说明。因此，讲师必须在授课前充分准备与结论相关的论据及案例，以便总结时使用。

:::::::::: 五、角色扮演法设计的要点及注意事项 ::::::::::

(1) 背景资料的设置：背景资料通常需要叙述一个实例，这个实例应来源于前期业务问题分析挖掘的工作场景，它通常包括：

● 背景描述，如工作变迁、组织人事、工作或生产状况、社会环境等。

● 时间、地点、人物、事件等。具体需要交代哪些方面的情况，视演练的目的而定。

(2) 角色的背景资料：一般会设计至少两个角色，视教学内容而定。人物背景说明需要包括情节设定和人物的心理(状态)描写，并设计一些发展高潮和冲突。

(3) 角色演练的任务说明：在每个角色的任务说明里需要提出让演练者去完成的任务，这种任务具有冲突性，是留给演练者"续写"的。讲师可以在演练者完成任务的过程中记录信息，在演练结束后引导大家思考和总结出正确的"解决方案"。

(4) 角色情境模拟需要提前准备好一份道具和物品清单。

例如，针对"如何与下属有效沟通"这个知识点，运用角色扮演法设计的教学方案如表2.22所示。

表2.22　角色扮演法设计(以"如何与下属有效沟通"为例)

设计要点	具体要求	具体内容
1. 总背景资料的设置	▲ 背景描述 ▲ 时间、地点、人物、事件描述	陈经理每季度都要对下属进行一次绩效面谈，主要是针对该季度的表现进行评价。李兰是部门里一个年轻的员工，做事非常干练，人也聪明，工作业绩也不错，但有些自满。近期有员工反映她对一些新员工态度不好，总觉得别人很笨，不如她
2. 各角色的背景资料	▲ 至少两个角色 ▲ 人物详细背景说明，需要注意情节和人物的心理(状态)描写，并制造一些发展高潮和冲突	● 陈经理很想在年轻员工队伍里提拔一个得力助手作为储备干部，李兰的工作干劲和学习能力他非常看中，但同时他也担心李兰群众基础不好，不能够胜任团队管理的工作；如果直接指出她的问题，李兰不容易接受，没准还挫伤她的积极性。但他还是希望借助此次面谈与她好好交流一下。 ● 李兰这个季度业绩又是第一名，这已经是她连续两个季度第一了，她对自己的表现非常满意，认为自己已经做得非常完美了，而且她也能感觉到陈经理非常赏识自己。因此，她信心十足地认为自己会受到表扬，没准还会升职。她满心期待这次谈话
3. 角色演练的任务说明	需要清晰指明每个角色的任务： ▲ 主练者 ▲ 辅练者 ▲ 观察员	● 主练者为陈经理这个角色，陈经理需要通过与李兰的交流，让李兰从根本上认识到自己的问题并愿意做出改变。 ● 辅练者为李兰这个角色，李兰按照角色背景要求真实演绎即可。 ● 观察者重点观察陈经理与李兰沟通的技巧是否到位

(续表)

设计要点	具体要求	具体内容
4.角色情境模拟所需要的清单	做好道具和物品清单	● 将背景资料输入PPT ● 将各角色的背景资料分别打印,相应分发给演练者 ● 麦克风2个 ● 椅子2把 ● 计时器1个

实 用 工 具 练 习

角色扮演法设计及练习

目的:运用角色扮演法设计教学课程中的某个知识点(填写表2.23)

要求:1.选择课程中的某个知识点,了解该知识点完整讲解的体系;

2.选择角色扮演法进行设计;

3.在"具体内容"栏内将具体的设计思路写出来。

表2.23 角色扮演法设计

设计要点	具体要求	具体内容
1.总背景资料的设置	▲ 背景描述 ▲ 时间、地点、人物、事件描述	
2.各角色的背景资料	▲ 至少两个角色 ▲ 人物详细背景说明,需要注意情节和人物的心理(状态)描写,并制造一些发展高潮和冲突	
3.角色演练的任务说明	需要清晰指明每个角色的任务: ▲ 主练者 ▲ 辅练者 ▲ 观察员	
4.角色情境模拟所需要的清单	做好道具和物品清单	

﹒﹒﹒﹒﹒﹒﹒﹒﹒﹒ 六、角色扮演法现场操作步骤 ﹒﹒﹒﹒﹒﹒﹒﹒﹒﹒

角色扮演法要想取得好的效果，除了要有好的设计，还需要讲师在培训现场进行有效地引导。角色扮演法现场操作步骤如表2.24所示。

表2.24　角色扮演法现场操作步骤

操作步骤	主要内容	具体方法或要点
第一步	介绍演练内容和方法	明确演练的目的	(1) 用于相互关联角色的认知训练或用于需要按照不同角色进行陈述的练习。例如，管理者信任什么样的下属，下属信任什么样的管理者
			(2) 用于综合技巧训练的角色演练，演练中不同角色掌握的信息不对称，期待通过演练提升沟通、销售、谈判、服务、辅导等方面技巧
		演练的角色分配和背景介绍	(1) 分配角色(以小组或个人为单位)
			(2) 不同角色解释(需要信息屏蔽的时候，要请扮演相关角色学习者到课堂外进行沟通)
			(3) 确认学习者已经认知了角色和背景
		明确演练的过程、步骤、要求	(1) 角色设计清晰
			(2) 演练任务内容清晰(最好有文字说明)
		分配其他学习者任务	需要设置观察者角色(不直接参与演练，进行观察记录演练过程，演练结束后点评，因此最好选择课堂中学习心态好、能力强的学习者担任)
第二步	组织演练	学习者演练时提供帮助	(1) 学习者对活动规则不清晰时，讲师在活动之前明确规则，可以使用PPT或角色任务底单等附加资料
			(2) 学习者情绪不高不影响其他学习者的情况下，讲师及时了解真实原因
		控制演练的气氛与时间	(1) 营造轻松的学习氛围，掌握学习者的学习风格
			(2) 给下一步预留时间，用秒表计时进行时间控制，必要时提醒演练学习者
			(3) 让积极配合的学习者做练习
		观察和记录	(1) 表现亮点和不足
			(2) 可提炼"底牌"的关键细节
第三步	分析总结	学习者的表现	演练者(主练者)先自评(自己哪些做得不错？哪些需要改善？)，辅练者也要发表意见，然后观察者点评，最后讲师总结
		强化应掌握的要点	(1) 在课程设计时要慎重，讲师必须对角色"底牌"有所控制
			(2) 讲师要随时进行点评和补充

第五节

游戏教学法——寓教于乐的学习过程

顾名思义，游戏教学法就是以游戏的形式教学，使学习者在轻松的氛围或激烈的游戏竞争中通过体验和感悟从而学到知识、态度和技能的一种教学方法。简单地说，游戏教学法就是学习者按照一定规则开展游戏，学习者通过游戏来思考或模拟解决实际问题。

玩是人的天性，把培训与游戏结合，寓教于乐，在活跃课堂氛围的同时，还能极大地激发学习者的内在学习兴趣。因此，游戏教学备受讲师和学习者的欢迎，然而游戏教学法的开展时要避免陷入盲目的陷阱。

一、游戏教学的误区

1 目的不明

游戏教学法就是将"游戏"与"教学"两者巧妙地结合在一起，从而引起学习者学习兴趣。在教学过程中谨记游戏是为教学服务的，游戏的设置必须与教学的过程和教学内容密切相关。在设计游戏时，要围绕培训目标来进行，这样游戏的目的就会明确，而不是为做游戏而做游戏。

2 热度不符

游戏教学虽然是一种寓教于乐的教学，但并不是所有的成年学习者都会投入游戏中并获得学习的成果。学习者的以下两种表现会影响游戏学习的效果：一是表现为情绪抽离。人们出于对自我和自我情绪"暴露"的保护，在游戏的过程中把自己作为一个旁观者。二是表现为焦点跑偏。在游戏本身具有难度时，在"困难"面前学习者会爆发种种情绪，这时学习者容易把矛头指向"规则"。

3 过程失控

讲师对游戏过程的掌控和引导非常重要。游戏教学活动的关键是重视游戏过程中的体验，学习者的关键体验往往出现在游戏的"有难度"的环节中。很多时候，当游戏具有一定难度的时候，人总是会耍些"小聪明"，会通过各种方法找到"捷径"，绕开这些重要过程的体验环节，却失去了游戏学习的最佳机会。

4 缺乏提炼

总结不等于提炼。在游戏活动结束后，学习者或培训师只是做简单的总结。尽管有的讲师也会安排每个小组进行各自讨论，然后派出代表总结分享，但这样的分享往往只停留在表层上，分享的结论都是人们都已熟知的一些"大道理"，有的甚至不用体验都能说出来，游戏教学只是走了"形式"。

在课堂上，游戏教学"形式大于内容"，但游戏教学绝不可以用形式代替内容。因此，游戏教学法需要重视以游戏设置、过程控制、启发引导和总结提炼4个方面。

：：：：：：：：：：二、围绕教学目的设置游戏 ：：：：：：：：：：

游戏教学虽然有很多优势，但从传授知识的角度来讲，劣势也很显性。游戏教学活动的设置应从教学目的出发，多方面考虑对课堂效果产生影响，我们先从两个维度来了解一下。

1 学习者参与的形式对课堂效果的影响

一般在课堂上开展的游戏教学活动是以团队为单位的，但有些游戏活动是针对个人的，需要单独完成。团队参与的方式对于学习者人际关系的改善、不同观点的磨合以及团队成员间的协作有着积极的推动作用。而个人参加的形式更关注每个人，能让每个学习者都有充分的参与机会。

2 讲师授课的形式对课堂效果的影响

讲师授课内容可分为知识、态度和技能三种。教学内容不同，游戏活动的设置策略也不同，讲师的授课形式也不同。

对于知识性的内容，游戏活动的目的是帮助学习者记忆，因此讲师可以设计与内容直接相关的练习和训练等活动；对于技能的训练，讲师一般设置与技能情境接近的角色模拟的游戏活动，让学习者参与并获得操作体验；态度的改变向来是培训的难点，游戏教学最为合适。因此，在学习者需要发生态度转变时，讲师可以在游戏活动中设计大量的情境(心理)体验及角色模拟的游戏环节，对学习者动之以情，以达到教学目的。

游戏教学的基本形对与教学应用效果有重要的影响，在选择游戏活动时，可根据表2.25综合决定采用哪种类型的游戏。

表2.25 游戏教学的基本形式与教学应用效果评分参考

类别	目的	传递知识	改变态度	解决问题的技能	改善人际关系	参与互动的程度
学习者参与的形式	个人活动	6	6	6	2	8
	团队活动	7	7	6	9	7
讲师授课的形式	情境(心理)体验	6	9	6	6	8
	练习与训练	9	5	9	7	8
	角色决策模拟	7	9	8	8	9

注：1是效果最差，9是效果最好

游戏教学应用案例一：

游戏目的：在课程开始阶段，让各小组成员相互认识、熟悉

游戏设置解读：课程开始阶段的教学一般以磨合人际关系和调整学习者状态为目的，根据表2.25的应用效果分数参考，这阶段宜采用改善人际关系的团队活动，多以动手相关的训练活动为主。

推荐游戏：手掌画游戏

操作步骤：

(1) 以团队为单位获得一张白纸和一盒水彩笔；

(2) 在这张白纸上勾画一幅画，必须每个组员的一只手掌体现在这幅画里；

(3) 为这幅画起一个名字并赋予含义；

(4) 完成后以团队为单位在台上展示这幅画。

游戏教学应用案例二：

游戏目的：认知管理者的角色职能

游戏设置解读：认知管理者的角色职能的教学属于改变态度的序列，需要对学习者思维、态度产生影响，根据表2.25的应用效果分数参考，这类游戏活动的设置策略宜采用团队活动，多以"角色决策模拟"的方式更佳。

推荐游戏：建塔游戏。"建塔游戏"以全员的方式进行。引导学习者进入游戏的各种角色中，从不同角色活动中认知管理者的角色职能，体验管理者的计划、组织、领导、控制的各职能的要求。

具体规则：

(1) 游戏目标：以小组为单位，建一个又高又稳固的塔，所用的材料为100根吸管和一盒大头针。

(2) 游戏规则：

● 除了吸管和大头针，其他道具都不能用；

- 以桌面为基础往上建，不得借助任何设备支撑；
- 商量时间为3分钟，建塔时间为12分钟。

(3) 得分规则：

- 建成后一分钟不倒；
- 塔身最高者计10分，第二名计9分，第三名计8分，以此类推。

(4) 扣分规则：

- 12分钟内没建成计零分；
- 12分钟后，手扶塔计零分。

游戏教学应用案例三：

游戏目的： 让学员在课堂上学习语言表达技巧

游戏设置解读： 语言表达技巧是某种特定技能的学习，属于学习者解决问题的技能，据表2.25的应用效果分数参考，这类游戏教学不受团队和个人参与的影响，宜采用"练习与训练"和"角色决策模拟"方式。

推荐游戏： 一线生机游戏。"一线生机游戏"中学习者以角色身份训练公众表达技巧，学员能力可得到训练。

操作要点：

(1) 背景介绍：从A城市飞往B城市的小型飞机上坐着5个不同角色的人，飞机在空中出现意外事故后，迫降在一个荒岛。荒岛没有食物，也没有通信工具，唯一的希望是岛上遗留的只能乘坐一人的热气球。于是5个不同角色背景的人商量了一个游戏规则，每个人有3分钟陈述时间，通过陈述自身理由让其他角色信任并且把登热气球的一线生机让出来。

(2) 游戏规则：

- 按照抽取角色准备演讲陈述内容；
- 每人3分钟陈述时间；
- 陈述的目的是让其他角色认同你的理由，信任你的能力，从而将登热气球的机会给你；
- 全部陈述结束后每个角色根据其他角色陈述理由进行投票，不能投票给自己。

·········· 三、聚焦任务，控制游戏过程 ··········

培训游戏的过程中充满竞争和很强的不确定性，能否引导和把握好与学习者的互动将直接影响游戏实施的效果。

游戏的教学过程由公布规则、角色说明、游戏控制和游戏点评组成游戏教学法课堂教学的开展步骤和注意事项如表2.26所示。

表2.26 游戏教学法开展步骤及具体方法

步骤		主要内容	具体方法
第一步	公布规则	阐述游戏目的	(1) 游戏的类型：开发思维、启发改变行为
			(2) 游戏的地点：室内、室外
			(3) 游戏的规模：个体、团体
			(4) 用在何处(破冰、启示性教学、传授某种知识)
		明确游戏的规则	(1) 讲师活动之前明确规则，可以使用PPT或规则说明材料
			(2) 在分组活动的游戏中提倡竞争
			(3) 确认学习者已经清楚了游戏规则
		介绍游戏的步骤/要点	(1) 宣布游戏步骤、时间及规则要求
			(2) 任务内容清晰(必要时提供文字说明)
			(3) 按需要可安排预演
		检查道具情况	(1) 提前准备道具
			(2) 演示道具的使用方法
第二步	角色说明	确认学习者清楚	(1) 分配角色(以小组或者个人为单位)
			(2) 不同角色解释(可配有角色说明)
第三步	游戏控制	制造积极的氛围	(1) 营造轻松的学习氛围，掌握学习者的学习风格
			(2) 必要时用预演或其他活动热身
			(3) 讲师自身投入
			(4) 可用音乐渲染
		时间的控制	(1) 用秒表计时进行时间控制，必要时提高演练学习者时间意识
			(2) 及时叫停
		突发事件控制	加强场地、道具等细节的检查
		观察和记录	(1) 表现亮点和不足
			(2) 可提炼的关键细节
第四步	游戏点评	学习者的体验和分享	学习者先自评(做了什么？ 学到了什么？遇到了什么问题？如何处理及结果等)，其他学习者补充，讲师可用开放式的问题进行引导，若课程需要或时间允许可以让每个成员都分享
		讲师点评与分享	回顾、提炼和总结
			结合课程内容讲解

在整个游戏活动的过程中还需注意以下几点。

(1) 对于规则和相关的要点，讲师要先与学习者进行确认，让学习者接受既定的"残酷"规则，避免在游戏过程中发生争议或讨论，让学习者为完成任务而积极开展游戏。

(2) 时刻关注、管理和引导学习者的注意力，对于个别学习者，理解他们的正常情绪反应。

(3) 关注现场的变化和安全，经常鼓励参与者，支持及关怀的氛围会提高人们面对困难或迎接挑战的意愿。

(4) 游戏一定要有竞赛的因素，让学习者在挑战中完成游戏的任务。

四、启发性引导，促进学习者投入

1 组织分享活动

在游戏活动的过程中，我们尽可能让每个参与者都有表达的机会。对于表达意愿不强或者对分享比较排斥的学习者，讲师应适当鼓励，恰当引导。当然讲师也要有"学习者有权说'不'或者弃权"的意识。

在分享过程中，注意观察学习者情绪的变化，避免无谓的争执，避免不积极的学习状态在群体里传播。出现这种情况时，最好的方法是让"学习者自己来管理学习者"。其次是讲师对负面情绪做适当的"隔离"，转移大家的注意力，例如，直接邀请投入程度高的学习者进行分享或示范。

2 提问引导

除了游戏安排、规则介绍和最后总结用"说"的方式进行外，讲师大都在"问"的状态下引导学员开展游戏。在课程初始阶段，讲师应避免提一些让学习者有压力的问题；在游戏过程中，提问可以确认学习者的掌握情况，如：刚才的规则我讲清楚了吗？

另外，无论学习者在游戏过程中遇到什么困难，讲师都不要把答案直接告诉学习者，而是通过问题的引导，让学习者自己领悟；在游戏活动总结前，讲师需要通过提问获得学习者更多感受，再加以提炼。

五、游戏的总结与提炼

游戏的总结不应该是信息的简单归纳。培训师应该时刻关注每个参与者的表现，细致地对整个过程中出现的状况做好完备的记录，包括情绪状态、一些特殊的变化等。学习者在"放松的状态下"和"合作冲突情况下"以及"紧张而又激烈情况下"的真实表现更能体现障碍和问题所在。有针对性的点评能给学习者带来深刻的印象和感受。因此培训师必须具备很强的观察能力、分析能力，才能捕捉到游戏过程中的精彩细节。另外，讲师需要围绕教学目的导出学习重点。

培训中的游戏教学是一种有效的"互动"教学方式，游戏的互动从某种程度上也提高了培训效率。但只关注培训"形式"是远远不够的，教学内容的实用性和针对性更应得到重视。因此，培训者在组织培训的过程中应遵循游戏设置、过程控制、启发引导和总结提炼的原则来选择合适的"游戏互动"手段，让学习者在短暂的培训过程中获得自己的经验和思考，从而使其在自我认知与探索的过程中做出行为模式的调整，实现培训目标。

实 用 工 具 练 习

游戏教学法设计及练习

目的：运用游戏教学法设计课程教学中的某个知识点(填写表2.27)

要求：1. 根据教学目的进行教学设计；

2. 在"具体内容和操作"栏内将具体的教学思路写出来。

表2.27 游戏教学法的设计

步骤	具体内容	具体内容和操作
1. 教学目的	界定学习者参与形式： ☐ 个人活动 ☐ 团队活动 界定讲师开展的形式选择： ☐ 情境(心理)体验 ☐ 练习与训练 ☐ 角色决策模拟	
2. 制定规则/步骤	规则书写 具体实施步骤	
3. 角色任务	角色分工和任务要求	
4. 游戏控制	助手配合、奖惩激励、时间控制、道具准备等细节	
5. 总结点评	游戏的点评和提炼要点	

第六节
案例教学法——最好的学习应用

·········· 一、"培训案例"为什么能解决问题 ··········

培训的效果一直是培训从业者最关心的话题。究竟谁对培训效果负责仍然说法不一，因此关于培训的效果问题变得愈加复杂起来。一些公司试图从培训战略规划、培训体系、讲师与课程的甄选、培训考核体系等方面加强培训的效果。尽管这些努力确实对培训的结果有所促进，但也有人认为培训不是万能的，培训只能解决"培训能解决的问题"。那么，"培训能解决的问题"到底是什么？

很显然，就提供的知识而言，培训能帮助学习者学习和掌握具体的操作流程、工具与方法。而"案例教学法"在课程培训中注重实战演练和应用"落地"，让培训效果显而易见。

"案例教学法"将工作中的场景提炼和编写成案例，学习者在解决案例中的问题的过程中建立思维，再去指导实践。培训课程效果的水平层次如图2.6所示。

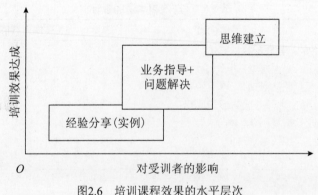

图2.6　培训课程效果的水平层次

·········· 二、"案例教学"不完全是"例子教学" ··········

培训中的"案例教学"不能简单地理解为"例子教学"。了解"案例教学"与"例子教学"的联系与区别，有助于了解案例教学法的特点，能更好地设计案例教学。

讲师在讲课的过程中为了说明自己的观点经常会列举一些例子，这便是例子教学的常见形式。在例子教学中往往先有权威性的结论，然后用例子来证明，一个教学的观点需要多个例子来佐证。而案例教学法需要学习者对具体事件分析思考，用相关"理论"指导，逐步解决问题，然后再得出答案。

案例教学的起源很好地佐证了这一点：从1909年到1919年，哈佛商学院推行一项教改项目——邀请企业高级经理进课堂，向学生们讲述他们遇到的问题，并要求学生们写出解决问题的建议。不难看出案例教学法并不是讲师在课堂教学中为说明一定的理论或概念进行的举例，而是一种开放式、互动式的教学方式。

总的来讲，案例教学法是在学习者掌握了有关基本知识和分析技术的基础上，在讲师的精心策划和指导下，根据教学目的和教学内容的要求，将学习者带入特定事件的"现场"进行分析，通过学习者的独立思考或集体协作，进一步提高其识别、分析和解决某一具体问题的能力，同时培养正确的管理理念、工作作风、沟通能力和协作精神的教学方式。

三、培训案例的四大特点

1 真实

案例的选择非常重要，它应该具有一个完整的"故事"，有故事发生的背景、起因、情节，它应该是"发生在身边的真实事件"。有两类题材不适宜作为培训案例，一类是以动物为主人公的童话或寓言等，如动物王国里的小动物们发生的事；一类是不可能发生的事件，如到太阳上去做一个投资项目。

2 包括面临的问题与决策

案例中必须有个"突出的问题"让学习者来决策。解决案例问题的难度应适中，太难和太容易都不利于调动学习者的积极性，因此不能人为增加解决问题所用到的"知识"，加大解决问题的复杂性。如果解决问题时要用到陌生知识，学习者必须在前期能充分预习，若不具备预习的条件，案例设计者可以把问题设计的重点放到"冲突"上来，宁愿挑一个有争议的问题，也不要挑一个复杂的难题。当然，一些结论一目了然的案例，作为例子讲解就行了，不必作为案例教学来开展。

3 重在知识的应用

学习者在案例讨论中形成解决案例问题的答案，形成具体的方法，这个结论有可能是五花八门的，但必须与讲师要讲解的内容保持高度的一致性，做到这一点的关键在于案例本身问题的设计和讲师点评时信息的提炼。

④ 决策方案多样

解决问题的方法本身具有多样性，因此案例的最终结论可以接受多个相近或相反的解决方案。讲师需要做的事情是对案例中的解决措施作相应总结和归纳，作为以后处理相应问题的指导，从中导出具有"共同特性"并与自己教学结论相符的知识要点。

·········· 四、完整培训案例设计四要素 ··········

培训案例的设计首先要解决好"选材"问题。案例素材的选择要基于教学的目的，通俗地说就是你想教学习者学哪方面的内容？案例教学法适合以下三个方面的内容。

(1) 角色认知(心态调整)；

(2) 技能策略(工作技巧、方法)；

(3) 核心知识应用(原理、原则、技术、流程、政策等)。

确定了以上讲师要讲授的内容要点后，再从这个内容的工作应用着手，找出这些方面引发的具体工作问题，捕捉这些问题的"典型事件"，可以是自身所见，也可以从同行那里借鉴。专业的收集案例方法有文献法、访谈法、观察法、问卷法、座谈法等。

为了保障案例教学具有实战性，案例素材大多来源于工作实践，讲师对此类案例进行精心设计能让学习者更积极地学习和思考，达到良好的培训效果。一个完整的培训案例教学设计包含以下4个要素：标题、主体、问题的设计和案例的解析与解决方案。

① 案例的标题

(1) 写实型标题。用一个写实的名称作为标题，不带有结论倾向性。如《新任经理心里的困惑》《特殊的要求》《勇敢的银行出纳员》等。

(2) 概要型标题。主题中反映案例的基本信息，例如，一个什么性质的案例、发生了什么具体事件，能让学习者有个整体的认识。如《如何跟第一名的黄明沟通》《我交代的工作总是无法按照我的标准完成》《三个灯泡烧坏了》等。

(3) 切题型标题。将案例材料中要紧、本质的内容一语道破。切题型标题醒目，极易引起读者的关注，让读者的思路朝着给定的方向延伸。如《为什么销售没有成功》《该不该开除阿强》《三万块钱批不批》等。

2 案例的主体

案例的主体也称案例的背景资料，一般按记叙的方式层层展开。案例背景涉及公司基本信息描述、目前的状况、相关环境信息等。根据教学的目的交代背景事件的信息、时间、地点、人物、过程等。

培训课堂教学的案例背景资料不宜过长，过长和复杂的案例会增加案例讨论和教学的难度，复杂的案例更适合通过案例分析专题会去研讨。讲师应对案例背景文字进行适度剪裁和编辑，一般控制在500字以内，以300字左右为最佳(控制在一页PPT)，保证给学习者提供简单明了的分析与决策信息。

案例的背景除了要将有关情况交代清楚，还要注意捕捉与制造情节中的冲突，如与常理或公认逻辑相悖、事件本身的矛盾和解决方案的对立等。这些矛盾与冲突都能引发学习者的浓厚兴趣。

案例的结尾要让学习者感觉意犹未尽，这是因为案例本来就是要留给学习者去"续写"的。

例如，A公司是一家已经成立了7年的IT公司，是3位股东合资成立的。大股东张××是公司的总经理，掌管财务与HR部门；二股东李××是公司的技术骨干，担任研发部门副总；三股东王××是销售总监，负责公司主要的营销工作。

自成立以来，管理规章中就有一条规定："严禁员工间谈恋爱，夫妻不可同时在公司任职。"但昨天全公司人员都收到了一张喜帖，在本周末研发部门的李副总将与张总经理的助理秘书陈小姐结婚，在喜来登大酒店宴请大家。

很显然，以上案例有让人为难的事情，既要考虑公司制度一视同仁的问题，又要考虑公司重要人才流失、核心人员的情感问题。这就是情节中的冲突。当然，设计冲突的目的不是让现场学习者处于对立位置，而是让学习者从多角度思考，把一个问题考虑得更深入全面。

3 问题的设计

案例教学要启发学习者在解决问题中思考，因而对案例问题的设计应以引导学习者来解析案例中的难题为核心。通常需要用问题推动学习者站在决策者的角度，去面对管理问题的挑战，做出决策。学习者需要讨论的问题最好不要超过3个，根据实际情况以1~2个为最佳。好的问题设计具有以下几个特点。

(1) 能使学习者进入"角色";

(2) 提供的情境能让学习者进入"现场";

(3) 需要学习者决策,形成具体"结论"。

举例:

单个问题:

- 假如你是该行总经理,你将怎么办?
- Sandy应该怎样对Jack说?

组合问题:

- 你认为究竟是什么原因导致小刘和上司王经理对彼此不满?如果你是王经理,用什么方法能改进工作、改善同事关系?
- 如果你是总经理,你会批准这个报告吗?你做这个决定的依据是什么?如果你是这位销售经理,应该如何与总经理沟通从而获得支持?

4 **案例的解析与解决方案**

尽管案例教学由学习者来讨论解决方案,但讲师也需要准备一个案例解析的结论。这个结论是事先(培训开始前)做出的,在案例教学的最后讲出这个结论并导出学习要点,特别需要注意的是:学习要点就是这个结论的理论依据。

在案例教学的实际课堂上,讲师的案例结论与学习者解析的结论也有可能存在不一致。为了解决这一问题,讲师需要依托学习者的讨论对案例解析的信息进行点评,不断提炼"共性"的信息,必要的时候还需要就某个观点进行论证补充。

下面利用一个案例来说明案例设计的要求,如表2.28所示。

表2.28 培训案例设计及要求

设计的要素	要求	具体内容和操作
案例标题	■ 写实型标题 □ 概要型标题 □ 切题型标题	《李强的困惑》
案例主体之背景	描述事件发生的时间、地点、条件、环境、人物(人群)特点等体现事件典型性的背景条件	李强现已40岁,回首二十几年来的奋斗过程,很为自己早年艰苦却奋斗的日子感叹不已。 李强当年在某企业找到一份稳定的工作,并很快被提拔为工段长,接着又成为车间主任,进而升为生产部长,他卖命地为公司工作,他的付出也给他带来了丰厚的回报,工资收入已经相当可观

(续表)

设计的要素	要求	具体内容和操作
案例主体之事件	对事件过程进行描述，设计一定的冲突	有段时间，他自己也沾沾自喜过，可现在细细想来，觉得自己并没有成就什么，心里老是空空的。他现在是企业生产的总指挥官，可他看着企业一年比一年不景气，很想在开发新产品方面为企业做出更大贡献，可他在研发和销售方面并没有权力。他多次向企业领导提议能否变革组织设计方式，使中层单位能统筹考虑产品的生产、销售及研发问题，以增强企业活力，可领导一直没有这方面想法。所以，李强想换一个单位，换个职位不太高但能真正发挥自己潜能的地方，可自己都步入中年了，跳槽又谈何容易
问题的设计	提炼出案例意图和讨论的主要议题，不超过三个问题	如果李强到你所领导的企业面试，你应该在哪些方面采取措施吸引他，并给他提供他所看重的激励？
案例的解析及解决方案	给出案例中相应的解决措施，并与需要讲授的知识点(底牌)相关联	1. 给予李强相同或略高于原来企业的报酬； 2. 提高舒适的办公环境和硬件条件； 3. 适当授权李强以项目制的方式进行团队组建，并有一定的决策空间； 4. 鼓励其进行新产品、新营销方式的创新，并建立试错机制； 5. 以项目责任制让李强承担一定的风险与责任，同时与绩效挂钩
学习要点(底牌)	本案例教学法所要传递的学习要点和内容	双因素理论是激励理论的代表之一，由美国心理学家赫茨伯格于1959年提出。 该理论认为引起人们工作的因素主要有两个：一是激励因素，二是保健因素。只有激励因素才能够给人们带来满意感，而保健因素只能消除人们的不满，但不会带来满意感

实 用 工 具 练 习

案例教学法设计及练习

目的：运用案例教学法设计教学课程中的某个知识点(填写表2.29)

要求：1. 选择课程中的某个知识点，了解该知识点完整讲解的体系；

2. 选择案例法进行设计；

3. 在"具体内容和操作"栏内将具体的设计思路写出来。

表2.29　案例教学设计练习

设计的要素	要求	具体内容和操作
案例标题	☐ 写实型标题 ☐ 概要型标题　　(画"√") ☐ 切题型标题	
案例主体之背景	描述事件发生的时间、地点、条件、环境、人物(人群)特点等体现事件典型性的背景条件	
案例主体之事件	对事件过程进行描述，设计一定的冲突	
问题的设计	提炼出案例意图和讨论的主要议题，不超过三个问题	
案例的解析及解决方案	给出案例中相应的解决措施，并与需要讲授的知识点(底牌)相关联	
学习要点(底牌)	本案例教学法所要传递的学习要点和内容	

五、案例教学设计的难度控制

在开展案例教学时，有些讲师会感觉学习者不喜欢讨论或讨论氛围不热烈，起不到应有的锻炼效果。究其原因是讲师对案例设计的难度控制不当。相对学习者而言的，难度太大，学习者无从讨论；难度太小，学习者又不屑讨论。案例教学设计的难度分为三个层次，如图2.7所示。

图2.7　案例教学设计的三大难度控制

1 背景、事件设计尽量简洁、一目了然 (低难度)

背景和事件的描述尽量简洁，但是要把关键要素体现出来，保证信息的完整性。讲授复杂的案例时需给学员预留一定的阅读时间，应尽可能降低学员阅读的难度。阅读理解难度低，并不代表案例事件难度低。

背景事件要有冲突性，让学员在解决问题的时候感觉有矛盾、有难度，处理起来没有那么容易。如果背景事件没有冲突性，案例事件难度就小，学习者轻易得出解决方案，就没有说服力。

2 尽量让学员分析问题并引导其做出决策 (高难度)

尽可能引导学员去分析并解决案例当中的问题。但问题不能太简单，如"你的感受如何"这样的问题，也不适合单独使用"你觉得这样做对不对"这样的封闭式问题。这样的问题不利于信息的获得，可以改为"你觉得这样做对不对？你为什么这么认为"。最后，设计的问题也不要直指答案本身，否则学习者容易绕开案例的冲突直接给出自己的答案。

3 解决方案与知识点的设计有关联度 (中高难度)

以简单的方法就可以处理的案例是不适合作为案例教学的，按举例子的方式进行教学即可。

例如，以下案例的设计：

背景事件：某人民检察院受理民事债务纠纷案，检察院工作人员持有县级相关的法律文书和执法人员的身份证来某银行查询被告人的个人储蓄存款，银行经办人对人民检察院出具的相关证件进行审核，确认无误后，给予办理了查询。

经查实该被告人有储蓄存款5万元，人民检察院出具"协助冻结通知书"，要求对该个人定期储蓄存款5万元进行冻结。

次日，人民检察院又来到银行，出具了当事人交出的定期储蓄存款单和相关的法律文书，执法人员身份证，要求扣划，银行经办员审核无误后，按检察院的扣划要求给予办理了扣划手续。

问题：检察院是否有权进行查、冻、扣业务？

这个例子看似比较复杂，但是因为早有相关规定，因此不需要花太长时间去讨论和解析，讲授这项规定时把这个例子列举出来就可以了。

控制好了案例教学设计的三个难度点，学员才会进行充分讨论，才能起到案例教学法应有的教学效果。

∷∷∷∷∷ 六、案例教学法的操作步骤及注意事项 ∷∷∷∷∷

案例教学法是对讲师现场教学和掌握力要求比较高的教学方法，虽然看起来是学习者在讨论，讲师在旁边观察，但是里面依然有很多需要注意的操作步骤，稍有不慎，可能会带来一些风险，让现场教学失控。

1 案例教学法的操作步骤

(1) 读案例，确保理解一致。这个环节会直接决定教学效果。由培训师或学习者来读一遍案例，而不是让学习者自己看案例，这样可以确保所有人的节奏是一致的，避免有些人看了，有些人还没有看完，导致讲师说开始讨论时，还有部分学习者在看案例。

(2) 提出问题，确保学习者理解。讲师需要确保大家都理解了所要讨论的问题，注意不要再提出额外的问题。

(3) 组织讨论，要分工明确。各小组在讨论时要做好角色分工，如组长、分享者、记录者。

(4) 观察和走动，关注学习者状态和进度。学员在讨论时讲师需要走到学习者中去，在每个组之间走动，旁听学员分享的内容，观察每组的讨论进度，特别要关注学员的结论与答案的关联度，为接下来总结点评做准备。在这个阶段，讲师需要记录每组分享的内容，归纳各个小组的观点。

(5) 提醒时间。一般讨论的时间为10分钟，需要在5分钟和最后1分钟时加以提醒，以确保小组讨论的合理进度。

(6) 组织分享，聆听和提炼。这个环节非常考验讲师的聆听能力和归纳总结的能力，应重点记录与答案相关联的内容。在面部表情上保持微笑，眼睛专注地看着分享者，身体稍微前倾，给予分享者足够的尊重。

(7) 总结回顾。总结回顾从以下三方面开展：

① 就学习者分享的内容进行点评；

② 展示讲师事先准备好的解决方案，讲解方案的依据；

③ 提炼总结出"底牌"，并进行论证。

2 案例教学法操作注意事项

(1) 背景问题要交代。案例教学重在学习者的参与和交流，所以对背景和问题的设计应该清晰明了，不能产生歧义。如果小组成员对背景事件及问题产生多种理解，那么这个案例在一开始就失败了。

(2) 文化理念要一致。案例教学法所锻炼的不仅仅是学习者的某项技能，它是知识、理念、价值观、综合技能的集中体现，所以学习者的具体做法也能反映企业的某些价值理念。因此，在考虑案例的解决方案和做法时，不能违背公司的一些价值理念，比方说公司的文化是诚信为本，但是案例中的答案是"有些问题处理要灵活一些，不能那么死板，善意的谎言有些时候也是适用的"。很显然这与企业的文化理念相矛盾，这是不恰当的。所以，讲师在案例设计前，就要充分了解该企业的文化，避免在理念上发生冲突。

(3) 专家发言要适度。案例教学法鼓励开放式的分享和交流，但是在现实课堂上，总会有些职位比较高的或者比较资深的学习者在起主导作用，他们把工作职位中的权威带到案例讨论中，左右案例讨论的结果，这样不利于集思广益。讲师在教学中要特别留意这部分学习者，在组织分享时适当提醒他们让其他人也有发言机会。

(4) 讲师对于学习者的分享要保持中立。学习者在分享的过程中，讲师要保持中立的态度，让学习者畅所欲言。与"底牌"接近的分享，讲师报以微笑和点头；与"底牌"相悖的分享，讲师也不要摇头和叹气，如果那样做会抑制学习者的分享热情，也不利于营造良好的教学氛围。

案例教学法课堂教学的操作步骤和注意事项如表2.30所示。

表2.30 案例教学法操作步骤及注意事项

操作步骤	主要内容	具体方法或要点
第一步	案例的背景介绍和要求	(1) 邀请学习者朗读或由讲师朗读案例的内容
		(2) 和学习者回顾案例的重要环节，确认学习者已经清楚背景的描述和角色
		(3) 选择案例时关注学习者的行业背景、避免与企业敏感话题和企业文化特点发生冲突
		(4) 讲师需要说明这些是通用案例，以后会根据学习者具体问题进行实际工作案例分析
		(5) 避免案例选择与学习者职业背景差异太大或案例过于陈旧
第二步	明确讨论的问题	(1) 所讨论的话题与工作息息相关，且是平时尚未深入思考的
		(2) 所讨论的话题不能简单幼稚，要具有一定的难度，能够引发学习者做深入的思考
		(3) 问题中要有开放式的问题
		(4) 问题不要超过3个

操作步骤	主要内容		具体方法或要点
第三步	组织讨论	分组	(1) 小组人数一般介于4~10人之间，座位安排要便于小组讨论
			(2) 要有较有能力的小组长
			(3) 采用小组之间竞赛和激励等方面的技巧
		头脑风暴	(1) 创造轻松的气氛，培训师需要保持中立，收集尽可能多的信息
			(2) 发言时，主持人可给予鼓励性言语，以激发参与感
			(3) 最好由学习者自己下结论
		小组讨论	(1) 营造积极的氛围
			(2) 用秒表计时进行时间控制，必要时提醒演练学习者
			(3) 将小组讨论的结果记录在白纸上，小组推选代表发言进行陈述
			(4) 如果小组意见不统一，或者小组之间出现争议，或者讨论行集中在单一问题上，讲师引导学习者调整角度进行讨论
			(5) 观察和记录学习者的表现
		辩论(备选使用)	(1) 安排正方和反方的角色
			(2) 各方推荐辩手
			(3) 为其他学习者布置任务
			(4) 宣布辩论赛的时间、流程和规则
			(5) 关注现场情况，及时控制场面，避免出现负面信息
第四步	进度把控	走动观察	(1) 在各组之间走动，观察学习者进度
			(2) 旁听学习者讨论的话题，避免跑题
			(3) 观察学习者投入的状态，适当提醒走神者
			(4) 适当记录不同组的观点，并进行初步归纳
		时间提醒	(1) 如果讨论时间为10分钟，在5分钟和最后1分钟加以提醒
			(2) 对于进度比较慢的小组，讲师要特别加以提醒
第五步	认真聆听		(1) 每组学习者代表陈述讨论结果，其他学习者可补充，讲师认真聆听和归纳(首先不要邀请高层或者专家发言)
			(2) 聆听过程中尽量保持中立，面带微笑，目光关注分享者
			(3) 如果内容比较复杂，可以适当边听边记录
第六步	总结点评		(1) 讲师在总结的过程中可以引用学习者的观点，前提是这些观点与"底牌"吻合
			(2) 列出讲师的参考答案时最好运用说服性讲授，适当引经据典加以论证，使答案更有说服力
			(3) 在案例设计中选择素材要慎重，答案要与企业理念一致
			(4) 避免学习者相互挑战或者联合挑战讲师，重申讨论的目的，适当运用控制场面技巧，引导学习者求同存异，多角度看问题

第三章

"掌控局面"
——玩转课堂管理

本章要点:

▶ 课程的授课流程

▶ 学习者注意力管理/学习者心态管理/学习过程管理

▶ 流程演练/延伸阅读/实用工具

第一节
课堂中的挑战

记者问一位培养了世界冠军的教练：你都没有他跑得快，你怎么教他呢？冠军教练回答：我虽然没有他跑得快，但我知道他怎样才能跑得更快，我知道怎么样才能使他跑得更快。同样，讲师不一定比学习者水平高，但知道怎样能让学习者变得更好；不一定马上解决问题，但可以为学习者提供工具、资料等，并设法与学习者一起探讨出更好的解决问题的方法。

讲师完成一次课程的讲授其实是不难的，难的是在有限的时间里让学习者全身心投入并有所收获。你有没有遇到这样的情况，自己辛辛苦苦准备了一个自认为不错的课程，学习者却反响平平。但如果不去发现问题背后的原因，你就可能再次遇到这种情况，天长日久就会变成一种无形的压力。显然，了解问题的根源，可以帮助我们更好地解决问题，更好地打造一个自由开放的课堂，同时也更好地享受这个讲台。

下面与课堂相关的一些情况会给你带来压力吗？测试一下(在相应的选项后面打上"√")：

- 需要讲自己不熟悉的内容   （   ）
- 自身"资历"方面的问题   （   ）
- 学习者中有更资深的人   （   ）
- 学习者的提问或反对   （   ）
- 学习者的不配合   （   ）
- 学习者的期望值过高   （   ）
- 不能有效地呈现   （   ）
- 课间与"陌生"学习者一起交流感觉不适   （   ）

● 时间问题(内容过多或过少) （　　）

……

这些问题在讲课时会多或少地影响你的课堂效果。我们先来看看这些压力背后的原因吧。

:::::::::: 一、自身的条件限制 ::::::::::

"给别人一碗水，自己必须要有一桶水。"

讲课是一个很好的自我提升的方式，授课前我们需要阅读海量的资料，积累大量的案例，去分析、去理解。但讲师获取知识的同时，学习者也在知识的网络里提升，讲师还面临着其他方面的挑战。

★场景回放

背景：同僚之间的交流

甲讲师：您讲的是"商务礼仪"的课程，您的课这么受欢迎，您觉得讲这个课难度在哪里？

乙讲师：其实准备充分了，就不难了！最难的，不瞒你说，其实就是每次课程结束后与学习者一起吃饭的时候，呵呵……

甲讲师：？？？

乙讲师：动筷子前，学习者都会看着你，很显然传递的信息是：你讲商务礼仪的，那我们看看你做得如何。有压力呀！毕竟人无完人嘛！

看到这个场景，你的感受是什么？

有的讲师认为像"时间管理""职业化""领导力""沟通"这样通用、看似简单的课题更好讲，但实际上学习者更在乎你做得怎么样。正如古人云：身教重于言传。

说到底这是一个关于学习者接受的问题。接受什么？一是接受你这个人，二是接受课程内容本身。

课程内容要想传递给学员并得到学员的接受，需要经过以下5个相关联的环节。

● 课程内容VS讲师的理解；

● 讲师的理解VS讲师的发挥；

● 讲师的发挥VS课堂的氛围；

- 课堂的氛围VS学习者的理解；
- 学习者的理解VS学习者的接受。

这个链条中的哪个环节断了都会让课堂的效果大打折扣。这个链条提醒我们，做好一个培训，要建立"学员、内容、讲师"之间的链接，减少信息传递间的衰减。

课程设计可以帮助我们建立内容和学员的关系，可以提升自己与内容的关系，可以思考知识传递的过程。可当我们真正出现在学员面前时，我们必须注重自身的"正面"形象，我们要懂得与学员建立联系，建立良好的沟通基础。

二、人际交流的障碍

与人打交道，特别是与陌生人打交道，会有很大的压力。讲课却是一个需要与人频繁打交道的工作。我们都希望课堂是"互动"的，而现实中并不是所有的学习者都喜欢互动，在课堂上也不是每一次互动都是愉快的。

★ 场景回放
背景："基于教练技术的员工辅导"的课堂

这次课程的学习者都是被返聘回来的专家，年龄偏大些，都是一些有丰富工作经验的人。上课的时候，学习者表现得极为"冷静""理性"，不积极参与，更不愿意当众回答一些问题。

课堂中出现了讲师意想不到的情况，讲师要做一个游戏，正努力调动大家的参与。这时，一位学习者说："老师，我提个建议吧！我们不喜欢这些'花'的东西，我们喜欢听'干货'，您多讲些吧！"

课堂的互动往往有两种方式，即思想上的互动和形式上的互动。思想上的互动指的是让学习者去思考，更多的动脑和动情；形式上的互动则是让学生动手和动情。

提问是我们在课堂上常用的一种互动方式，而问题的难易设置也是一种技巧能给学习者带来不同的挑战。例如，我们要讲一个概念——企业文化。怎么问？你在讲解时可以直接问什么叫企业文化，但学习者回答这个概念是有难度的。我们不妨将问题调整一下："各位，当大家看到企业文化四个字时，会想到一个什么样的场景呢？"这样的提问会让学习者的回答变得更容易，参与度更高。显然，学习者参与的动力与我们设计的挑战是有一定关联的。我们来看一下挑战与动力之间的关系，适当的挑战可以提升动力，挑战的难度过大会导致学习者的动力降低，如图3.1所示。

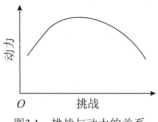

图3.1 挑战与动力的关系

★**场景回放**

背景：一个学习者的心声

学习者：老师，您的课讲得太好了。

讲师：谢谢！

学习者：我以前听过一个老师讲课，我觉得讲得不怎么样。

讲师：哦？怎么？

学习者：那次课程我坐第一排，老师一开课直接把我叫起来，问我"你来说一下什么叫学习"，把我给问懵了。

学习者：幸好我急中生智，我说："学习就是一个知识积累的过程！"说完这话我心里舒坦多了，这么多人看着我，终于为自己解围了呀！

学习者：没想到那个老师竟然说："这已经是很老的学习观念了，如今的学习已经不是这个样子了！"可是，他到最后都没告诉我什么叫学习……

开放轻松的课堂从心理层面来说具有三个层次：最基层是安全，然后是投入，最后是开放。讲师要从学习者的心理状态出发，让其先有安全感，打开心扉；然后参与到讲师的课程中；最后信任讲师，接受所学知识，甚至改变之前观念。显然，例子中的这位讲师从一开始就让学习者"难堪"了，没有安全感了。

了解人性可以帮助讲师更好地引导学习者参与，没有学习者的参与和投入就无法达到课程需要的效果，同时也应清楚，投入和参与意味着学习者会面临挑战。人总是很聪明，在挑战面前会很快进行"自我保护"并找到"捷径"。当"自我保护"并找到"捷径"形成时，学习者就已经失去了体验的机会，这些体验尽管"很难受"，却往往很有价值。课堂中我们需要引导学习者在"放松"的状态下得到"真实"的学习。

∷∷∷∷∷∷ 三、成人学习的过程充满挑战 ∷∷∷∷∷∷

学习不是一件容易的事情，成人的学习更是如此。成人的学习有以下两个突出特点：一是成人有经验，是带着经验来学习的；二是成人追求实用性，希望课程内容能对工作有直接指导作用。因此，学习者在课堂上一方面想得到直接可以用的东西，另一方面有可能认为你讲的东西不一定是对的。我们来看看一些真实的场景。

★场景回放

背景："理财"课程的课堂，课程刚开始

讲师：好的，如果有任何问题大家可以随时提出来。

学习者：老师，那我提个建议吧！

讲师：好呀。

学习者：这两天的课我建议不要讲太多的理论，不如直接告诉我们去买哪支股票、哪支基金就行了……

讲师：……

如果讲师不能直接带来"收益"，那课程一开始学习者就会失去兴趣。反过来，如果讲师真的能直接带来"收益"，那也把讲师神化了。课程收益是讲师在设计课程时就需要充分考虑的事情，在课堂上讲师需要把学员的注意力焦点引导到"如何更好地学习才能有更大的收获"上来。我们把这种管理叫作期望值管理或期望值引导。有效的期望值管理对学习成效起到积极推动作用。

★场景回放

背景：总经理办公室，培训经理向总经理汇报产品培训相关情况后

总经理：每次产品培训，讲师就是把产品的特征、功能等介绍一遍，学习者一个个听得想睡觉了。

培训经理：产品的培训就是这个特点，文字多，讲得也多些。

总经理：那还不如把资料发给学习者自己看。

培训经理：唉，讲师们真需要多学一些培训的技巧呀！

总经理：我看不光是技巧的问题，内容没有联系实际才是关键。把这些知识性的内容融合到实际应用上去讲，把工作的场景"搬到"课堂上来，这样的培训才接地气嘛！

正如总经理所说，培训本身就是为业务服务的。课程设计可以帮助我们把知识和应用结合起来，而在课程中我们也要善于挖掘学习者优秀的经验和做法，甚至促进彼此间的学习。带领学习者去思考"应用"，结合工作实际提出问题，不断促动学习者思考和解决问题。这些课堂促动的技巧需要与教学过程巧妙地结合。

四、讲师的影响力

影响力是指对他人施加影响，让他人按照自己的意愿去行动的一种能力。在课堂上，讲师无法通过强制手段管理学习者，内容的传达也不是强制的。

★ 场景回放

背景：同僚之间的交流

甲讲师：课堂管理怎么做？

乙讲师：一般是让主持人在课前宣布相关的规则吧。

甲讲师：如果主持人没有做课堂管理，我们需要跟学习者宣布规则吗？

乙讲师：应该也可以……

甲讲师：那不会引起学习者反感吗？

甲讲师：……

在课堂中究竟用什么方式来管理和影响学习者呢？有关调查显示，影响力的建立与三个因素有关系：职务权威、知识和经验、个人魅力。后者对人们的行为的影响是最深远的。作为讲师，专业的素质是个人人格魅力的基础，从诚实、正直、勇于接受挑战到外在的一言一行，无不影响讲师在学习者心中的形象。优秀的课堂管理应该"不露声色"地让学习者投入学习中来。培训师能力成长模型如图3.2所示。

图3.2　培训师能力成长模型

综上所述，充分认识课堂挑战的本质，开展卓有成效的课堂管理，不光能让讲师本人在良好的状态完成教学，也能让学习者进入专注的学习状态，能让学习者获得更多达成目标的正面体验，逐渐点燃学习者的热情，使其进入学习的"忘我境界"。

第二节
打基础：举手投足显专业本色

一、培训师的世界就是两分钟世界

某天，在一个五星级的培训会议室内正举办一场有关"品牌管理"的培训课程，主讲培训师是一位来自世界500强日化公司的品牌经理，40岁左右，女性。学习者是来自各行各业的品牌经理，大概30人。

可能为了彰显个性，这位主讲培训师的服饰搭配很有个人特色：穿着一件无袖的衬衫，一条长裤，佩戴的项链、耳环和手链很醒目，还随着她讲课的动作摆动，发出叮叮当当的声音。能明显感觉到学习者不是很习惯，但谁也没说话。正在此时，这位培训师谈到了一个观点："目前国内的某些企业还不是太注重品牌的管理。"话音刚落，学习者中的一位男士拍桌子而起，很激动地说："你对国内的企业了解多少，你凭什么这样下结论！"这一幕让在场的人都惊呆了，包括台上的培训师。随后，这位男士拎着背包离开了教室。

这是发生在培训现场的一次小事故，对学习者回访以后，组织方才了解到这位男士愤愤离场的原因，他说："我其实不是那么难说话的人，但是我认为当时培训师的着装非常不尊重学习者，配饰碰撞发出的声音也干扰学习者学习，而培训师有失偏颇的言辞就成为导火索，我忍无可忍就发作了。"

可见，课堂中培训师会面临很多的挑战，如果培训师没有做好一些细节，会引起学习者的不满。连让学习者接受你这个人都做不到，又谈何让学习者接受你所传授的知识和思想呢？

正如英国形象设计师罗伯特·庞德说过的一句话：这是一个两分钟的世界，你只有一分钟向人们展示你是谁，另一分钟让他们喜欢你。培训师的世界就是这样一个真实的两分钟世界。每一次培训，首先要通过两分钟展示让学习者喜欢自己，这关乎整个课程的效果，销售工作中经常说的"人们是因为认同你才会购买你的产品"，这个道理对于培训同样适用。

所以，培训师有必要注意自己的外在形象，以便在走上讲台的那一刻给学习者留下完美的第一印象，让自己看起来非常专业，让学习者感觉受到尊重，进而能够有效传授课程内容，让学习者享受课堂。

二、职业形象塑造

培训师的职业形象包括仪容仪表和着装，不同类型的培训师对职业形象的要求不同。

一是职业培训师。职业培训师需要面对不同的企业和学习者群体，最好穿着商务装，男士以深色西装为主，搭配衬衫领带；女士以职业套裙为主，这些都是商务场合的国际惯例，在此就不一一赘述。

二是企业内部培训师。对于企业内部培训师来说，符合企业文化的着装搭配就是最好的，内训师穿着与培训对象一样的工装会让人感觉亲切和专业。试想，西装革履的内训师面对一群一线操作工人，场面是多么不和谐。

在实践经验中，培训师的职业形象还有几点是需要注意的，下面从男士、女士两个方面分开来讲。

1 男士

(1) 尽量不要穿短袖打领带。在南方有些地方，天气比较热，能够看到一些职场男士穿短袖打领带，但是在北方这种着装比较少。因为文化的差异，建议以长袖衬衫领带为主，如果确实天气热，需要穿短袖，就不要打领带，这样会更合适。

(2) 登台前，钱包、钥匙、手机等尽量放在包内或桌子上，如果带着这些东西上台，一是影响整体形象，二是干扰学习者学习。

(3) 出汗比较多的男士，一定要准备一条擦汗的手帕，切忌用纸巾擦汗，这样容易造成纸屑黏在脸上，很不雅观。

(4) 尽量穿藏蓝色或蓝黑色西装，相对比较正式和严谨。在培训讲台上也能看到穿着色彩鲜艳西装的培训师，那是为了吻合企业文化或者课程性质，培训师讲授的这类课程大多需要热烈的课堂气氛点燃学习者的激情。

② 女士

(1) 服装风格可以多样化，基本原则是不要让学习者把过多注意力集中在培训师身上，而让学习者关注培训师讲授的内容。在这个基本原则下，女性培训师可以根据自己的风格特点，选择合适的服饰搭配。

(2) 切忌过于暴露和女性化。尽管有些服饰非常漂亮，也能够凸显个人特点，但为人师表，还是要尽量传统一些。如不能穿颜色过浅的裙子，裙子下沿保持在膝盖上下2厘米，上衣以保守、端庄为主。

(3) 穿着2～5厘米鞋跟的鞋子为宜。如果穿鞋跟过高的鞋子，长时间站立不利于脚部血液循环；而平底鞋不能提升仪态、增加气场。

(4) 在讲台上尽量化淡妆。一方面能增加培训师的自信，同时，好的精神面貌也会影响学习者；另一方面也体现了对学习者的尊重，传递了培训师对此次培训的重视。

：：：：：：：：：： 三、非语言的影响 ：：：：：：：：：：

记得在去年的一次讲师大赛中，有一位讲师在比赛中除了内容和教学形式表现得很好之外，还让人感觉一身正气。后来我们评委分析为什么这位选手能够给我们留下这种印象，我们分析了他的几个动作，首先他的站姿非常端正，挺胸收腹，双脚站立与肩同宽；其次他的手势在收放之间很有力度感，同时不失节奏地配合他讲授的内容；再次他始终保持适度的微笑，目光关注到全场的每一个人。

因此，培训师的非语言表达对培训的影响也是至关重要的。非语言的影响主要从以下几个方面来表现。

① 站姿

正确的站姿不但培训师自己感觉舒适，而且还给人一种稳重的信赖感或优雅的视觉美，提升自身的形象。

培训师的站姿有很多标准，在实践中有4个注意事项。

(1) 无论是男士还是女士，都可以采用"V"字站姿、小"八"字站姿和双脚脚尖向前两脚平行站姿。女士有个"丁"字步站姿，但不建议长时间用，否则会给人非常拘谨的感觉；

(2) 男士站姿，两脚距离可以与肩膀同宽或者略宽一点，这样能够站得更稳健；

(3) 女士站姿，两脚距离需要比肩膀宽度窄一点，特别是穿裙子的时候，这样能够站得更优雅；

(4) 登台前可作心理暗示，要自己挺胸收腹、腰背挺拔。

站姿训练小秘籍：找一个墙面，将身体的4个点(后脑勺、两个肩膀、臀部、脚后跟)保持在一个平面上，双手自然下垂，眼睛目视前方，面带微笑，保持10分钟。经过一段时间的训练，可以让自己在登台后站得更端正。

2 走姿

培训过程中并不建议随意走动，因为会干扰学习者，分散学习者的注意力，但合适的身体移动却能起到强调和吸引学习者注意力的效果。

1) 走姿的要领

- 全身挺直，步伐均匀，两臂自然摆动，整个状态自信放松，不拘束；
- 走动有力，不走碎步，重心稍向前，前脚跟先着地，后脚尖向前引；
- 走动过程中注意停顿，走动速度适中，过快过慢都会过分引起学习者的关注；
- 控制在安全区(距离学习者1米的区域)。

2) 走动的时机

曾经有学习者问，究竟多长时间走动一次才合适。这其实是无法量化的，通常由所讲解的内容、现场的氛围来决定。

配合讲解内容时：

- 讲解学习者需要掌握、难于理解的内容时，培训师可走近投影幕，用激光笔或手示意大家关注，也可走到白板前进行板书，还可以走近学习者，呼吁学习者关注并对此问题进行思考和交流。
- 在演练和互动环节特别是小组内讨论时，培训师需要走到每个小组旁进行观察，掌握进度。

现场氛围调解时：

- 提醒开小差的学习者：培训师发现有学习者开小差时，可以走到学习者身边站定一到两分钟，提醒学习者重新进入学习状态。
- 开场破冰：开场后，学习者与老师之间本来就存在着无形的距离，如果老师在破冰时能走到学习者中间，就能快速拉近与学习者的距离，建立信任感。

3) 走动的注意事项

- 避免在投影前左右移动；
- 避免走来走去或漫无目的地踱步；
- 避免走动时有不当手位：抱手、背手、插兜等；

- 不要突然接近学员；
- 避免背对学员。

3 手势表达

手势是培训师在讲授过程中非常重要的一个身体语言，也是最有效的身体语言。在手势表达的基础上辅以恰当的面部表情的运用，培训师就更容易向学习者传递思想情感。

手势运用应遵循以下三大原则。

原则一：多用手掌少用手指，体现对学习者的尊重；

原则二：手部多放在身体黄金框范围(肩膀以下，腰线以上)，这样能够给人积极正面的感觉；

原则三：手势并不是越多越好，要与内容匹配。

培训中运用哪种类型的手势并没有条条框框的标准，需根据讲解内容、学习者情况、课堂气氛等做出调整。在讲解较平淡的内容时，保持拿着激光笔的手势就可以了，当讲解到重点内容时，培训师的情绪、言辞会有相应的变化，手势自然需要增加。

4 面部表情

表情是人们内心思想感情的脸部表现，这种表现是通过面部肌肉的运动来实现的。面部表情有时比有声语言更能传递信息，被称为第二语言。

在培训过程中我们最常用的表情就是微笑，微笑能增加培训师的亲和力。微笑要发自内心，真诚自然，不做作。

在讲授的过程中面部表情要随着内容的变化而有所起伏，把自己身心融入讲授的内容中去。当讲授到这个问题会给企业带来一定的风险和隐患时，表情应该是严肃的；当讲授到一个触动心灵的真实故事的时候，培训师也需要为之动容，正所谓在讲台上，要想打动别人，先要打动自己。

这里介绍两个有效训练面部表情的实用小方法。

1) 特定面部表情训练

器材：镜子、摄像器材。

内容：对常见的微笑、喜悦、忧虑、愠怒、惊讶、悲伤等面部表情进行认识和训练。

具体练习方法：

- 对着镜子，分别酝酿上述心情，练习微笑、喜悦、忧虑、愠怒、惊讶、悲伤6种表情的。
- 面对摄像机，录制上述6种表情。
- 小组观看，每人说出对相关表情的理解，并提出修改意见。

2) 讲故事强化训练

准备：每人准备一个亲身经历并印象深刻的故事，最重要的是要带有明显的情感体验，如失落、惊喜、恐惧、无奈、兴奋等。

具体练习方法：以小组为单位，每人分享一个故事。在讲述过程中注意描述当时发生的细节和自己当时的情感体验，通过你的描述让听众感同身受。

全程录像，分享结束后进行回放，让分享者自己总结哪些表情和肢体动作还传达得不到位，哪些做得不错。

5 眼神交流

在培训过程中眼睛发挥的作用绝不亚于嘴巴。一个培训师的眼神可以告诉学习者太多信息，这里面有肯定、有赞赏、有生气、有惊讶。但是，有些培训师登台时不敢看学习者的眼神；或者总是盯着个别几位回应比较热烈的学习者；或者眼睛不断看投影或讲稿；或者眼神经常往天花板上看，这样不仅失去了与学习者有效沟通、建立彼此信任的好机会，也保证不了培训的效果。

正确积极的眼神交流是培训师的一项基本功，具有以下几个要领。

(1) 开口讲话前，要关注全场，让每个学习者都能感受到你的目光，然后有意识地捕捉某个目光，给以积极友善的回应。

(2) 缓慢而平均地与现场每一个听众眼神接触，停留3～5秒，给每个人说完一整句或表达一个完整想法的时间。

(3) 目光接触要与多种因素协调要与语言表达、手势运用、所讲授的内容、感情节奏协同。

四、强感染力的声线

前段时间演艺界有一档节目叫"声临其境"反响非常好，让我们有幸看到了实力派演员的台词功底和专业素养。他们能够通过声音，让电影或电视剧中各个角色人物鲜活起来，刻画正义之士时声如洪钟；刻画奸邪之徒时则是阴阳怪气。这是演员厉害的地方，培训师也一样。强感染力的声线一般具备以下几个特征：语音清晰自然，声调变化与停顿和谐，富有情感的表达。

1 语音清晰自然

讲话和演讲的基本要求是语音准确、吐字清晰。发音要准确无误，清晰，圆润，"字正腔圆"。那么，怎样才能做到发音准确、吐字清晰呢？我们可以从这几方面来训练。

1) 发音的部位要正确

我们知道人能够发出声音主要依赖声带，声带决定了每个人的声音属性。相对其他技能来说声音很难通过后天的训练加以改变，只能在原来的基础上有所提升。最有效的方式是通过绕口令进行练习，每天读两三篇，强化训练，让自己的唇、齿、舌、腭等发音器官协调活动。如：

> 石小四和史肖实，
> 石小四年十四，
> 史肖实年四十，
> 年十四的石小四爱看古诗词，
> 年四十的史肖实爱看新报纸。
> 年四十的史肖实发现好诗词，
> 忙递给年十四的石小四，
> 年十四的石小四见了好报纸，
> 忙递给年四十的史肖实。
> 石小四接过杂志看诗词，
> 史肖实接过报纸看时事，
> 史肖实石小四走出了阅览室。

2) 发音的姿势要正确

发音时身体自然挺拔，但不可太紧张，脸部自然放松。挺胸、收腹、提气，颈部、背部、腰部要自然伸直，胸肌放松，用力适中，便于气流通畅运行，以达到良好的共鸣效果，使语音响亮有力、轻松自然、清晰悦耳。

② 声调变化与停顿和谐

1) 声调变化

声调是音节高低升降的变化形式，也叫字调。声调同声母、韵母一样，具有区别意义的作用。声调主要决定于音高，同一个人的不同音高变化是由声带的松紧决定的。声带越紧，声调越高；声带越松，声调越低。声母、韵母都相同，但声调不同，词的含义就不一样。

普通话有四个调类(四声)：

阴平调：一声；阳平调：二声；上声调：三声；去声调：四声。

四声歌：学好声韵辨四声，阴阳上去要分明。部位方法要找准，开齐合撮属口形。双唇班报必百波，舌尖当地斗点丁，舌根高狗坑耕故，舌面积结教坚精；翘舌主争真知道，平舌资则早在增。擦音发翻飞分复，送气查柴产彻称。合口呼午枯胡古，开口呼坡歌安争；撮口虚学寻徐剧，齐齿衣优摇业英。前鼻恩因烟弯稳，后鼻昂迎中拥生。咬紧字头归字尾，阴阳上去记变声。循序渐进坚持练，不难达到纯和清。

2) 停顿

停顿是语言交流中的一大要素，它是指语言表达中，词语之间、句子之间、层次之间、段落之间在声音上的间断。停顿分为以下几种形式。

(1) 语法停顿，就是按照主语、谓语等的语法结构来停顿，是为了使句子结构明确、层次清楚。

(2) 逻辑停顿，是为了强调某一特殊的意思或某种逻辑关系。停顿时间一般较短，只相当于顿号的停顿时长。

(3) 心理停顿，是说话人为了表达某种感情或达到某一目的而有意识安排的一种停顿，它常常取决于说话人的心理情绪，常有激发诱导的意味。"此时无声胜有声。""虽无言，却有情；虽无声，却意无穷。"这种停顿在登台亮相前或培训师控制场面时经常用到，以起到吸引大家关注的作用。

③ **富于情感的表达**

语言还可以通过语速、强度、音频、基频、清晰度等方面的变化来确定和调整它所表达的情感，从而使语言能够表达更为丰富、更为细致、更为复杂的内容，也就是我们通常所说的声情并茂。要达到这种声音表达效果，需要培训师做好以下两点。

首先，讲师要对整个课程的内容非常熟悉，每张PPT如何讲解要提前写在备注页上，在设计时要加入一些技巧。其次，讲师要认同所讲的内容，对所讲的内容赋予丰富的情感。

在为一家银行的内训师(他们都是银行产品设计部的，他们接下来的工作是给银行的销售团队介绍银行产品)做培训时，我设置了一个演练环节，让内训师逐个登台训练，但是总感觉内训师讲课不在状态。后来他们说，银行产品同质化很严重，所谓的产品优点与卖点，其他行也有，差异化不大。我明显感觉到他们对自己的产品没有信心。下午，刚好有一位缺席的内训师回来了，培训负责人告诉我，这是他们银行讲课讲得最好的老师，我迫切地想知道他是怎么讲的，因此也让他登台进行演练。他的内容设计得还不错，但重点不在这，我观察到一个细节，这位内训师在讲授他们的产品卖点时，他脖子的筋非常明显地凸起来了，后来我问他："大家都说你们行的产品同质化很严重，你是怎么看的？"没想到这位内训师连忙摆手说："老师，您错了，我们行的产品真好，真的很好，我可以给您罗列我们客户的反馈情况。"然后又开始非常投入地给我们讲解。那一刻，我和全场的学习者，都被他声情并茂的演讲，还有对自己产品的那种足够的自信所感染了。

从这个例子我们可以看出，富有情感的表达对讲师提出了很高的要求，不仅要做到对内容烂熟于胸，表情、声音、手势的运用都要相得益彰，最重要的是要投入自己真正的情感，这样学习者才能感受到你的情感。

第三节
定策略：用团队学习带动个人学习

在课堂中分组建立团队，在开展的过程中进行破冰、小组讨论等教学活动，这些都是课堂团队学习中的"形"，开展"形"的工作很容易，而把团队学习落到实处却很难，即把握课堂团队学习的"魂"很难！

团队学习注重的是团队精神和团队的愿景目标，在团队学习的过程中应设法提升团队成员之间的默契程度，建立良好的学习伙伴关系，促进团队中每个成员的学习效率，产生团队智慧和团队成果，促进个人和组织的共同成长。个人学习和团队学习相辅相成，各种形式的学习活动能直接实现团队学习的效果，如专题性研究学习小组活动、行动学习项目小组活动以及跨专业的学习型社团活动等，都是围绕实践开展学习，使学习者从独立的个体学习变成更关注组织目标的团队学习。

·········· 一、团队学习的正确认知 ··········

课堂培训中的学习与实践中开展学习活动有很大差异，课堂培训对培训对象个人能力提升毋庸置疑，但对组织的发展却只是起到间接的作用。因此，计课堂的学习成为促进个人和组织共同成长的团队学习，不仅需要在课堂开展"团队建设"，还需要从组织和个人的成长的角度慎重考虑以下几个方面的问题。

1 课堂中团队学习需要以共同的"问题"作为方向，课程目标应与组织的业务目标相一致

在一些培训课堂上，组织者为了让更多的学习者学到知识，常要求与课程无关的人也来听课，这种做法对相对专业的培训来说是一件劳而无功的事情。为了聚焦组织发展目标，我们开展培训时必须对参加课程的对象有严格的界定，在其工作具有基本的"共性特征"的前提下，保证课程内容和其开展的业务工作有密切关系。换句话来说，培训应以解决共同业务发展问题为目的，而不是为了以满足与工作任务不相关的学习者的个人学习需求。从另一个角度讲，如果课程不相关的人员来参加学习，无形中也增加了课堂管理和学习引导的难度，影响课堂的学习效果。

另外，一些课程设计者为了满足"广大受训者"的需求，把海量的知识"堆砌"到课程上，使课程成了"知识丰富"的"大杂烩"，收效甚微。因此，课程内容的开设需要聚焦特定培训对象的共同业务目标。

2 课堂中团队学习不仅仅就是形式

一谈到团队学习我们会更多地关注到它的形式，如组建团队、小组讨论(或分享)、案例讨论等。然而仅仅具备了"形式，"这些是远远不够的，团队学习强调的是学习者之间的互相帮助。培训师在开展教学过程中不光要解决团队学习的"形式"问题，还需要解决学习者之间的"协作"问题。

3 课堂中团队学习效果不光取决于学习者自身的投入，还取决于团队智慧的产出

在个体学习中学习者可以凭着自己的经验和独特的学习方式达成学习目标，

但在交互式的团队学习过程中，要求学习者寻求学习伙伴共同探讨和解决遇到的问题。这种学习的交互不仅包括学习者与讲师之间，也包括学习者与学习者之间；不仅是是学习信息的交流和研讨，更重要的是思想的"碰撞"，甚至是性格的"磨合"，相互取长补短，促进学习者对知识的理解和接受，提升实际解决问题的能力。因此，培训课程学习者获取知识与技能的过程不仅是学习者自身投入的过程，同时也是一个与更多"经验者"交互学习的过程，学习效果取决于团队智慧的产出。

综上所述，正确的团队学习方式应该具有以下特征。

首先，课堂中团队学习是一个集体性的学习，应该围绕这个特定集体的共性问题，在学习和解决问题的过程中，学习者之间互相交流、共同进步，有针对性地提升学习者个人的知识、态度和技能。

其次，课堂中团队学习更关注个体与团队的协作学习，课堂中不仅要开展高水平的团队学习活动，还需要从组织理论和管理科学出发，结合社会学、心理学、教育学、行为科学等促进团队成员共同学习。

最后，课堂中的团队学习成果是个体学习与团队学习的共同成果，最终能产生组织智慧。

课堂的团队教学应遵循"围绕目标、引发欲望、营造氛围、开展活动"的基本过程，从"重形"走向"重神"。

二、制定与组织和个人都相关的课程目标

如果课堂上的每个学习者的需求都没有共性，那团队学习开展就非常有困难。因此，课前讲师除了需要了解和确认学员的信息外，还需要找出他们共同关心的问题，围绕组织需要制定个人感兴趣的课程目标。

1 从组织的业务目标到课程目标

组织的业务目标指的是培训对象在工作中所达到的工作要求，如需要完成的业务量和标准、实施效果等。课程目标就是通过提升培训对象的知识、态度和技能，从而促进这些业务目标的达成。课程内容即学习者完成业务目标过程中需要补充的知识、改变的态度和掌握的技能。

培训对象不能差别太大，因为差别太大会加大聚焦培训目标的难度。因此在确定培训对象时，要考虑对象的"共同特征"。若培训对象的差别太大，会增加聚焦课程目标的难度(各工作岗位的业务目标和工作内容不尽相同)。课程设计和开发时，

培训师应对课程对象进行划分和界定，把"工作任务基本相同"的人员确定为课程对象，让课程目标与课程对象直接相关。

培训师不应只在课程设计上努力，还需要与培训组织者充分沟通，确保课程"适合"对象，确保课程对参加的对象有益，对推动组织的发展有益。

2 根据工作任务确定课程目标

参加培训的对象自身的需求各异，但是他们的工作任务具有相通性，课程目标的制定要准确理解学习者的工作任务。

课程设计根据工作任务确定课程目标的过程是一个分析问题和解决问题的过程。分析问题的成功与否取决于课程开发者对培训对象"业务"的了解。解决问题实际上是提出了一个"培训的解决方案"，即界定课程内容的基本范围，从而确定课程的目标。这个"培训的解决方案"是否完备取决于课程开发者知识信息的储备。当然这里的"培训解决方案"只是解决学习者应知、应会的问题，要想彻底解决工作问题(业务问题)还需要其他方案的配合，如流程改造、激励机制等，具体应视情况而定。

根据工作任务确定课程目标的分析过程如表3.1所示。

表3.1　根据工作任务确定课程目标

分析问题(与培训的主题相关，且是个体表现出来的问题)		业务中的各种表现(具体的行为、事例、场景等)	哪些培训内容有助问题的解决(学习者需要改变什么态度？需要学会什么知识？需要掌握什么技能？)	课堂中学习的程度和要求
罗列培训对象工作中的具体问题	环境竞争带来的个人问题			
	不能满足公司战略发展需要和领导要求			
	不能胜任岗位的现状			

完成有效课程目标的设定是课程设计的基本要求，本书在第一章对课题的分析和目标设定内容中已经做了详细的论述。之所以在团队学习中再次提起，是为了引起讲师的特别关注，因为根据一个群体的共同特征和共同业务需要来设定课程目标，不仅对教学任务有指导作用，还能提升学习者的关注度和学习兴趣。对于团队学习而言，共同的方向也为促进组织的发展奠定了基础。

⠿⠿⠿⠿ 三、三步促进学习者的投入和协作 ⠿⠿⠿⠿

要解决学习者的投入和协作学习问题，必须让课堂培训的过程贯穿团队协作过程，产生更多团队智慧。

教学过程中有很多教学方法，大多数讲师在选择教学方法时都是从学习者对知识的接受和掌握方面考虑，如在技能教学时一般选择课堂演练等方法，便于学习者操作。但在课堂上如果学习者的情绪有波动，期望有落差，甚至学习者一直都把自己置身学习之外，就很难确保学习者会主动参与，一些教学方法的课堂运用就会有相当的难度。因此，在选择教学方法时我们除了要考虑方法与内容的匹配外，还要考虑学习者的课堂参与意愿，这就涉及学习团队的建设。

课堂中学习者在一起学习，是一个临时的学习团队。课堂中学习团队的建设有一个周期，每个阶段学习者投入的状态都存在不同，从而影响学习的效果。也就是说，学习者不可能一下子适应教学过程和各种学习方式，一开始就要求学习者投入也是不现实的。要想让学习者投入团队学习中，我们需要把团队建设过程融合到教学过程中，和教学任务中的各种教学方法相互匹配。

学习团队的建设可依从以下步骤进行：接纳→交互→决策(解决问题)→开放(见图3.3)，每个步骤的团队建设可以使用不同的教学方法。需要说明的是，这些步骤不仅用于课程的开始阶段，而是需要贯穿整个教学过程，并和课堂中的教学方法无缝衔接。通常，我们在课程的前半段更多考虑队员之间的接纳和交互，在课程的后半段更多鼓励学习者去做些难度更大的决策并尝试解决问题。

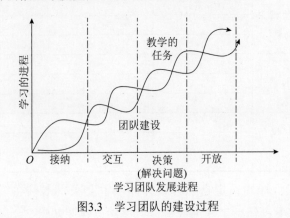

图3.3 学习团队的建设过程

🔢 接纳是团队学习的基础

人是社会性的动物，在成长的过程中为了保护自己，常用"不轻易接纳"来作为防御的武器。同样在新组建的团队中，成员(包括讲师)也不轻易向陌生人敞开心扉。课程一开始要设法消除学习者的怀疑、不安，甚至厌倦，这有利于团队学习的顺利开展。课程的前四分之一时间可以围绕"接纳"做文章，"接纳"的实现途径主要有两种。

1) 建立彼此的信任感是接纳的首要条件

成员之间的信任关系包括讲师与学习者之间，也包括学习者与学习者之间。课程开场的"自我介绍""破冰""建立学习小组""团队建设"和讲师的肢体、表情、眼神等都能帮助建立信任关系，团队成员之间信任感的建立持续在课程前段教学的方方面面。做好以下几件事能够帮助讲师建立团队的信任关系。

(1) 把讲师"脆弱"的一面表现出来。把"脆弱"表现出来不是刻意去博得学习者的同情，而是在一开始的授课内容中加入与课程相关的"糟糕的经历"，以此引起学习者的共鸣。教学中自我经验的分享必不可少，讲师应在课前做足功课，围绕课程内容(特别是前段的内容)挖掘自我的直接经验和间接经验。比如一些老师在给出答案前，往往会提出自己碰到的难题，然后叙述解决的过程，最后导出结论。课堂上表现自我"脆弱"形式有很多，不能做得刻意和别扭，要让学习者在讲师的"脆弱展示"中有感同身受的启发。有必要时我们也可以鼓励学习者互相分享，需要注意的是不要涉及他人的隐私。

(2) 不要让学习者感到不安全。尽管我们鼓励学员分享，但大多数人都不愿意将自己的"脆弱或糟糕"的一面轻易暴露在大众面前。讲师具有亲和力和幽默感的互动可以使学习者放松下来。在课程的前段时间里，需要把握与学习者互动的尺度。一是降低提问的难度。我们一般不建议在这个阶段提出一些很有难度的问题，如概念、工作原理等，除非是学习者很熟悉的内容。可以提一些开放式问题，或与生活和工作相关(学习者可以尝试去做)的问题。二是多采用"私下"分享的方式建议运用组内分享、两人分享或"自我分享"的方法。如果在课程开始阶段让学习者单独在大课堂作答和分享，会给学习者造成很大压力，就会让学习者感到不适，没有安全感。若确有必要采用大课堂分享，应具备学习者先前已熟识或回答者自愿分享或回答者具有良好心态的前提。

(3) 在学习中巧妙设置相互了解的空间。自我介绍能够促进学习者相互了解，学习过程中学习者也会增进了解，但这些是远远不够的。讲师可在教学中穿插一些有利于相互了解的环节，比如在两人分享找搭档时，给予学习者找搭档的条件：找一个与你"爱好"较接近的学习者搭档。这类方法可以有意识地促进学习者更快熟悉和放松。

2) 教学内容与学习者之间的联系是接纳的前提条件

人们会特别关注与自己利益相关的事物,学习者对课程内容的期待也是如此。要想建立教学内容和学习者的联系,讲师除了要在设计课程时对学习者进行准确的分析,授课过程中的表现形式同样重要。

(1) 课程开始时先导入焦点问题。课程的内容是否与学习者有关、是否与组织有关,直接关系到学习者的投入度。为了引起学习者的共鸣和兴趣,在课程导入中直接引入学习者关心的问题或挑战(见图3.4),形成共识。

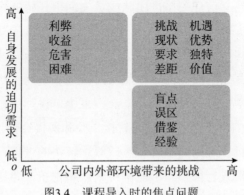

图3.4 课程导入时的焦点问题

课程的导入要给学习者传递一个信息:为什么今天的课程这么重要。接着下来告诉学习者,我们能得到什么,即课程的收益和目标。

(2) 课程目标就是旗帜。课程的目标就是学习者在课堂中能学到什么。在课程开始前和学习者一起明确课程的目标,提示学习者课程目标需要我们一起去实现,这样有利于管理学习者的期望值和激发学习者的学习动力。课程目标是课程设计时就提炼出来的,要确保具备以下要素。

- 对实际工作有意义;
- 学习者学习后表现出的行为应可观察、可验证;
- 有具体程度的描述和标准;
- 对于教学条件(环境、设备、时间等)来说合理。

② 团队的协作学习过程从交互的过程开始

1) 课程越深入越要注重学习者的交互形式

随着团队学习及课程的深入,学习者交互的频次要逐渐加强,让信息的传递从单向双向、多向发展,可根据教学内容采用头脑风暴和小组讨论等方法。这个阶段以获得大量的信息为目的,让学习者形成参与的"习惯"。

2) 课程越深入越要关注学习者的"贡献程度"

这里的贡献程度指的是学员在课堂中提供的信息的多少。这就意味着我们不光要调动学员思考，还要想办法让他们说出来。但有的学习者缺乏参与意识，为了调动其积极性，激发其学习动力，讲师常采用多样的教学形式。

- 让学习者去调动学习者：让学习者去寻找学习伙伴分享；
- 非指向性点名：自愿或每个组选派一名学习者；
- 轮转或分工：学习者轮转分享或由特定学习者来协助；
- 共创：让每个学习者提供等量的信息。

❸ 决策才算参与

在之前的团队学习过程中，学习者由开始阶段的打破相互戒备到敞开心扉地交互学习。接下来，课程升级到探究的阶段。这个阶段，我们特别鼓励学习者在热烈、公开的辩论中表达自己的意见，在激烈的思想交锋后做出共同的决策。让学习者通过争论达成"共识"，引导学习者用"高标准"对待同事和自己，甚至让学习者有机会指出彼此的"问题"。这是因为必要的争论能带着团队成员真正投入学习。此时讲师既是问题制造者，又是问题调和者，鼓励学习者去完成大多数工作。

1) 让小组去解决问题

这个阶段讲师常运用相互点评、问题决议、案例决策等教学方式，让学习者解决具有挑战和体现冲突的问题。这个阶段课堂产生的"争议"和"质疑"最多，对讲师的场面控制能力要求较高。讲师在每次活动前必须制定有效的规则，确保把"选择权"交给学习者的同时，"控制权"牢牢抓在自己手上。

2) 让小组达成共识，避免应付式的团队讨论

决策的难度应适中，太低或太高，都会造成学习者学习动力下降，如图3.5所示。

一旦学习者的学习动力下降，就容易出现"冷场"，甚至使整个团队学习的氛围和过程受影响。让学习者去做决策活动的教学方法很多，每个方法的设计和教学流程不尽相同，但基本的控制场面要求大同小异，做好以下几个方面能避免应付式团队讨论。

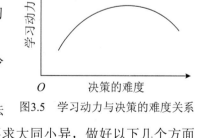

图3.5 学习动力与决策的难度关系

- 讨论的问题围绕工作应用，取材于工作实际，可操作性强；
- 活动开展前明确小组任务目标，讲清规则；
- 让团队成员分享更多的经验；

- 让学习者"放松"下来，甚至鼓励学习者离开自己的座位，与其他学习者进行交流；
- 做好过程控制，关注个体的情绪，必要时适当"介入"；
- 关注团队的成果，避免相互推诿，拒绝"独裁"团队的"民意代表"；
- 考虑团队成果的展示方式，让大家共享团队成果。

决策是一个团队深度协作、学习者投入学习的一个过程，讲师要给予团队更多的鼓励，让学习者把更多的注意力放到团队的成果上。

循序渐进地管理和引导，可以帮助学习者真心地加入学习中来，使学习效果最大化，实现培训目标的同时促进组织业务目标的实现。最后，课程开发者要把课堂团队建设各阶段的方法巧妙融入教学过程中，逐步实现团队学习最佳效果。

第四节
重开场：从一开始就懂管理学习者

拥有好的课程开场，课程就成功了一半。好的开场能生动地介绍培训主题，激发学习者的兴趣，让学习者更好地投入课程中。然而在实际操作中很多讲师在课程开场时大做文章，喧宾夺主，耗时费力又达不到理想的效果。

一、开场的误区

课程开场的问题主要集中在以下几个问题上。

1 盲目注重形式，忽略功能

"形式"是开场设计中不可缺少的部分，一个单调的开场会让学习者感到乏味，讲师自身的状态也得不到调整。但任何形式都要服从于内容，开场形式可以丰富多彩，以下"功能"却不能忽略：①能否做好学习者管理？②能否调整自己的状态？③能否建立学习者与内容的连接？

2 过分关注感性体验，忽略对学习的理性思考

开场的目的是让课程能有效地进行，最终让知识有效传递。人们接受一个事物

容易从感性开始，但人们真正理解事物的本质却需要理性的思考。课程开场时运用故事、案例、游戏等多样的形式能很快抓住学习者的眼球，但需要引导学习者对事物的本质和规律进行探索。

3 信息泛滥，指向模糊

开场要完成的任务有很多，包括引起学习者兴趣、介绍主题、管理学习者的状态等。这些任务很难通过一个环节全部实现，因此我们必须理解各个环节之间的关系。否则，在开场部分输入大量的信息，会让学习者注意力分散，影响学习者对课程内容的理解。

一个好的课程开场必须解决以下几个基本问题。

- 吸引学习者的注意；
- 引发学习者的兴趣；
- 介绍课程的价值；
- 介绍课程的安排。

讲师按照这个基本思路来设计开场流程，并在课程操作过程中考虑学习者的真实反应，避免引起学习者误解或伤害学习者自尊心。将学习者的注意力逐渐从"场外"带到"场内"，从"场内"引导到"课堂内容"的学习，学员才更容易进入投入状态。如果学员的注意力在学习之外的其他事情上，培训课程就不能有效开展。比如，讲师本想在开场表示出谦虚和礼貌，但学习者可能更加注意你的紧张、缺点及失误等。因此，我们在明确了开场的形式、步骤后，还必须关注学习者的情绪。

·········· 二、学习者情绪调节四步 ··········

如果学习者感到无聊、疲惫，甚至表现出冷漠、被动等状态，那么这场培训就是讲师噩梦的开始；如果学习者在课堂中觉得压力过大、不安、恐惧，甚至过度兴奋，那他的注意力也很难集中在课堂学习上，要么"逃离"，要么出现"学习焦点偏离"。讲师需要关注学习者的情绪，学习者情绪调节方法如图3.6所示。

图3.6 学习者情绪调节四步

(1) 放松戒备。放松应首先从讲师自身做起，包括开场的语言和自我形象。其次，要让大家有交流的机会，特别是小范围的交流会更佳。

(2) 引发兴趣。兴趣往往与开场的形式和开场白的内容有关系。

(3) 建立自信。一方面不能开场就给学习者造成过大的压力，另一方面需要为学习者建立一个可衡量、可达到的学习目标，当然也离不开讲师的鼓励。

(4) 清晰行动。一般在课程开始前要详细介绍课程的安排，要明确任务和"规则"。

三、从感性到理性的原则

在课程开场的整个过程中，为了让学习者有更高的接受度，在形式和内容设计上应保持先感性后理性的原则，做好感性与理性的有机结合。

(1) 在放松戒备的阶段，主要的任务是建立人和人之间的关系，因此使用感性的语言和放松的方式较为合适。

(2) 在引发兴趣的阶段，应通过"现象"的描述加深学习者对工作"现场"的感性认识，从而达到激发学习者学习兴趣的效果。

(3) 到了建立信心的阶段，讲师除了要"感性"地激励大家学习外，还需要指出学习的目标以及可行性，最后引导大家理性思考。

在课程设计中，感性的内容，多与蕴含丰富情感的图像、故事、活动、音乐等有关；而理性的内容，一般与科学缜密的逻辑思维有关。

四、强化记忆的策略

培训的基本目的是让学习者对知识产生记忆。课程一开始，学习者会对老师产生第一印象，也会对所学内容产生第一印象，而保持深刻的"印象"却不易。德国心理学家艾宾浩斯的研究表明，学习之后的最初时段，记忆保留率最高，但遗忘速度也是最快的。从记忆的角度来看，培训的开场需要做好以下工作。

1 将开场内容规划在一定的范围内，避免过于分散

人的大脑一次记不住过多的内容，即使一时记住了也容易遗忘。这就要求开场部分不要涉及太多的内容。例如，问好和自我介绍后快速导入主题，其中自我介绍不可太长，主题应鲜明，避免出现与主题无关的信息。

2 让内容与学员建立联系

开场的时候要说明课程与学习者的关系，强调课程的价值，引发学习者的学习兴趣。同时，应讲清课程收益及目标。

3 说明课程结构

开场中要详细介绍课程内容的框架和结构安排，让学习者有所了解。

学习者的记忆与很多因素有关，讲师除了开场时做好内容规划外，还需要在授课过程中注意内容的教学以及学习者的学习状态；在课程结束的时候应尝试加深学习者对知识的记忆，例如采用设问的方法进行回顾、利用交互式的活动来巩固学习成果、鼓励学习者实践等。

五、开场注意力管理

"注意力"被称为学习心灵的门户。人们只有先注意到一定的事物，才有可能进一步去观察、思考和记忆。在培训过程中注意力被很多因素所干扰。在开场，讲师需要帮助学习者克服诸多的注意力障碍，让学习者把精力集中到课程上来。

1 力求"教"与"学"同步

有研究表明，讲师和学习者的注意力存在差异。培训开始及结束时是学习者注意力的两个高峰期，但讲师在开始和结束时的专注力却比较低。因此，在课程开始之前讲师需要调整自己的状态，迅速进入角色。在课程当中，讲师需要更多关注学习者的反应。在课程快要结束时讲师要警惕授课的疲劳，充分做好课程结尾的各项工作。

在课程的开始和结束阶段，当学习者注意力在高峰状态时，讲师要利用这两段黄金时间，提炼课程的精华。

2 加强课程开场学习者的注意力管理

- 开场的时候注意管理学习者的"注意力焦点"，需要遵循"全场一个焦点"的原则。当学习者进入课堂时，迅速把学习者的注意力焦点集中到课堂上来；讲师做自我介绍时，把学习者的注意力焦点集中到讲师身上；在导入课程的环节让学习者的注意力焦点集中在内容上；在课程目标和课程安排环节，把学习者的注意力焦点集中在如何学习上；在授课的过程中可以用强调课程重点等方法聚焦学习者的注意力。
- 开场时可设立"奖惩机制"，有时"惩罚"也能收到良好的效果。

- 课程的安排应"放"在学习者的脑中。
- 开场时利用积极的语言对学习者的兴趣进行引导，也是注意力管理的一种手段。
- 可以利用团队的力量，让学习者自己来管理自己。

③ 设计悬念，引发探索

注意力往往离不开好奇心。开场部分，讲师需要设计悬念，引起学习者的好奇心。在主题导入、课程安排等环节，可以适当地提出问题，引发学员探索,让学习者期待课程的主体内容带来的"答案"。

·········· 六、培训的开场步骤与练习要点 ··········

培训开场分成五个步骤，每个步骤的练习要点如表3.2所示。

表3.2 培训开场步骤及练习要点

目标	开场的流程	练习的关键控制点和要求
1. 将学习者的注意力集中到你的话题上来 2. 制造冲击力，使学习者兴奋起来 3. 建立你的正面形象，控制住场面 4. 介绍课程主题 5. 使学习者感到舒适放松 6. 引起学习者的好奇心、制造积极的气氛 7. 开场的时间不要超过总时间5%～10%	第一步：问好、介绍 1. 开场问好 2. 介绍姓名 3. 简历背景中的亮点介绍 4. 开篇点题	1.空台登场，能让学习者迅速安静下来 2. 对能和学习者一起学习表示感谢，并点题 3. 声音洪亮 4. 介绍与主题或内容相关的从业经历和教育经历 5. 避免自夸式、幼稚式、庸俗式开场(如：一上来就开玩笑、过分"谦虚"、 将学习者的期望值设得太高、读PPT内容等)
	第二步：开场白 1. 激发学习者的兴趣，阐述相关的收益 2. 导入主题	1.制造悬念，选择新颖的开场形式，如提问法、阐述现象法、讲故事法、游戏法等 2. 提出核心问题，导入主题
	第三步：分组或破冰	1.全员动起来，气氛活跃，能让学习者放松 2. 谈课程期望或工作中遇到的难题，引导学习者进入学习状态
	第四步：学习者的期望值管理 1. 定位学习者 2. 讲述课程目标 3. 课程规则	1.定位学习者的角色，引导学习者思考，以开放的心态参加学习 2. 介绍课程的特点、适合范围及价值 3. 讲述课程的目标 4. 与学习者共同约定课堂注意事项
	第五步：介绍课程结构和章节内容	1.课程的整体时间安排介绍 2. 每章节主题新颖，整体逻辑结构系统、清晰、紧密 3. 能让学习者明白下面要讲的内容并产生兴趣 4. 过渡自然

总之，只有遵循正确的开场步骤，做好充分的准备和不断练习，才能避免"为了开场而开场"的尴尬局面。优秀的开场将使培训课程更加精彩。

七、课程导入的10个方法

课程导入作为开场的重要环节，需要精心设计。课程导入有很多方法，下面重点介绍常用的10个方法。

1 概念导入法

定义：通过一个与主题相关的概念导入，这个概念可以直接取自主题本身，也可以和主题相关联或者是容易混淆的其他概念，最终的目的是为了直奔主题，开宗明义。

例如，某烟草行业的一位培训师，讲授专业课程"卷烟感官评吸"时，开场就运用了概念导入法，直接选择主题中的关键概念导入："欢迎大家来参加'卷烟感官评吸'这门课程，大家知道评吸是什么意思，那它跟我们通常认知的吸烟有什么区别？"通过专业概念的导入，一下子就抓住了学习者的注意力，起到了很好的课程效果。

注意事项：

- 所选择的概念相对现场学习者要有一定难度，如容易混淆、一知半解等，这样学习效果会更好；
- 所选择的概念与主题高度关联；
- 概念最后要有权威及清晰的答案。

2 故事导入法

定义：通过一个故事来导入主题，这个故事可以是发生在自己或者他人身上的真实事件，也可以是一个寓言故事，形式可以多样化，通过故事的启示来引出课程的中心思想。

例如，某银行培训师在讲授"会计凭证书写填制风险与防控"课程时，就很好地运用了故事导入法。这位讲师先用了一个轻松幽默的小故事开场：

有一天，小男孩坤坤考试得了18分，很伤心，又怕被家长批评，非常沮丧地走在回家的路上，碰到了一位女同学小丁，小丁在了解情况后给坤坤支招儿，让他把"18"改为"98"，坤坤备受启发，决定接受小丁的主意。回家后坤坤改好分数，没多久，老爸果然问起分数的事情，坤坤非常自信地将改好的分数往爸爸面前一放，没想到爸爸的脸一沉，挥起手掌在坤坤屁股上一顿毒打，这时候妈妈跑过来，说："你怎么又打孩子呢？"坤坤自己也很委屈："对呀，我都考98分了，他还打我。"没想到爸爸气急败坏地将改好的分数往妈妈面前一放，妈妈也傻眼了，因为他们的宝贝儿子，根本就不是把"1"改成"9"，而是改成"九"了，所以，书写不正确是多么可怕的事情。故事讲到这，相信很多学习者都会哈哈一笑，但在笑过之后，作为银行柜员的我们，会有什么启发呢？如果我们在会计凭证的书写上也这么不规范、不正确，那就不仅仅是被打屁股这么简单，可能会给银行和个人造成巨大的经济损失，因此我们要重视会计凭证的书写。今天，让我们共同学习课程"会计凭证书写填制风险及防控"。

注意事项：
- 所选择的故事最好有一定的新意，不是老生常谈；
- 一个故事的角度有很多，重点在故事后的启示，培训师需要提炼并紧扣主题；
- 故事是否精彩，15%靠内容，85%靠演绎，培训师一定要注意表情、语音、语调的变化，还可以适当加入一些肢体动作，做到声情并茂；
- 故事在精不在多，这里的"多"是指内容不能太多，最好控制在3～5分钟。

③ 视频导入法

定义：播放一段视听材料，给学习者以更直观的场景体验，并通过观看引起学习者共鸣的导入方法。视听材料可以是学习者实际工作或生活中的真实录像，也可以截取影视作品中的部分内容。

例如，某通信公司的培训师为营业厅服务人员讲授"有效识别柜台客户的技巧"课程。在课程开始之前，培训师先播放了一段视频，节选自古天乐主演的一部电影《保持通话》。其中有一个电影片段是古天乐的手机突然失灵了，但是又必须与剧情中的劫匪保持密切通话，在这种两难的局面下，他冲进一个手机营业厅请求购买一台手机，当时古天乐的状态是非常急躁不安的，但是销售人员(王祖蓝扮演)依然不紧不慢地推荐不同手机的功能、款式、型号，戏剧性的是当古天乐最后选择了一款，王祖蓝却说已经没货了，视频片段让人欲哭无泪。接下来，培训师结束播放，并分析这段视频给大家带来的启示："每天在柜台上我们都要接触形形色色的人，每个顾客的需求和状态都不同，如何通过有效观察快速把握客户的需求并提供优质服务，是每位柜台人员需要练就的技能。因此，今天的课程就从学习'有效识别柜台客户的技巧'开始。"

注意事项：

- 所选择视频的质量要好，画面、声音清晰；
- 视频时间不能太长，一般控制在3～5分钟；
- 在播放前最好做一些背景铺垫，或让学习者带着问题去看，或向学习者说明观看重点，避免学习者在观看过程中偏离培训目的；
- 选择与学习者相关的真实工作或生活场景视频时，要考虑受众的接受程度，还要考虑一些不好的现场和行为对视频中当事人的名誉是否有影响。

4 问题导入法

定义：通过设计一个或几个与主题相关的问题，在课程开场抛出以引发学习者互动和思考的导入方法。

例如，某生产制造型企业的一名培训师给中层管理人员讲授"运营管理"的课程。在课程开始的时候，培训师先抛出一个问题："各位学习者，我想问大家一个问题，事业的大小取决于你掌握资源的多少，这句话对还是错呢？请谈谈你的观点。"接下来，很多学习者都踊跃分享了自己的看法，接下来，培训师总结了大家的观点，得出了结论：事业的大小取决于对资源的运营管理能力。当然，培训师也运用了实例来论证了这个结论的有效性，从而导出了这次培训的主题"运营管理"。

注意事项：

- 提问难度不能太大，毕竟是在开场阶段，学习者的状态还未调整好，问题太难容易冷场，起不到互动效果；
- 提问的范围不能太大，不能让学习者无所适从，不知道从哪个角度来回答，也不利于培训师回归到主题思想；
- 在课程开发阶段，预估学习者可能的回答，并对不同的答案进行归类并准备好回应方式，以免冷场后不知所措；
- 无论学习者的答案正确与否，都需要在开场阶段给予一定的鼓励，营造开放的沟通氛围，为接下来的课程交流做铺垫。

5 事件导入法

定义：通过新闻媒体上报道的热点事件，或者企业、行业里发生的大家熟知的典型事件进行主题导入的方法。事件导入法能引起大家的兴趣。

例如，某电力公司培训师为车间组装技术员讲授"电力金具组装原理及技术升级"的课程。课程之初，大家看了一系列雪灾图片，这是大家记忆犹新的2008年南方雪灾，图片中电力设备受损严重、一座座电力铁塔倒在雪地里、大面积供电受阻。他谈到了当时公司上下连夜奋战，快速反应并解决了问题，并获得了相关部门的嘉奖。培训师又从另外一个角度引发大家思考，这些电力铁塔会这么容易被压垮，除了自然灾害等不可抗力之外，从专业的角度来思考，金具组装的科学性和抗压力是否对其有影响？接下来培训师说："因此，此次课程就从'电力金具组装原理及技术升级'开始并作进一步探讨。"

注意事项：

- 事件具有典型性，并且是已经发生的真实事件；
- 对热点事件的讲解不能耗费太多的时间，一两句话概括或者简要回顾经过，应该把事件带给人们的启示作为重点；
- 学习者会对事件主题有不同理解，培训师在运用时侧重直接展示自我观点，不宜花太多时间让学习者进行现场分享。

6 演示导入法

定义：借助道具或实物进行现场演示来展示某项技能或说明某个观点的导入方法。演示导入法能够增加临场感和生动性，便于学习者接受。

例如，某服装生产企业的安防部培训师为车间工作人员讲授"如何开展车间安全用电"的课程。课程之初，培训师在桌面上展示了一个插电板，并且拿出一支试电笔往插孔中一放，试电笔的灯是亮的，证明是通电状态。接下来培训师问学习者："你们谁敢把手指放进这个通电的插孔里？"现场学习者一脸恐惧，纷纷摇头。培训师非常勇敢地把自己的食指插到了插孔里，并没有触电，学习者们都非常惊讶。培训师马上言归正传："正如大家所看，你们都不敢而我敢，原因是什么？"学习者有的说培训师的插座根本没有通电，有的说培训师有特异功能，有的说培训师采取了绝缘保护措施，最后培训师亮出了答案，那就是他穿了绝缘鞋，所以没有触电。正当学习者恍然大悟之时，培训师总结说："通过这个小小的演示，我想和大家分享一个观点。我们都说电很可怕，其实不懂得用电的常识才是最可怕的。今天，就给大家分享一个专业课程'如何开展车间安全用电'，让我们懂得安全用电常识，保护生命，保证生产。"

又如，某银行培训师为柜员讲授"扇面点钞技术"，这是一个专业性和操作性很强的课程，而培训师是点钞区域比赛冠军。在课程开始的时候，培训师拿出一沓练功券问学习者："这里有100张练功券，一般你们打开扇面需要多长时间？有哪位学习者愿意上来尝试一下？"有一位学习者说他可以用5秒打开，并且走到讲台上进行演示，结果用了7秒的时间，成绩也算不错。接下来培训师非常自信地说："好，这位学习者做得非常不错，现在企业都追求高效率，是否可以更快一点呢？接下来我给大家演示一下。"培训师同样拿起一沓100张的练功券，一手(1～2秒)非常均匀地打开扇面，现场立即响起了热烈的掌声，接下来培训师说："一手打开扇面并不难，你也可以，当然你需要掌握关键的诀窍。今天的课程'扇面点钞技术'将带着大家一起来学习，你也能够成为扇面点钞高手。"

注意事项：

- 演示中涉及的道具或操作，在培训前要做充分准备或预演；
- 通过演示要传递哪些观点或技能，培训师在演示过程中要展现到位，展示结束要及时总结，避免学习者看了热闹，忘了根本；
- 用演示导入展示某项技能时，培训师应对该项技能非常熟练并且高于现场学习者技术水平。

7 游戏导入法

定义：通过一个小游戏，以轻松有趣的方式带领学习者参与和体验，并通过游戏的结果联系主题，让学习者放松之余印象深刻，快速领悟主题思想的导入方法。

例如，某石油公司培训师为班组长讲授"团队的协作与共赢"课程。在课程开之初，他带领大家一起玩了一个小游戏。他让所有学习者都抬起双手握紧拳头，让每个人的左右拳头相对击打，并问大家："当你们两个拳头相对击打是什么感觉？"大家都异口同声地说："痛！"然后培训师让大家击打得更用力一些，很显然感觉就更痛了，接下来培训师启发大家："既然大家都感觉到很痛，如果需要继续击打，有什么方法可以没那么痛呢？我们尝试把其中一个拳头打开，是不是感觉会好一点？"接下来学习者纷纷听从培训师的建议，把其中一个拳头换成手掌，很显然疼痛感消失了很多。"如果把另外一个拳头也打开，会是什么感觉呢？"培训师继续引导并示范，大家纷纷效仿并异口同声地说："不痛啦！"培训师微笑地示意大家停止击掌，进行总结："是的，当我们把拳变成掌后，痛感瞬间消失，而且还发出了非常和谐有力的掌声，这是多么动听的声音。我想通过这个小游戏给大家分享一个道理，其实人与人之间的合作并没有那么难，当双方拳头相向的时候，得到的是双输的结果，当我们尝试把心打开，将迎来共赢的局面。所以，今天我们就共同来探讨这样一个如何与他人合作的课程——团队协作与共赢。"

注意事项：

- 用游戏作开场导入时耗费时间不能太长，一般不超10分钟，5分钟为最佳，否则就会喧宾夺主，学习者容易陷入游戏而忽略培训主题；
- 一般建议全体参与，如果选择部分人员参与最好能够将其邀请到讲台上，尽量锁住所有人的注意力；
- 用游戏来导入主题的目的是为内容服务，与开场破冰游戏不同，破冰游戏目的在于打开学习者之间的隔阂，让气氛更加融洽；
- 一般游戏体验后的启发是多角度的，培训师要善于抓住一个角度并联系主题；
- 尽量保证游戏操作的简易性，可以适当加入激励提高游戏的竞技性；
- 运动量不要太大，操作比较简单而且时间不长(3～5分钟为宜)。

8 引言导入法

定义： 通过引用名人或权威人士曾经说过的话或大家耳熟能详的俗语或古语，以此来引起大家的共鸣，达到主题导入效果的方法。

例如，某银行培训师针对客户经理讲授"社区银行营销战略制订"的课程时，在课程开始就引用了他们董事长在某次经营会议上说过的一句话："如果说我们行未来还有出路的话，那么就在于社区银行的建设！"当时培训师还把这句话展示在PPT上，旁边配上董事长开会的照片，增加了课题的重要性和权威性。

注意事项：

- 引言的出处要准确，具有真实性，要了解此话的背景，如时间、地点、人物、事件等，增加引言的权威性；

- 培训师不仅仅要念出引言，还需要适当的解释，并且与主题联系起来；
- 引言可以是一个，也可以是多个(最好不超过三个)，但需要说明同一个观点，否则学习者容易混淆。

⑨ 案例导入法

定义：收集与学习者工作背景相关的案例，在开场阶段引用，作为论据佐证观点，导出主题；也可以仅展示案例的背景，未公布解决方案，让学习者带着问题听课，在课程结束前揭示答案。

例如，某经理人协会职业培训师为某政府机构干部讲授"优秀干部是怎样炼成的"课程，在开场的时候给出了这样一个案例：(案例背景)王刚是某局副局长，由于工作的需要，局其他领导均出差在外。今天是星期一，上班后有这样几件事必须由他处理，一是有许多公文要他批示，这项工作约花费近一小时；二是10分钟后他要参加早与外商约定好的一个谈判会；三是本局的某先生在今天早上出了车祸，人被送入医院抢救，现在生命垂危，需局领导火速去医院探望。(问题)如果你是王刚，你如何处理这三件非要你处理的事情？当时培训师向大家展示了该案例的背景和问题，学习者纷纷陷入为难的处境，这是案例设计的巧妙之处，有一定的冲突性。接下来培训师话锋一转："如果大家想知道正确的处理方式，如何做到合情合理合规，请带着问题一起走进今天的课堂——优秀干部是怎样炼成的。"

又如，某银行培训师为柜员讲授"柜面风险识别与防范"的课程，在课程开始之前讲授了这样一个案例：客户陈先生早上9：20分前往柜面办理账户销户，前台9：30分办结，因业务较忙将联网核查工作退后至11：30分操作，五分钟后，公安机关来到前台询问该客户下落(后了解到该客户系犯罪嫌疑人，公安机关正在实施抓捕，联网核查系统已绑定了公安后台的报警系统，当银行查询到敏感人员时，公安机关将立即接到警示)。在此次业务办理过程中，柜员因未能及时进行联网核查而让该犯罪嫌疑人逃走，公安机关追究银行责任，银行以未按规定操作联网核查被问责，该名柜员也受到了处分。接下来，培训师对案例进行总结："柜面每天都在处理不同的业务，接触不同的人，柜员需要有高度的风险意识，把好防范风险第一关，所以，今天很有必要与大家一同分享这样的课题——柜面风险识别与防范。"

注意事项：

- 案例文字不能太多，一般控制在200字左右，用一页PPT展示。如果 文字太多，在学习者阅读时容易冷场；
- 案例所反映的问题在现实工作中要具有典型性，并紧扣学习者工作中常见的问题，让学习者的代入感更强；
- 如果只是通过案例来佐证观点，培训师需清晰地给出解决方案并总结；如果是为了引出问题，要注意案例设计的冲突性，增强学习者的学习意愿；
- 在选择案例之前要对学习者基础进行初步了解，使案例的难度与学习者的基础相匹配；
- 开场展示案例最好借助PPT，培训师应逐字阅读，确保所有人理解案例内容。

⑩ 数据导入法

定义： 通过罗列一组或多组有关联的真实数据，分析数据中的组成要素和结论，说明某个观点，突出主题的导入方法。

例如，某银行培训师对客户经理讲授"特约商户业务拓展秘籍"课程，在课程开始，他罗列了银行近4年的特约商户拓展数据：2014年72户/110台；2015年150户/300台；2016年450户/850台；2017年900户/1460台。从这些数据可以看出，该行特约商户拓展数在4年时间里增长了11倍。该行2017年通过特约商户拓展，沉淀基金3.5亿元，这对于他们行是相当可观。接下来培训师说："特约商户拓展是一块必争的蛋糕，尽管有支付宝、微信支付的压力，我们依然相信我们行有实力让更多商户接受我们提供的业务。所以，今天很有必要给大家分享课程'特约商户业务拓展秘籍'。"

注意事项：

- 数据要准确，最好有出处，能够说明观点；
- 要挖掘数据背后的意义；
- 数据比较多的情况下，使用PPT逐一展示，避免数据过多影响学习者思路；
- 数据不能太陈旧，要具有时效性，否则说明不了当前问题。

⋮⋮⋮⋮⋮⋮ 八、开场6个破冰小游戏 ⋮⋮⋮⋮⋮⋮

破冰作为开场的重要环节，其形式需要具有创新性和多样性。下面介绍几个开场破冰的小游戏。

1 老师说

游戏目的：

- 调动学习者大脑和身体，活跃氛围；
- 使全体学习者的注意力集中在课堂上；
- 加强团队成员凝聚力。

游戏规则：

(1) 培训师通过口令让学习者做动作。口令有两种：一种是有效口令，一种是无效口令。听到有效口令，学习者遵照指令执行，听到无效指令，学习者保持原状。

(2) 培训师的有效动作指令前必须加一句"老师说"，如"老师说，向右转"，如果学习者照例执行，则为正确；相反，如果培训师的动作指令前没有加"老师说"，学习者照例执行，则为错误。

(3) 以小组为单位，输的人退出游戏，赢的人继续游戏，游戏结束时统计每组留下多少人，以每人3分人统计团队得分。

具体操作：

(1) 培训师公布游戏规则，确保全员都清楚。

(2) 先示范一次，如培训师可以说："好，全体起立！"这时候起立的学习者就算输，因为这个指令前面没有加"老师说"这句话，以此来检验学习者是否理解了游戏规则。

(3) 游戏正式开始，培训师发指令："好，老师说，全体起立！向右转！"一开始学习者警觉性还不高，所以全体起立后很多人会接着向右转，而此时应该原地不动，因为"向右转"的指令前没有加"老师说"，此时培训师可以让向右转的人坐下来，相当于退出比赛，其他人员继续。

(4) 接下来培训师可以发出系列指令，可以是有效指令，也可以是无效指令，大概3～4个动作后，学习者的警惕性就会很高，不容易出错。这时候培训师可以调整难度，如："好，接下来的动作幅度比较大，先把椅子往后挪一下。"很多人听到此话会放松警惕而按照指令执行，其实这是个无效指令，因此又有一批学习者会被淘汰。培训师可以再发出一个有效指令，再次放松大家的警惕。最后，培训师清点下现场人数，可以说一些"大家的专注度很好""表现很好"之类的话语，并开始统计得分。接下来培训师说："剩下的人回到位置上坐好。"而此时，放松警觉的学习者很容易遵照执行，而此时游戏尚未结束，回到位置的同学也被淘汰，所以最后只剩下几个同学，再给这几位加分，并正式宣布："老师说，游戏结束！"

(5) 培训师小结："刚才大家的表现非常不错，特别是后面得分的几位同学，专注力非常高，如果有这种精神，相信在学习和工作上都会取得很好的表现。我们继续发扬这种专注精神，共同学习今天的课堂。"

关键控制点：

- 培训师在发布指令时尽量随意，避免公式化，否则学习者很容易识别有效指令和无效指令；
- 把握好现场节奏，尽量多准备几个容易干扰注意力的指令以备不时之需(如现场警觉的人比较多)；
- 控制好时间，一般不超过10分钟。

② 乌鸦和乌龟

游戏目的：

- 调动学习者大脑和身体，活跃课堂氛围；
- 快速拉近成员间距离，为接下来的两人小组分享做准备；
- 提高学习者专注力。

游戏规则：

(1) 多组同时开展游戏，两人一组，其中一人的称呼为"乌鸦"，另一人的称呼为"乌龟"。

(2) 两人面对面站立，各伸出双手与地面平行，一手掌朝上，一手掌朝下，与对方手掌相反，相互呼应，保持平行状态。

(3) 当培训师讲的故事中出现"乌龟"或"乌鸦"的字眼，被称呼为"乌龟"或"乌鸦"的学习者就要被对方打手背，但是为了不让对方打，可以快速缩回身后。

(4) 但如果对方打错了自己，对方将主动把手放好，被连打三次以作惩罚。

具体操作：

(1) 培训师宣布游戏规则并邀请两名学习者在讲台示范，培训师单纯随机发出"乌龟"或"乌鸦"的指令，确保学习者都明白游戏规则。

(2) 当全体学习者都清楚规则后，起立并两两站在一起，做好游戏前准备。

(3) 培训师尽量脱稿讲述以下故事。

森林里的池塘边住着一只小乌龟，他有一双乌溜溜的大眼睛。有一天，乌龟在外面玩，突然看见一只乌黑的乌鸦在天上飞，边飞边喊："兄弟，快跑，巫婆来了！"乌龟连忙把头缩进壳里，乌鸦则躲进了池塘边的茅屋。

过了一会儿，乌龟见周围没什么动静，探出头来一看，才发现刚才乌鸦看到的既不是巫婆，也不是巫师，而是乌云。

这时天空乌云密布，眼看就要下大雨。好心的乌龟把乌鸦请到屋里避雨，可是乌鸦看到乌龟家里满地污泥，就喋喋不休数落乌龟，乌龟听了很生气，就骂乌鸦无理取闹。后来，乌鸦把乌龟家里弄得乌烟瘴气，乌龟不得不把乌鸦赶到屋外，弄得乌鸦呜呜大哭。

(4) 宣布游戏结束，可以简单问一下大家被打了多少次，在轻松愉快中结束游戏。

注意事项：

- 在游戏前确保学习者人数为偶数；
- 把握好讲故事的节奏，前半段可以念得慢一些，特别是读到"乌溜溜""乌黑""巫婆"等"陷阱"时，可以适当停顿，人为制造学习者紧张感；后半段可以念得快一些；差不多结束的一句话也可以慢一些；
- 时间控制在8～10分钟。

③ 战斗准备

游戏目的：

- 快速提高学习者士气；
- 集中学习者注意力；
- 提高团队凝聚力。

游戏规则：

(1) 全体学习者在教室范围内围成一个封闭的大圆圈，确保学习者左右之间有半臂距离。

(2) 培训师任意指向一个学习者，被指向学习者马上喊道："一个人在战斗！"同时右脚往圆心方向跨前一步，手一前一后做出冲锋状，做完后恢复原状。

(3) 接下来与其顺时针方向相邻的两个人同样喊出口号："两个人在战斗！"并做出同样动作，再复原。接下来是后面三位、四位、五位……

(4) 每一组之间的切换时间不能超过1秒，否则视为出局。

(5) 本来这组只有五个人的，而第六个人也跟进来并喊了口号或做了动作，那么第六个人视为出局。

(6) 出局者不需要离开队伍，但会被扣除一点分数，如3～5分，计入其所属学习小组成绩，可继续参加游戏。

(7) 游戏以其中一组或一人出错作为一轮，游戏可以玩3～5轮，重新开始时培训师可以从任意个人开始。

具体操作：

(1) 培训师宣布全体成员起立，围成一个封闭的大圆圈。

(2) 讲述游戏规则并随机从某一人开始作示范，确保所有人都理解规则。

(3) 游戏开始，培训师站在大圆中间，口中喊道："战斗准备！"所有学习者回应："冲啊！"培训师可以连续互动三次，确保大家的士气都被调动起来。

(4) 培训师可以突然指向某一学习者，并喊道："战斗开始！"接下来被指的学习者快速做出反应："一个人在战斗！"然后快速复原。与其顺时针相邻的两个学习者要做出动作并喊："两个人在战斗！"然后快速复原。培训师在整个过程中要认真观察其人数是否匹配，一般到5个人开始就容易出错，培训师发现错误后马上喊停，并指出哪位错误，现场公布扣分。

(5) 游戏可以从任意方向和个人开始，看现场情况做3～5次培训师最好让他们挑战一下，全体人员连续喊到多少不出错，来检验团队的默契程度，还可以技巧性地引导大家："上次我在一个班上课，他们能够喊到15！"借此提高一下学习者的竞技意识。

(6) 游戏结束，让学习者回到位置上，并公布扣分情况。

注意事项：

- 确保培训场地有足够的移动空间；
- 培训师在整个游戏过程中要提高声音，富有激情；
- 学习者在喊口号和做动作的过程中，培训师的观察要非常快速和细致；
- 不能只关注一个方向，照顾到各个方位，让全员都有参与的机会。

4 培训支持

培训目的：

- 团队刚组建，提高团队协作程度；
- 全员参与，活跃课堂气氛；
- 增加团队凝聚力。

游戏规则：

(1) 以小组为单位参与游戏，每组选派一名成员作为被支持者站在本组前面，其他成员为支持者。

(2) 培训师喊出一系列物品，小组成员需准确无误地将物品送到被支持者手上。

(3) 此物品不能来自被支持者身上。

(4) 每一轮游戏所喊物品都有数量，本组支持者需要准确无误地将物品送到被支持者手上，不多不少。

(5) 游戏共五轮，每轮准确无误且最快者为赢，并获得分数。

具体操作：

(1) 培训师宣布游戏规则，确保全员理解。

(2) 每组推选一名被支持者面向讲台站在本组桌前。

(3) 当培训师喊："培训支持！"全体成员回应："支持什么？"培训师随即报出一样有数量的物品，如："三部手机！"每组支持者要快速将三部手机交到被支持者手上。建议第一轮要简单一些，并告诉学习者先测试一次，不计算成绩。

(4) 从第二轮开始，培训师可以适当增加难度，如："某某签名一个！""12厘米头发三根！""女士黑色高跟鞋两只而且要不同款式！""100元人民币序号最后一位为8的四张！"培训师可以视现场环境逐步增加难度。

(5) 每轮中最准最快的小组获胜，游戏结束后统一公布成绩。

注意事项：

● 确保桌面安全，如有水杯、电脑等需要移开；

● 适合年轻的学习者；

● 培训师在游戏过程中站在讲台上，掌控场面，确保裁判公平公正；

● 逐步增加物品寻找难度。

5 寻人游戏

培训目的：

● 让学习者能够离开位置走动起来；

● 增进学习者间相互了解；

● 有一定竞技性，活跃现场氛围。

游戏规则：

(1) 每人准备一张A4白纸和一支笔，并在左下角先写下自己的名字。

(2) 在全场范围内(助教和培训师除外)寻找符合规定条件的五个人，并邀请其签名。

(3) 完成任务后以个人为单位将A4白纸迅速交给培训师，前三名有奖品。

具体操作：

(1) 培训师可以适当作开场发言，如："为了增进大家的进一步了解，接下来我会提供一些信息，大家在全场范围内找到这几个人。"这几个人分别具有以下特征：A.年龄最小；B.身高最高；C.会三个地方方言(英语和普通话不算)；D.会跳舞的；E.马上要过生日的。

(2) 公布游戏规则后，培训师喊"一二三"，鼓励大家走动起来，主动开口交流，同时可播放动感音乐，调动大家的热情。

(3) 当学习者在全场范围内不断走动交流时，培训师可以强调几次，请大家加快速度，看谁能够又快又好地完成任务，并获得奖励，现场只有三个宝贵的名额，只奖前三名。

(4) 当第一名产生的时候，培训师同样可以强调一下，烘托现场的气氛。

(5) 当第三名产生后，宣布游戏结束，让其他学习者快速回到位置上。

(6) 培训师确保收到的名单都有五个人签名，可以适当表扬一下前三名的速度，同时检验一下是否符合要求，如年龄最小的，可以让签名的学习者报一下出生年龄，如果确定是最小的，培训师可以说："后生可畏！让其他人很有压力！"如果确定还不是最小的，可以让更小的学习者报一下年龄，还是可以用"年轻就是竞争力"之类的鼓励话语作为结尾；可以让身高最高的学习者站起来，如果确定是最高的，可以调侃"底下有高人，倍感压力"或"我们可以向高人学习"等。总而言之，鼓励和赞赏的话语能够调节课堂氛围。

(7) 最后，对前三名进行奖励，建议以小礼品为主。

注意事项：

● 这个游戏需要学习者走动，应确保场地有走动的空间，同时学习者也应偏年轻；

● 学习者在交流过程中培训师需要随时观察大家的进度，甚至在一开始需要到各个组去鼓励大家走动起来，确保所有人都离开位置；

● 收到学习者交上来的A4白纸的签名，要简单看一下，确保符合要求，发现漏签或没有顺序需要快速让学习者补充，确保交上来的是合格品；

● 此游戏重在学习者间的交流过程，结果并不重要，所以前三名的奖品也只是意思一下，切忌奖品价格过高，也不能过分强调对错。

6 自画像

游戏目的：

● 创设宽松的沟通氛围；

- 促进团队间的认识；
- 增进团队成员的了解。

游戏规则：

(1) 以小组为单位，每人在一张A4白纸上画一张自画像，同时写下自己非常喜欢的一句话。

(2) 以个人为单位在小组内进行分享，团队成员认真聆听并给予掌声和鼓励。

(3) 将团队成员的自画像贴在一张大白纸上，构成全家福，并为全家福起个名字。

具体操作：

(1) 培训师宣布游戏规则，给学习者3分钟时间，在一张A4白纸上画上自画像写上一句人生格言，同时签上名。

(2) 画画时间结束，让小组成员按顺序站起来在组内分享自己的大作，培训师在学习者分享的过程中注意提醒时间，如每人分享的时间为1～2分钟。

(3) 全部人员分享后，将自画像贴在一张大白纸上，构成全家福，并起个名字。

(4) 将全家福贴在墙上并与其合影留念，上传到学习群。

(5) 以组长为代表向全体学习者简单介绍小组成员。

注意事项：

- 培训前要准备好道具，如彩色笔、A4白纸、大白纸、美纹胶等，要确保现场可以张贴；
- 控制时间，这个破冰活动可以和团队组建结合，因此可以将时间延长至10～15分钟；
- 当学习者在组内分享时，培训师可以走动到各组进行聆听，并报以肯定的微笑；
- 确保学习者可以带手机培训(有些培训现场禁止带手机)。

第五节
控过程：互动中的学习者引导

课堂管理是讲师为了引导学习者更有效地学习而采取的一系列课堂管理方式和行为，直接影响着课堂学习效果。

::::::::::: 一、学习者期望值管理 :::::::::::

每个学习者的课堂心态各不相同。大多数情况下，学习者都知道学习的重要性，都期望通过学习提高自己解决实际问题的能力，希望学到一些新的思路和理念。如果讲师并没有"神来之笔"，学习者就会大失所望。一旦失去这种期待，学习者学习起来就非常被动，讲师更是苦不堪言。管理学习者的期望值可以从以下三个方面着手。

1 要让学习者有所期待，更要让学习者回到现实

在课程的开始阶段我们需要激发学习者的兴趣，以便带领学习者快速进入学习状态。因此，在课程开始的阶段除了程序性的问好和课堂氛围的营造外，讲师应迅速把学习者的注意力引导到学习内容上来，建立内容与学习者的联系。简单地说就是告诉学习者"我们的课程是与大家的工作密切相关的"。通常的做法是，讲师需要抓住学习者工作中与教学内容相关的"痛点""难点""疑问"等，作为课程的导入。讲师对课程知识的应用场景和学习者的工作任务应该有非常细致的了解。

"利益相关"的内容会让学习者对课程内容充满期待，学习者的期望值随之也会增加。然而，正如俗话所讲"希望越大，失望越大"，过高的期望对教学没有好处。因此，讲师必须清晰地向学习者说明"课堂中大家究竟能学会什么"，即"课程目标"。课程目标就是学习者在课堂中能够学会的某些具体的知识、态度和技能。

2 避免让学习者进入"评判状态"

除了课程内容会引起学习者的兴趣外，强大的师资背景也会增强学习者的"期待。若学习者过分关注"讲师讲得怎样""课程组织得怎样"这类问题，就容易进入"评判状态"，课堂学习效果将大打折扣。

为避免学习者进入"评判"状态，讲师应鼓励学习者用自己的方式来有效学习，引导学习者将注意力转到"如何学好这门课"上来。通常采用激励或引导的方法，如课堂纪律管理、开展小组竞赛等。

3 引导学习者自己管自己

成人的学习有很强的自主性。在学习的过程中，学习者若认为课程内容都是"你要我学"的，会滋生排斥的心理。因此，在课堂中讲师要经常引导学习者思考"我要学什么"，提高学习者的主动性，让学习者自己管理自己。有的讲师在正式

讲课前让学习者把课件中最想关注的内容标注出来；有的讲师会在课程中不断引入"工作情境"，让学习者自主"找到"问题的答案，再加以提炼；还有的讲师让学习者"质疑"或进行学习者间的"辩论"。这些方法都值得我们借鉴，但需要注意的是，学习者的自主性越高，学习者的能动性就越强，对讲师控场能力的要求就越高。

二、教学过程中的注意力管理

注意力是影响课堂效果的重要因素之一。课堂中对注意力的管理体现了讲师扎实的业务功底。学习者的注意力管理不是一个阶段的事情，而应该贯穿于整个教学过程中。

1 不要急于进入"讲授内容"的环节

在课程的开始阶段，学习者还没有效进入学习状态，这时不要急于灌输知识给学习者，可适当调动学习者的肢体，逐渐引导学习者投入学习，必要时也可用课堂纪律管理方式。

2 注意力周期与变化

学习者的注意力有一定的曲线变化。在课堂开始阶段，学习者的注意力往往比较集中；随着时间的推移逐渐减弱；到临近休息的时候又会提高。学习者无法保持长时间的注意力集中，因此要注意休息的时间和阶段性的调动。一般每次休息时间安排在课程开始后的40～90分钟，每8分钟左右需要"有意识"地做一次注意力管理，如提问、视觉变化等。

3 "一个焦点"原则

随着课程的进行，课堂中的焦点太多会让学习者在"无意识"状态下分散自己的注意力。讲师应尽可能避免在课堂上人为制造出多个注意力焦点，例如，当大篇文字出现在PPT上时，讲师在一旁不断地读，学习者一边看一边听还需要记录笔记。在出现多个注意力焦点时，讲师应马上加以干预，使学习者的注意力集中于同一个焦点。

4 避免干扰

干扰主要包括两方面，一是人的干扰：学习者和讲师在课程中的状态是非常重要的。讲师在课程开场时亲和力的建立，课程的导入、破冰等环节对学习状态的调整会起到意想不到的效果。二是环境的干扰：创造良好的学习环境非常重要。学习者的实际工作也会对课程造成一定的干扰。在学习者受到干扰，注意力不集中时，讲师需要不断"抓回"学习者的注意力。

5 管理与把控时间

时间是课堂中的有限资源，利用得好，可以让培训效果最大化；利用得不好，时间耗费了不说，还让学习者学无所获。所以，在课堂实践过程中，每个环节的操作都需要管理和把控时间：时间长了学习者注意力容易分散，时间太短又觉得没有训练到位。更重要的是，培训师要善于预测课堂中可能出现的突发情况。管理和把控时间的关键环节和具体方法如表3.3所示。

表3.3　时间管理与把控关键环节和具体方法

关键环节		主要内容	具体方法或要点
环节一	课程设计时的时间分配	分段准备	(1) 确定每个模块的时间
			(2) 确定每个知识点的讲授时间
		固定时间	(1) 开场(破冰、期望值管理、课程安排等)：不超过总时间的10%
			(2) 结束语、课程内容回顾：不超过总时间的10%
		课前准备	(1) 在培训室内安排计时设备
			(2) 预测突发事件
环节二	讲授过程中的自我时间控制	自我控制	(1) 开场时公布时间安排
			(2) 学习者关注某个观点的时候，如果遇到时间不足，及时调整内容
			(3) 避免陷入某个细节争论
		自我调整	(1) 时间不够时，提前向学习者"借"时间并征得大家同意。必要时删减未讲的整个模块、内容或筛选重点讲授
			(2) 时间有余(内容不够)，设计一个与内容相关的讨论或总结分享
环节三	课堂互动中的时间控制	活动前	在学习者活动中明确公布时间使用标准
		活动中	(1) 学习者参与活动时必须严格控制时间，如明确提出"你只有5分钟"
			(2) 提前1分钟提醒
			(3) 站在后边用手势提醒
			(4) 用闹钟提醒，及时打断发言

:::::::::: **三、学习者学习动机激发策略** ::::::::::

学习动机是驱动学习者达成学习目标的基础,学习者学习动机包括内在和外在因素,单从课堂教学技能的角度出发,讲师在课堂上激发学习者的好奇心与求知欲的策略有以下几个。

1 善于引入情境

把知识以定论的方式呈现给学习者,学习者得到的是结果,并没有形成自己的思维。而把知识与某个情境联系起来,通过一些实际情境去学习,学习者便会在解决问题的过程中对原有的经验进行重新认识,从而激发探索的兴趣。这是因为越贴近实践的知识,学习者越感兴趣。

为了保障知识顺利迁移到情境中,讲师要对传授的的知识进行再思考,通常问自己三个问题:学习者为什么学这个内容?学习者学完后需要怎么做(或对工作有什么启发及指导意义)?能不能列举实际的例子?这些对学习者有实际价值的例子应该大量出现在讲授过程中,可以举例来阐明某个知识点,也可以让学习者来分析。

2 设计挑战性的课堂学习任务

让学习者去解决问题应该成为课程的基本策略,这就对老师设置问题的能力提出了较高的要求。如果课堂中的问题过于简单,就不能有效地调动学习者的积极性,达不到解决问题的目的;如果课堂中的问题太难或理论性太强,学习者个体的自我认识与自尊就会受到威胁,出现抵抗情绪。因此,一些简单的问题最好由讲师自己来阐述,一些太难的问题讲师可以让其"生活化""工作化",即把生活和工作中的"事件"引入课堂,让问题同时具有挑战性和应用性,让学习者在处理问题的过程中,解决问题,提炼"规律"。

课堂的形式可以是多样的,对于一些有较高难度的活动,学习者可以采用合作方式进行参与;对于一些常见的问题,讲师要善于制造"冲突",学习者可以采用对抗方式进行参与。

3 促进团队行动

团队的共同学习才能达到课堂学习效果的最大化。团队学习不仅能营造良好的学习氛围,还能可以促进团队成员相互提高。团队学习包括以下几方面工作:①让学习者相互了解；②关注每个学习者的"贡献度"(让每个学习者都开口，不一定要公开)；③让学习者去调动学习者；④让学习者去做团队决策。

∷∷∷∷∷∷ 四、促进学习者参与学习的技巧 ∷∷∷∷∷∷

好的课堂必须建立在良好的氛围下，讲师与学习者之间，学习者和学习者之间要加强交流，促进学习。

1 建立良好的学习氛围

要想建立良好的学习氛围，仅靠开场时简单的"破冰"或游戏是不够的，相关因素还有很多，课堂环境、学习者的需求、学习者的情绪等都会对课堂氛围造成影响。另外，我们还需要根据学习者的具体情况来确定和调整培训的风格，例如，对于一些年龄较大的学习者，课程开始时讲师不要选择动作较大的互动方式；学习过程中对待这类学习者要以"鼓励为主"，让学习者在完成任务的过程中有成就感；在课程结束前，讲师应多讲一些故事和分享一些例子。讲师的投入和真诚才是最有力的武器。

2 提问技巧

提问的用途很广泛，按提问的目的划分，提问一般包括以下4种。

(1) 收集信息的提问。收集信息的提问应该是用得最多的一种提问，课堂中讲师需要大量的信息来提炼自己的观点。这种提问一般以开放式的问题为主。

(2) 启发创意的提问。需要学习者去挑战更有难度的任务时，我们会用到启发创意的提问。一般采用追问的方式："还有呢？有没有更好的方法？"

(3) 引发深入思考的提问。让学习者把问题思考得更深入，鼓励学习者去探索事物的本质，常用"为什么"来提问。

(4) 激发动力的提问。我们常用一些决策性的问题，让学习者去做明确的决定，从而激发学习者的"斗志"，这类提问一般采用封闭式的问题，如："你会怎么做？"

当然问题和问题之间也有联系，可以组合使用。课堂的提问还可以结合具体的情形去设计，如表3.4所示。

表3.4 不同情形下的提问方法

不同情形下的提问		主要内容	具体方法或要点
情形一	内容讲授中提问的使用	启发思考，带动分享	(1) 逻辑型问题，如："有哪些生产工序？"
			(2) 创建性问题，如："在无法演示的情况下，如果顾客不相信我们产品所具有的这种功能怎么办？"
			(3) 记忆、感觉、印象型问题，如："你每次向你的老板汇报工作之前都想些什么？"
		制造悬念，引起兴趣或注意	(1) 开场或课题介绍时提出问题，不马上给答案
			(2) 故事或案例讲授时用于制造"冲突"或"启发"的问题，供大家思考和讨论
		论证要点，使讨论维持在一个焦点上	(1) 用开放式问题收集论证的信息，将信息归类，获得你所需要的论据
			(2) 用封闭式的问题确认并获取你要收集的论据
			(3) 慎用开放式问题，有技巧地多用封闭式问题：是不是、有没有、对不对……
情形二	学习者互动中提问的使用	让学习者把问题想得更深	(1) 请求给予解释："怎样才能达到那种效果？"
			(2) 作进一步的探讨："如果……，那又会怎样？"
			(3) 关键内容的提示/暗示："你所谈的和我们现在的内容有什么联系呢？"
			(4) 采用正面措辞和中性口吻，避免负面的词语与逼迫、强加的口气，否则会影响学习者思考
		确保你理解学习者所说的话	(1) 通过用不同的话复述学习者的陈述以便确保你理解学习者所说的话，并鼓励学生做出说明
			(2) 用封闭式的问题确认："这样理解可以吗？"
		需要澄清	(1) 当遇到含糊和似是而非的说法或观点时提问："是这样吗？"
			(2) 开放式提问："你的意思是……？"
			(3) 封闭式提问："你是说由于情况复杂所以这种办法不适用吗？"
情形三	控制场面技巧中提问的使用	反射型问题	(1) 把问题踢回给提问者从而让他们更多地思考
		折射型问题	(2) 将学习者提的问题转给其他学习者，一方面借此机会赢得他们的参与和支持，另一方面防止某人独占课堂
		特定式提问	(3) 根据实际情况选择对特定对象的发问
情形四	提问技巧运用的注意事项	应避免的问题	(1) 怪癖的、幼稚的问题或不恰当的压力问题
			(2) 诱导式的问题，强迫学习者猜测培训师心目中的答案
			(3) 与授课内容无关的问题

3 点评反馈

点评是促进学习的有效途径，点评本身也是一种学习，课堂上除了讲师可以给出点评建议外，也可以由其他学习者来做评价。点评反馈的基本流程如表3.5所示。

表3.5　点评反馈基本流程

基本流程	主要内容		具体方法或要点
第一步	反馈对象本人的看法或体会	被点评人员的自我感受	(1) 表示肯定和感谢
			(2) 让反馈对象对自己的表现做一个总体的评价
			(3) 让反馈对象谈活动(演练)的直接感受
		自我优点评估	(1) 我是如何去思考和做(体现)的
			(2) 哪些地方做得不错
			(3) 我克服了哪些困难
			(4) 我的收获是什么
		需要改进的方面	(1) 我遇到了哪些障碍
			(2) 我有哪些地方可以做得更好
第二步	其他观察者给的建议	感受	(1) 其他人员的总体看法
			(2) 你最欣赏哪几点
		按演练内容点评	(1) 演练者是如何体现内容的
			(2) 有哪些关键点表现得很好
			(3) 你的建议是什么
			(4) 提醒点评者对事不对人
第三步	描述观察到的行为	肯定	(1) 概括性点评,如:总的看来……
			(2) 平衡的,优劣都谈
			(3) 肯定多于建议
		优点	(1) 回顾活动或演练
			(2) 指出具体值得大家学习的方面,如:有几方面做得非常好……,我特别欣赏的是……
		建议	(1) 从学习者的角度指出不足
			(2) 不当用语:不对、不可以、很差、不行、不能够、不好、不专业等
			(3) 建议用语:同时、另外、遗憾、帮助、建议、可以更好等
			(4) 确认意见是否有帮助和被接纳,如:这样可以吗? 等
第四步	聚焦做法	总结	(1) 回顾整个演练或活动,提炼精华和要点
			(2) 总结并对演练者总体给予肯定和鼓励

④ 疑难解答技巧

好的课堂互动应该是双向的,当学习者碰到不明白的地方,讲师需要营造一个宽松的氛围,开放式地接纳学习者的提问。但人非圣贤,不是所有学习者提出的问题讲师都能回答,当学习者提出一些疑难问题时,如果讲师能够回答的,直接解释清楚就好;如果提出的并不是自己专业领域的问题,也可以坦诚地承认没有研究过,待课后查阅相关资料后再回复。这是比较常见的两种处理方式,但是有些疑难问题介于两者之间,既相关又不太熟悉,甚至有些提问者想考考讲师,可能本身就带着某种情绪，这时候可以采用一些解答的技巧，既能让问题在课堂上迎刃而解，也避免了课堂现场由于讲师回答不上来而产生的尴尬，具体的做法如表3.6所示。

表3.6 疑难问题处理技巧

处理流程		处理技巧	具体方法或要点
第一步	确认学习者问题	争取时间，以便心平气和地思考	鼓励提问者提供更多信息，不要对问题马上做出判断
		切莫有过度的反应	(1) 感谢他
			(2) 避免激烈的争论
			(3) 不要有防御心态
		运用提问技巧：确保你理解学习者所说的话	(1) 复述学习者问题
			(2) 请提问题学习者举例说明
			(3) 激励其他有经验学习者进行参与，帮助自己理解问题
			(4) 用"这样理解可以吗"来确认
第二步	对方意思(意图)	自身方面	(1) 某些观点是否引起学习者的情绪反应
			(2) 培训师的情绪是否引起学习者的反感
			(3) 是否因经验丰富陷入没有必要的细节谈论而忽略学习者的真正意图
			(4) 是否缺乏应有知识经验、是否分析问题不准确或者采取空洞说教
		学习者方面	(1) 观察对方行为，学习者学习心态是否开放
			(2) 学习者是否故意刁难
			(3) 学习者是否有答案，仅仅想表现一下
第三步	抛出问题	问问他自己是怎么理解的	(1) 态度谦和
			(2) 正面措辞和中性口吻
			(3) 引导他说出自己的理解
		激励其他学习者参与	(1) 向其他学习者寻求帮助："有谁能帮我回答这个问题？"
			(2) 让大家思考："这是一个很好的问题，我想听听大家的意见！"
			(3) 现场激励其他有经验学习者进行参与："哪位朋友能帮助到他？"
第四步	关键答案	当知道如何回答时	(1) 将其他学习者的信息归类后给予点评
			(2) 假如你有十足的把握回答问题，不妨根据具体问题进行专业解答
			(3) 不要在课堂中回答公司敏感问题；不要在课堂中回答与主题内容没有直接关系的问题
		当不知道或无法准确回答问题时	不要装懂。态度要诚恳，承认自己不清楚，但是愿意下课后查询资料后作答
第五步	确认提问者满意	询问学习者对解答的满意程度	总结关键答案并询问："这样回答可以吗？""你同意吗？"

5 与不同学习者的沟通技巧

　　每位学习者都是性格各异、经验基础不同的个体，在课堂上表现出来的状态也不同。讲师需要识别不同性格类型的学习者并采取不同的沟通和相处方式，才能做到因材施教，也能让学习者感受到关注和重视。研究性格类型的理论有很多，现在给大家介绍利用九型人格的性格理论对学习者进行识别，并阐述不同学习者的课堂表现和沟通方式。

　　1) 为什么选择九型人格

　　九型人格相传源于中东地区，据说二千多年前印度苏菲教派的灵修课程，是口口相传的理论，但实际源自何时何地，已无从考究。

　　20世纪20年代，一位神秘主义和灵性的讲师古尔捷耶夫将它传到欧洲，一直以秘密教学方式流传。直到60年代，在智利公开举办一个灵性心理训练班，才掀开了九型人格论这门学问的神秘面纱。

　　20世纪70年代，九型人格正式传入美国，这一古老的智慧既简单又深刻，它和现代的人格论述竟然不谋而合，引起广泛关注，1993年斯坦福大学率先正式开办这一课程。

　　目前九型人格应用的领域非常广泛，作为现代培训师，掌握一些能够了解人性的理论和工具非常有必要。笔者长期从事教学工作，将九型人格理论应用在课堂上，通过不断实践，发现这一理论能够识别和了解课堂上不同学习者行为表现背后的心理动机，对讲师与学习者之间沟通方式的调整起指导作用。

　　2) 九型人格包括哪九种性格(见图3.7)

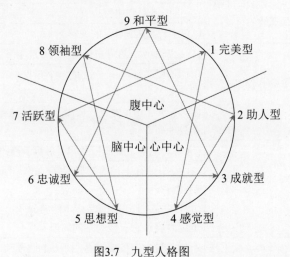

图3.7　九型人格图

　　脑中心——"以脑部为中心"的人，永远依赖思想来回应事件，喜欢收集资料、讲道理，爱思考与反省，平常不是感到安全就是感到焦虑，他们很容易活在过去。

"脑中心"又分为第五型"思想型"、第六型"忠诚型"及第七型"活泼型"。

心中心——"以心部为中心"的人，反应来源于情绪、感觉和感情，看重感情，对人不是认同就是敌对，容易活在现在。"心中心"又分为第二型"助人型"、第三型"成就型"及第四型"感觉型"。

腹中心——"以腹部为中心"的人，脚踏实地，最在乎生存问题，喜欢解决问题，看重事实，处理问题多依靠本能和习惯，平常不是压抑就是攻击，容易活在未来。"腹中心"又分为第八型"领袖型"、第九型"和平型"及第一型"完美型"。

3) 九型人格的简单描述(见表3.7)

表3.7 九型人格简单描述

性格类型	具体特点
1 完美型 (Perfectionist)	重原则，不易妥协，黑白分明，对自己和别人均要求高，追求完美
2 助人型 (Helper/Giver)	渴望与别人建立良好关系，以人为本，乐于迁就他人
3 成就型 (Achiever/Motivator)	好胜心强，以成就去衡量自己价值的高低，是一名工作狂
4 感觉型 (Artist/Individualist)	情绪化，惧怕被人拒绝，觉得别人不明白自己，我行我素
5 思想型 (Thinker/Observer)	喜欢思考分析，求知欲强，但缺乏行动，对物质生活要求不高
6 忠诚型 (Team Player/Loyalist)	做事小心谨慎，不易相信别人，多疑虑，喜欢群体生活，尽心尽力工作
7 活跃型 (Enthusiast)	乐观，喜新鲜感，爱赶潮流，不喜欢承受压力
8 领袖型 (Leader)	追求权力，讲求实力，不靠他人，有正义感
9 和平型 (Peace-maker)	须花长时间做决策，怕纷争，难于拒绝他人，祈求和谐相处

九型人格在课堂的表现及应对技巧如表3.8所示。

表3.8 九型人格课堂表现及应对技巧

性格类型	课堂表现	应对技巧
1完美型	表情多表现为严肃，挑剔、错对分明、守规则、不易改变，会直接指出讲师或课堂上的错误	● 与完美型人格学习者沟通时条理要清晰，最好用"第1点、第2点……"来表达； ● 如果完美型价格学习者指出问题要及时纠正，并报以感谢； ● 尽量不要和完美型人格学习者随便开玩笑
2助人型	面带微笑，脸色红润，眼睛发亮，积极配合课堂活动，关注团队成员，愿意为团队做贡献	● 与助人型人格学习者保持多的眼神接触； ● 鼓励助人型人格学习者发表自己的观点和看法； ● 对助人型人格学习者的默默付出给予及时的肯定

性格类型	课堂表现	应对技巧
3成就型	活跃、好发言、积极性高，重视荣誉和激励，一般是课堂上的积极分子，且学习能力和接受新知识的能力都比较强	● 不能与成就型人格学习者进行过多眼神交流，适当控制其发言次数； ● 对成就型人格学习者表现给予积极的肯定； ● 适当引导成就型人格学习者学会倾听和包容不同的观点、多关注其他成员感受
4感觉型	一般很安静地坐着，眼神飘忽、面无表情、不乐于发言，也不喜欢在众人面前表现	● 接受感觉型人格学习者安静的状态，尽量不打扰； ● 适当的机会(课间或小组讨论时)可以与感觉型人格学习者一对一沟通，了解学习进度； ● 多关注感觉型人格学习者情绪的变化，并通过眼神或适当的肢体动作(如拍拍肩膀)表示理解
5思想型	眉头紧锁，理性思考，偏重理论知识研究，喜欢逻辑性强的内容，一般不发言，但是碰到其专业领域的内容会滔滔不绝	● 讲授过程中逻辑严密、有理论佐证的观点会让思想型人格学习者容易信服； ● 适当鼓励思想型人格学习者在众人面前发表独到观点，并对其发言的专业性表示肯定； ● 少邀请思想型人格学习者参与一些互动游戏，特别是非常热闹的场面，其比较排斥
6忠诚型	态度温和，但眼神比较警惕，愿意服从，不愿意在没准备的时候发言，偏理性	● 不要让忠诚型人格学习者在没有准备好的情况下发言，会给其造成很大的心理压力； ● 忠诚型人格学习者非常喜欢一个安全舒适的学习环境和团队氛围； ● 与忠诚型人格学习者沟通时以鼓励为主，增强其自信心
7活跃型	好动，喜欢活跃的课堂氛围，不喜欢理论性强的内容，上课时间太长会因为坐不住而动来动去	● 赋予活跃型人格学习者调节课堂氛围的任务，其会非常乐意； ● 重点关注活跃型人格学习者发言的逻辑性，在跑题的情况下尽快把话题拉回来； ● 给予清晰的指令和学习任务，避免活跃型人格学习者因坐不住而走神
8领袖型	遇到不合适的观点会直接对抗，声音洪亮，性格直爽，讲义气，一般能胜任团队领导者	● 适当的时候可以和领袖型人格学习者直接对抗，培训师渊博的知识和独到的见解更能获得其的尊重和赏识； ● 给予领袖型人格学习者足够的尊重； ● 一般不给领袖型人格学习者安排太细的事务性课堂任务，给其安排发挥团队力量的事情会更适合
9和平型	舒适的坐姿，面带微笑，习惯性点头，乐于跟随团队意愿，看起来没有脾气和态度	● 理解和平型人格学习者的坐姿习惯，那是其舒适的状态； ● 适当鼓励和平型人格学习者发表观点，否则碍于团队和谐关系，其容易隐藏自己的观点； ● 与和平型人格学习者交流时，可以适当放慢语气并与其节奏同步

总之，我们都希望课程开展的过程中学习者能全身心地投入学习中。一场好的交互式培训与很多因素有关，课堂管理却是讲师需要直接面对和掌握的核心技能。以上课堂管理方法可以帮助我们更好地引导学习者进行学习，在实际课程教学中可以灵活使用。

五、不可不知的培训教学理论

1 建构主义理论

理论渊源：建构主义最早由瑞士心理学家皮亚杰提出，他在进行儿童认知发展研究中发现，儿童在与周围环境相互作用的过程中，逐步建构起关于外部世界的知识，从而使自身认知结构得到发展。儿童与环境的相互作用涉及两个基本过程："同化"和"顺应"。同化是指把外部环境中的有关信息吸收进来并结合到儿童已有的认知结构(也称"图式")中，即个体把外界刺激所提供的信息整合到自己原有认知结构内的过程；顺应是指外部环境发生变化，而原有认知结构无法同化新环境提供的信息时所引起的儿童认知结构发生重组与改造的过程。儿童的认知结构就是通过同化与顺应过程逐步建构起来的，并在"平衡—不平衡—新的平衡"的循环中得到不断丰富、提高和发展。

理论延伸：由于个体的认知发展与学习过程密切相关，因此利用建构主义可以比较好地说明人类学习过程的认知规律。建构主义强调学习者的主动性，认为学习是学习者基于原有的知识经验生成意义、建构理解的过程，它区别于传统的学习理论和教学思想，对教学具有重要指导价值。

对教学的启示：

(1) 建构主义理论指导下的教学，使"以学习者为中心"不会沦为一句空话。传统教学中"满堂灌"的方式只会让学习者处于"消化不良"的状态，同时不能很好地促进学习转化。学习者不应简单被动地接收信息，而应以自己原有的知识经验为基础，对新信息重新认识和编码，建构自己的理解。(观念转变)

(2) 培训师在整个教学过程中发生角色转换，从传统的"知识搬运工"向"学习引导者"转变。培训师需要激发学习者学习兴趣，创设符合教学内容要求的情境，建立旧知识之间的联系，尽可能提供良好的协作与交流氛围，有效引导学习者自己提出解决方案，协助学习者进一步完善知识体系。(角色转化)

(3) 培训师应尽可能地将知识融合到情境中。知识必然依附于一个个具体的工作场景，学习者在学习过程中基于原有经验理解对新知识反复应用，形式编码，建构新的知识。培训师在课堂上应提供尽可能多的练习。(情境代入)

(4) 建构主义教学比传统教学要求学习者承担更多的管理自己学习的机会。培训师尽可能不要用控制的手段来要求学习者，因为这样反而会具有反效果。培训师应实行更科学的管理，让学习者永远处于"学生最近发展区"。"学生最近发展区"是由维果斯基提出的另一种建构主义理论，其认为学习者的发展有两种水平：一种是学习者的现有水平，指独立活动时所能达到的解决问题的水平；另一种是学习者可能的发展水平，也就是通过教学所能获得的潜力。两者之间的差异就是最近发展区。教学应着眼于学习者的最近发展区，为学习者提供带有难度的内容，调动学习者的积极性，发挥其潜能，超越其最近发展区而达到下一阶段的发展水平，让学习者真正实现由"要我学"到"我要学"的转变。(激发动机)

❷ 期望理论(研究如何激发学习者的学习动机)

理论渊源1：期望理论(Expectancy Theory)是北美著名心理学家和行为科学家维克托·弗鲁姆(V. H. Vroom)于1964年在《工作与激励》中提出的。这个理论可以用公式表示为：激励力量＝期望值×效价。激励力量指直接推动或使人们采取某一行动的内驱力；期望值指个人对某一行为导致特定成果的可能性或概率的估计与判断；效价则是指某一行为所能达到的目标对满足个人需要的价值。(比如，一个人买彩票，如果通过其经验判断此次中奖率非常高，即期望值很高；中奖的金额对其个人而言非常巨大，即效价很高；这个人去买彩票的积极性非常强烈，即激励力量高。)

这个理论的公式表明，实现目标的概率越高，目标价值越大，激发的动力就越强劲。

对教学的启示：根据弗鲁姆的期望理论，影响学习动机的两大要素缺一不可，即学习的期望值和学习的价值，学习的期望值是学习者认为通过学习获得知识和技能提升的可能性；学习的价值是能够应用所学技能解决工作问题、提升绩效并获得个人成就等物质和精神满足。当两者都非常高的情况下，学习者的学习动力就很强。

理论渊源2：怎样使激励力量达到最大值？弗鲁姆提出了人的期望模式，如图3.8所示。

在这个期望模式中有四个要素，需要兼顾三个方面的关系，这也是调动人们积极性的三个条件。

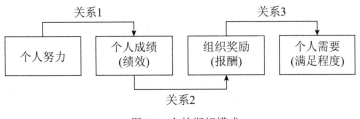

图3.8 人的期望模式

关系1：个人努力与个人成绩的关系。人总是希望通过一定的努力能够达到预期的目标，如果个人主观认为通过自己的努力达到预期目标的概率较高，就会有信心，就可能激发出很强的工作热情，但如果他认为再怎么努力目标都不可能达到，就会失去内在的动力，导致工作消极。但能否达到预期的目标，不仅仅取决于个人的努力，还同时受到员工的能力和上级提供支持的影响。

对教学的启示：培训师需要在培训前对学习者知识水平和能力现状进行评估，将学习目标设定在一个合理的水平，让达成目标的概率增高。同时，需要引导学习者，使其调整好学习状态，创设一个良好的学习氛围，增加成功的概率。

关系2：个人绩效与组织奖励的关系。人总是希望取得成绩后能够得到奖励，这些奖励既包括提高工资、多发奖金等物质奖励，也包括表扬、自我成就感、同事的信赖、提高个人威信等精神奖励，还包括得到晋升等物质与精神兼有的奖励，否则就可能没有积极性。

对教学的启示：培训激励中最难的不是激发学习者兴趣，而是要让学习者持续保持这种兴趣，这就需要培训师深层次去理解学习者保持兴趣的动力在哪里。个人绩效与组织奖励关系能给培训师很好的启发，那就是在课堂上要让学习者不断获得一种物质与精神上的满足感。当然，由于教学资源是有限的，培训中的物质奖励不能成为主流，应该从深层次挖掘学习者工作中的难点，帮助学习者解决他们的这些困惑，给予及时的反馈和鼓励，这将大大增强学习者的学习积极性。

关系3：组织奖励与个人满足的关系。人总是希望获得的奖励能够满足自己某方面的需要。然而由于人们各方面的差异，他们需要的内容和程度可能不同。因此，讲师对不同的人采取不同的奖励方式，能更有效地激发个人的工作动力。

对教学的启示：世界上没有两片叶子是相同的，在教学过程中培训师也需要因材施教。同样，激励方式也需有所差异，如果对学习者的点评永远停留在"不错、很棒"等说法上，激励的价值就会大打折扣。不同的个体需求各异，培训师需要多观察、多聆听，了解每个学习者的诉求点，给予个性化反馈，让激励真正发挥作用。

③ 注意力曲线

理论渊源：注意力曲线也叫倒U形曲线，起源于20世纪的心理学词汇。在叶克斯博士(Robert M. Yerkes)和多德森博士(John D. Dodson)于1908年提出的叶克斯-多德森定律(Yerkes-Dodson law)中，倒U形曲线被用来阐述一系列的实验结果。

倒U形曲线很好地体现了注意力和刺激之间的关系，如图3.9所示(选自露西·乔·帕拉迪诺《注意力曲线》，2016年)。

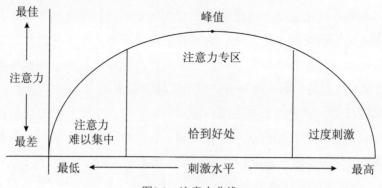

图3.9　注意力曲线

垂直的Y轴代表注意力，从上到下代表注意力由好到坏。水平的X轴代表受到的刺激水平，从左到右表明受刺激程度由低到高。曲线的左上端代表缺乏刺激，曲线的右上端代表过度刺激。曲线的两端处于缺乏刺激和过度刺激的状态，这时候的注意力水平都是很低的。在曲线的中心区，受到的刺激程度恰到好处，而注意力则处于最佳状态，这就是人的注意力专区。

当处于注意力专区的时候也就是受到足够和稳定的刺激时，人的感觉很好。处在这样的身心放松状态中，人会觉得做事很有效率，有足够的力气把事情完成；会认真地聆听，保持注意力集中。倒U形曲线中的顶端代表了最高值，当人越接近这个峰值，也就越接近保持注意力的最佳状态。通常人们把它叫作"最佳状态"，专家有创意地称之为"心流(Flow)，这个词是由捷克心理学家米哈里·齐克森米哈里波首次提出的。他曾经收集过上千个拥有高度注意力的人的相关数据，有的是登山运动员，有的是国际象棋选手。"心流"这个词能够很好地描述人们从事高度自我控制、目标明确、有意义的活动时的状态。

当然，达到巅峰状态的、不被分散的注意力是最理想的，但是在纷繁复杂的工作环境中很难实现，人们会时不时地因为这事或那事而分神。所幸的是，人们只要能够达到曲线的中心范围，注意力就是集中的，做事情就是富有成效的。

对教学的启示：

(1) 培训师在课堂上，应尽可能地将学习者的注意力控制在注意力专区，使学习者在一种适度轻松的状态下，集中精力关注培训师所讲授的内容，同时能够积极参与学习活动。具体表现为学习者积极回答问题，愿意分享和做出贡献，学习成果能够达到或超过预期教学目标。培训师需要了解在哪些状态下，学习者可能处在注意力专区之外，如学习者出现如下行为：打哈欠、眼神游离、翻看手机、低头不语、睡觉、眉头紧锁、双手交叉胸前、窃窃私语、如坐针毡、拒绝回答问题，培训师需要敏感地意识到学习者已经分神，需要及时调整教学方式。

(2) 如果学习者不在注意力专区，培训师可以从两方面着手找原因：一是刺激不够(如内容太简单，与实际工作匹配性不够，素材不够新颖，教学方法过于单一，对培训师提出的问题不感兴趣)，此时培训师需要调整内容深度或增加练习的难度来激发学习者兴趣；二是刺激太强(如内容太难、竞技太多、学习者现场压力太大、教学方法变化太快、素材太多)，会让学习者迷惑，学习者在不断追赶培训师的教学进度过程中容易掉队，最后停止不前，身心疲惫，精力透支。在这种情况下，培训师要适当放慢课程节奏，减少非核心内容的传递，预留让学习者思考和消化的时间，让学习者重回注意力专区。

研究表明，在学习者所碰到的挑战与能力匹配的情况下，学习者容易进入最佳状态。这就要求培训师要把握好学习者的技能水平并设计合理的学习任务，让学习者"跳一跳就能够得着"，同时控制好讲与练的节奏，变换不同的教学形式，让学习者长时间保持在注意力专区。

第六节
保结果：用教学测评检验成果

一、为什么要做教学测评

培训的效果评估是指培训后对教学效果做出评价。培训的评估不应只出现在课程结束，从培训前直至培训结束的整个过程都需要运用不同的评估和测量手段。比如在课堂上，当我们想了解学习者是否已经掌握所学的知识和技能时，课堂中会做些测试的练习等，这些便是培训教学中的测评。在培训前、中、后讲师有意识地设计和实施教学测评有利于了解教学效果，这样能够避免培训华而不实。

培训教学测评即为促进培训成效而采用的测量与评价方法。讲师在培训的开始、教学过程中以及培训实施后通过正确、科学的测评手段，准确地把握教学目标及目标的完成情况，达到确认教学内容、检验教学方法、提高教学效果的目的。

二、教学测评的时机

教学测评不是简单的课程评估和课堂测试，应该根据培训的不同情形来设计有目的的测评环节。一般根据以下4种情形采用不同形式的测评手段和策略。

1 确定培训需求，制定课程目标

培训的需求是对学习者现状和期望状态的分析，从而确认课堂上学习者需要学会什么知识、态度和技能。有些培训师通过做一些简单的统计与整理来确定培训需求，有的甚至直接给出菜单选项，让学习者自己勾选需求。这样的调查只能整理出一些表象的内容，更多的需求隐藏在培训对象的背后，这些需求难以察觉，必须通过情境测试等手段进行分析和诊断。课程内容与业务高度结合，才能制定有针对性的课程目标。

2 促进自主学习，激励团队合作

培训师应善于引导，通过启发使学习者学到更多的思考问题、解决问题的能力。换句话说，成人的学习是依托自身经验的自主学习。课堂内容讲授过程中，讲师"提供答案"前的测试和学习者的课堂任务，可以让学习者凭自己的经验去挑战学习目标，也可以引导学习者更好地进行经验分享，促进相互学习。此外，在培训中将学习者自评、互评与讲师点评相结合，也能使大家更好地融入学习。

3 保障学习进程，明确学习方向

学习好像上山一样，太大的步子会使人感觉很吃力，太小的步子会使人觉得别扭。一个好的学习进程能让学习者一步步地顺利达到顶峰。在培训课堂学习过程中，各种测评和测试手段能引导学习者稳步前进，帮助学习者完成学习目标。结合教学内容，测试活动从动脑到动手；结合教学进程，测试活动从简单到困难。

4 检验学习效果，验证课程目标

核心内容讲解结束后，学习者的分享、展示和应用操作等课堂活动都是讲师检验学习者掌握情况的好机会，也是让学习者了解自己学习情况的好时机。除了对"应知"的知识进行测验外，对于一些"应会"的知识，讲师也应该在课堂中引入实战案例和情境模拟来对学习者的学习情况进行评估，从而检验课程目标的完成程度。

进行教学测评的目的是获得反馈信息，以保证课程目标的实现，而不在于对学习者水平做出最终评定，更不能利用测评结果对学习者进行比较与分等。

三、关键行为能力面谈评价

对关键的行为能力应采用面谈的方式进行评价。在培训前的课程目标的制定阶段，讲师首先应对培训对象开展业务所需要的核心能力进行分析，再针对学习者完成核心业务时的行为能力进行评价，找出能力差距，合理匹配教学内容。

面谈评价的步骤如表3.9所示。

表3.9 面谈评价的步骤

具体步骤	主要内容	目的
1.能力提炼	能力评价开展前需要对培训对象的核心业务做全面的分析，界定出影响业务绩效的关键行为能力	让培训能更好地促进业务的开展，更有针对性
2.能力描述	描述各行为能力的表现和评价标准	让评价有充分的依据
3.匹配行为事件	拟定面谈大纲，收集情境案例	让能力尽可能"可视化"，让测量更准确
4.面谈、评估	开展面谈，进行评价	通过学习者在面谈中的反应，观察和判断学习者的表现，结合能力标准做出评估

例如，在"管理者团队协作"的培训中，面谈评价如下所述。

1.能力提炼、能力描述、匹配行为事件

(1) 根据核心业务的要求，提炼出需要的能力，命名为"团队协作"，并加以解释；

(2) 提炼出影响管理者做好"团队协作"具体的的关键行为能力(建立共同目标、信守承诺、分享与资源共享、良好的人际关系、及时解决问题)。

(3) 对这5种关键行为能力分别说明，描述在工作中相关的行为细节，作为评价的主要方向，如表3.10所示。

表3.10　核心能力行为描述表(以"管理者团队协作能力"为例)

核心业务的要求	关键行为能力	现岗位能力要求下的行为能力表现说明(能力描述)
工作任务：团队协作 带团队的过程中管理者应该建立共同目标并遵守协作规则，创造积极合作、坦诚、双赢的工作氛围	1. 建立共同目标	1. 当个人利益与公司利益发生冲突时，能把公司利益放在首位 2. 经常强调自己与下属的共同目标
	2. 信守承诺	对承诺的事情积极、及时落实，不能按期实现时，及早沟通
	3. 分享与资源共享	1. 分享相关信息，使成员都知道工作进程 2. 善于发挥自己长处并帮助他人完成任务 3. 通过各种途径介绍新技术、新方法
	4. 良好的人际关系	1. 承担复杂工作任务时，其他团队愿意主动协助自己完成 2. 能叫得出公司里60%以上的同事名字 3. 见到每位同事都会点头招呼 4. 在工作以外的场合发起聚会活动，与同事、客户娱乐，与他们成为密友 5. 在日常生活中能公平对待与自己有过意见分歧的同事 6. 除了办公电话外，还会留手机或家庭电话给同事，以备不时之需
	5. 及时解决问题	1. 能独自迅速地处理部门中的突发紧急情况 2. 和员工一起达成大家都认同的解决问题的方法 3. 随时能够了解相关业务的发展情况以及客户方面出现的新问题

2. 面谈评估问题设计

根据能力的行为表现来设计需要提问的问题。如：

(1) 在团队协作中您是否会主动、迅速界定自己的角色？您认为这样做有什么好处？

(2) 在完成任务的过程中出现了职责界限不清晰的问题时，您会怎么处理？为什么？

(3) 能不能列举一些对他人的需求、感觉和关注的事情给予及时回应的事例？

(4) 您认为团队在做会议决策时，如果有意见在会上提出还是会后提出，为什么？

(5) 您对小道消息的态度是怎样的？您一般会怎么处理？

(6) 你认为怎样才算完成工作任务？为什么会这么认为？

提问者必须事先根据能力描述的"要求"拟定"标准"的问题答案。过程中鼓励对象去做决策，在他们的决策信息中依据标准给予评价，必要时还要根据所描述的问题进行追问，以便准确了解对象"协作方面"的真实情况。

3. 评估总结

最后,统计整体的情况评估,罗列出问题清单,筛选出与团队协作相关的培训内容,如表3.11所示。

表3.11 核心问题与知识对应表(以"管理者团队协作能力"为例)

基本问题	针对性的知识
不能用正确的观念处理公司和员工的关系	团队管理者的角色
人际关系的基础较弱	如何建立良好的人际关系
部门之间获得的支持较少	跨部门沟通
问题的解决效果不理想	问题分析解决
……	……

需要注意的是,关键行为能力评价中,行为能力的表现要根据该岗位的要求和胜任的标准来说明,需要反复推敲相关语句,才能使能力评估结果科学可信。

四、知识掌握程度的测验

对学习者知识掌握程度的测验是为了检查评定课程目标的完成情况,启发学习者的学习兴趣,帮助学习者巩固和消化课堂上所学的知识,及时发现学习过程中存在的问题。

课堂中的测验要与教学内容和教学目标紧密相连,并在实施的过程中充分调动学习者的积极性,不断增强学习者的自信心,这样学习者才愿意参与到学习中来。课堂的测验不同于考试,它需要与教学过程融合在一起进行。

1 用有效性的提问让学习者尝试去解决问题

提问是最常用的检测手段,通过提问可以了解学习者的真实水平,能够引发学习者思考的兴趣和求知欲,还可以验证学习的效果。提问应更有策略性。讲解前提问会给学习者带来一定的压力,因此在这个阶段提出的问题应该着重引导学习者努力尝试去解决问题,多问与工作情景、生活情景相关的问题,多问"怎么做"和类似"有哪些"这样开放式的问题,亦可测试学习者的水平和参与程度;此时不宜直接问概念、理论、原理是什么。过高难度的问题会影响学习者的学习积极性。如果课程内容以信息的提炼为主,这时候可以多问"是什么"或"为什么",以及类似"能不能"这样的封闭式问题,引导学习者来总结和论证。讲解结束后可以问"是什么""怎么做"的问题,一方面是可以回顾之前讲的知识,另一方面也可以了解学习者的理解和感受。

② 连线、填空、拼图等课堂测试可以制造学习体验

在课堂中做连线、填空和拼图等测试，不仅有利于调动学习者多动脑，还有利于激发学习者将旧新的知识联系起来帮助学习者理解和记忆。进行连线、填空、拼图等课堂测试时应遵循以下两个基本原则。

1) 目的明确

这些测试方法一般用于讲解某个内容的前后。用于某段内容讲授前的测试，其目的是为了激活学习者的旧知，是学习者学习新知识前反思的过程。这个阶段需要根据学习者的状况降低测试的难度，如在运用填空的方法时，可以提供多个答案，让学习者选择。用于某个内容讲授后的测试，其目的是检验学习者的学习情况，测试的内容要与讲授的内容直接相关。

2) 多样有趣

测试学习者学习情况只是测试的目的之一，让学习者更好地参入进来也是测试的重要作用。因此，可以变化形式以达到引导学习者投入的目的。其一，可以把个体行动变成集体活动，如让A来考B。让学习者发挥自身的想象力和创造力，针对某个内容和环节，由单个或一组学习者自行设计检测题目，让其他学习者或其他组进行解答，然后由讲师进行指导和点评。其二，可以设计竞技的环节，如抢答、比赛等。

·········· 五、知识技能应用水平的测试 ··········

① 案例分析测试

案例分析常常用在课堂中作为一种教学方法，帮助学习者理解和学习知识的应用。正因为如此，在知识技能的应用方面，案例测试成为有效的方法之一。案例分析测试一般用在某段内容讲解结束后，以此来检验学习者对知识技能的理解和应用。

案例分析测试的设计与案例教学设计有很多相似之处，两者都必须根据讲授的内容来匹配案例情境，都需要让学习者去解决案例中的问题。不同的是，案例教学时，讲师根据学习者的结论进行点评和总结；案例分析测试时，讲师则需要结合课程内容事先确定一个"正确"的参考答案，评价学习者的结论是否符合参考答案，如图3.10所示。

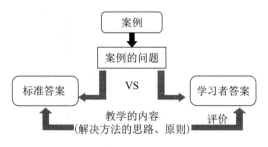

图3.10 案例分析测试设计思路

例如，课堂上讲师的讲授"向下沟通"这个知识点(见图3.11)后，对学员对知识的理解和应用进行了案例分析测试。

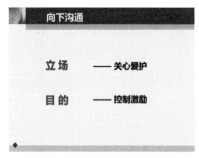

图3.11 "向下沟通"授课内容

案例分析测试设计：

案例分析题(请对案例进行分析，并作答。共20分)

你的一位下属A向你报告，他说亲耳听到你的另一位下属B在背后向其他同事传播你一些负面的事情，而且打听到B不止一次向不同人传播这些事。你听后，非常不高兴，想找B单独把此事沟通清楚。当提到此事时，没想到B表现得非常不耐烦，指责你强加罪名于他，并且态度很嚣张。

案例中的"你"会如何处理这样的问题，请写出详细的做法。

目的：检验学习者对向下沟通的理解和应用。

评价：讲师依据"站在关心爱护下属的立场，以达到控制激励的目的"对学员的回答做出评价。如果涉及或接近以下要点(或符合向下沟通的立场/目的)，可给予相应的分数：

- 需要及时找A做沟通，2分；
- 在不打击A的前提下，向A提示用其他的公开渠道来反馈此类问题为妥，"检讨"自己对沟通渠道建设不力，感谢A的"好意"，4分；
- 向A表示与B确实存在误会，而产生这些问题的主要责任在自己，5分；

- 要及时找B沟通，2分；
- 对B工作优秀的方面进行肯定，表达他在你心目中的重要性，4分；
- 向B表达希望日后多与他交流的愿望，3分。

② 情境应用评价

最好的应用测试就是把实际的工作情境引入课堂中，让学习者直接尝试练习，讲师根据学习者的表现测评结果。情境测试就是设置一定的情境，观察被测评者在该情境中的反应并做出评价的一个过程。

一般课堂上的情境测试不针对学习者的"素质能力"等方面做观察和评价。课堂中的情境测试主要针对学习者对知识技能的学习应用情况做评价。课后的情境测试既可以对学习者的知识技能的学习应用情况做评价，也可以对学习者的"素质能力""行为能力"做评价。做好情境测试应把握以下几个要点。

- 应基于某个知识和技能的应用来设计情境，情境背景必须"真实"可信，事件背景应从实际案例中采集并进行再设计；
- 情境不能过于复杂，最好是一个情形下和某个时间段发生的事，涉及人物不能太多，最好能够一对一进行演练；
- 讲师只需要提供背景信息，让学习者凭自己的能力处理情境中的事件；
- 讲师需要不断收集学习者的行为表现，作为评估的依据；
- 把情境评估作为一次学习的机会，引导学习者互评，讲师及时点评。

最后，需要说明的是，上述各种形式的教学测评在培训的前中后都可以灵活使用。总之，我们应该合理地组织课堂前中后的培训检测，让培训的每一步都能看到效果，这样才能更好地提高培训的效率，实现课堂效果的最优化。

第四章

"落地有声"
——经典培训项目
的设计与实施

本章要点：

▶ 培训项目的操作流程

▶ 项目的目的/项目的目标/操作步骤和要点

▶ 调研测评工具/评估表/项目流程指引

第一节
从课堂培训到培训项目

一、为什么要引入培训项目

培训是人力资源管理的重要模块之一，其目的是使员工获得或改进与工作有关的知识、技能、态度和行为，提升其绩效，以更好地实现组织目标。然而，现实的培训实践往往不尽如人意，投入不菲的培训费用却没有让员工满意，培训效果平平和培训效益无法客观评估的现象十分普遍。

完美的课程设计和课堂技巧可以帮助讲师在课程上从容应对，讲师可以结合学习者的需求，让学习者在"知识、态度、技能"上有所提高。然而企业不仅仅满意课堂效果，培训后有很多声音质疑培训的"效果"。那企业想要的培训效果究竟是怎样的呢？

根据国际著名学者唐纳德•L.柯克帕特里克(Donald L. Kirkpatrick)提出的柯氏四级评估模式(Kirkpatrick Model)，企业评估培训效果时主要关注以下4个问题。

(1) 学的这些内容是学习者完成工作所需要的吗？

(2) 学习者学会了什么？

(3) 工作中如何使用所学到的知识、技能和态度？

(4) 学习者实际的"绩效(工作)"发生变化了吗？

前两个问题在"课堂培训"就能解决，但后两个问题的解决就必须让学习者去"实践"，这就要依托"培训项目"来实现。从"课堂培训"到"培训项目"的转变，适应了企业更希望培训的效果能延续到学习者的实际工作中的潮流。培训项目就是把课堂培训所学的"知识、技能、态度"和学习者"实践活动"相结合，让培训成果显性化。

培训项目能结合企业未来的业务方向，发现员工的真正问题和业务需求，形成阶段性工作规划，并提供全面的培训解决方案来分步实施，建立有效、完整的培训规划体系，从而推进企业业务发展。

培训项目针对培训项目的目的来开展的。如果培训项目的目的只是让学习者对新的知识有所了解，那么应在"课堂教学"上多下功夫，让学习者受训之后能对新知识有所记忆。对效果的评估只需要停留在"应知"的测试上，即课后"考试"就行了。如果培训项目的目的是让学习者的绩效有所提升，那么考核的重点应该是绩效目标，实施的步骤应该聚焦到学习者完成绩效目标的"行动"和"行动的落实"上，让学习者先"干"，发现什么就"补"什么，课堂培训成为行动中的一部分。对效果的评估方式应以绩效目标的达成为标准。

在整个培训项目开展过程中，在以培训项目的为基础上，要确保以下几个基本要点的一致性：目的、目标、实施步骤、评估。

二、四种常见培训项目方向

培训项目的目的又是怎么确认的呢？从大的方向来看就是依据企业的战略来确定的。从战略到培训的具体每一项目，需要分层分重点来考虑。科莱斯平衡记分卡(Careersmart Balanced Score Card)从财务、客户、内部运营、学习与成长4个角度，将组织的战略落实为可操作的衡量指标和目标值。

由此可见，培训不应仅为了解决企业员工的能力问题，更重要的是和企业的整体战略结合，构建企业人力资源的组织系统能力，最终提升企业可持续发展的"软实力"。我们应该以"从学习到人才发展，再到对内对外的运营发展和绩效的实现"为主线，帮助员工转变观念，掌握方法和技能，解决企业棘手的问题，朝着有利于业绩改进的方向，实现组织的成长。

从平衡记分卡的各个层面，我们不难找到相应的培训项目方向。

(1) 知识引入。以员工的学习和成长为目的，推动人才的发展。

(2) 能力提升。以提升员工实践应用能力为目的，从而有效解决企业变革的挑战，为管理和业务的发展带来保障。

(3) 绩效提升。以绩效产出为目的，关注工作的效率、质量和企业的投资回报，直接为企业带来价值。

(4) 文化影响。以组织的成长为目的，提升企业文化的影响力，为企业的持续发展服务。

其中"知识引入"是基础，是保证项目成果的重要因素之一，每个不同"目的"的培训项目中都应包含"知识引入"。

::::::::::: 三、培训项目的实施步骤及评估 :::::::::::

培训项目的目标是检验项目是否成功的重要标准。目的不同，培训项目的实施步骤和评估也会有所差异。

1 以"知识引入"为目的的培训项目

以"知识引入"为目的的培训项目，关注的是学习者应知应会的知识，考虑的是学习者在课堂上对知识的掌握情况。因此这类项目一般将"课程目标"的达成作为实施后的评估标准，如企业需要学习者学习的一些新的制度、操作技能、工作流程、标准等。项目的实施步骤及评估比较简单，一般分为以下三步。

(1) 培训前的调研。依据公司要求和学习者的现状，理清学习者需要学习的知识，制定课程目标。

(2) 培训课程的实施。通过各种教学手段确保课程目标的实现。

(3) 课后的考评。通过考试或测试的方法检验学习者对知识掌握的情况，检查课程目标是否实现。

2 以"能力提升"为目的的培训项目

以"能力提升"为目的的培训项目，关注的是学习者工作能力的提升和关键业务问题的解决。这类项目的目标有以下两种。

一种是针对工作能力提升的，即以提升学习者的工作胜任能力为目标。检验这种目标是否达成，需要在学习前和学习后的一段时间，通过对学习者能力状态进行测评，对比前后的能力数据来检验学习者能力提升的效果。

另一种是针对关键业务问题解决的，即以形成某个问题的解决方案为目标。这种目标主要针对某个特定的工作问题，因此在项目结束后需要形成针对这个问题的"特定成果"，这个成果就是日后解决这个问题的方法。

"能力提升"类型的项目实施步骤及评估比较复杂，多采取"课程体系(多个课程)"的方式进行，以确保项目的效果。具体分为以下几个步骤。

(1) 问题的界定。依据科学的工具、模型分析问题现状。

(2) 课程体系的建立。提出问题的培训解决方案，提出课程设置思路，引入必备的关键知识和技能。

(3) 系列培训课程的实施。通过各种教学手段确保课程目标的实现。

(4) 课后的跟进。布置课后的任务和行动方案，提出成果要求。

(5) 学习成果展示。

3 以"绩效提升"为目的的培训项目

以"绩效提升"为目的的培训项目，关注的是学习者绩效的提升。绩效目标从具体的工作中来，因此这类项目的实施步骤及评估需要紧紧围绕学习者的具体行动来开展，基本步骤如下。

(1) 依据公司战略确定绩效目标。

(2) 探索完成绩效目标面临的挑战，共同讨论面临的困难。

(3) 拟订行动计划及承诺，即提出针对性的行动方案，并达成"绩效合约"。

(4) 行动跟进，及时发现行动过程中的问题。

(5) 引入知识作为提升行动能力的重要手段，此外还需提供课堂培训之外的支持和改进措施。

(6) 成果验收及对绩效目标的达成进行回顾。

4 以"文化影响"为目的的培训项目

以"文化影响"为目的的培训项目，关注的是组织的成长，通过"学习型组织"的建设，提升组织的"软实力"。这类项目关注"学习文化"的理念和氛围，需要学习者全身心参与。这类项目的目标对学习者参与的行为和项目成果往往有特殊的要求，可以通过过程考核和特定成果验收的方式设定项目目标。"文化影响"类型的培训项目需要围绕公司的文化落地来开展。因此在实施过程中，既要考虑文化的解读，也要考虑文化的执行。比如，在"文化讲师"的培养项目中，需要让文化讲师宣扬和讲解公司的企业文化，要围绕"文化讲师"的培养来进行，同时推动和考评"文化讲师"实践活动的过程。基本步骤如下。

(1) 文化的提炼与解读。这是对文化体系的深入理解。

(2) 文化的宣讲和体验活动，即通过系列文化宣传活动加深对文化的体验。

(3) 培养一批"文化讲师"，开发和讲授针对不同员工层面的文化课程。

(4) 文化的实践。力求文化讲师和管理者进一步开展系列文化实践活动。

培训项目是培训课堂的延伸，每个培训项目中都包含了各种主题课堂培训。科学高效的课堂培训可以帮助学习者实现从"不知"到"知"的转变；合理系统的培训项目可以帮助学习者实现从"知"到"行"的有效转化，实现培训效果的最大化。

能力提升培训项目的设计与实施

进入知识经济时代，企业都在思索：怎样通过各种途径使人力资本增值，从而使企业在市场竞争中取得胜利。企业的快速发展与员工的能力水平是分不开的，员工能胜任当前的岗位，为企业的发展创造卓越的业绩，必须具备基本的职业素质和技能。

能力提升培训项目围绕员工的素质和能力提升进行，针对培训对象的能力需求设置培训课程，系统地提升其能力。

能力提升培训项目需要对特定培训对象的能力水平进行总体评估。根据受训对象的具体工作情况，结合这个群体业务开展过程中的能力要求，设计个性化、系统化和精细化的系列课程，建立一套规范化、系统化的技能转化方法，其中包括定制化的课程设计和高质量的课程执行，使培训与企业发展保持同步。

能力提升培训项目分六个阶段进行，基本流程如图4.1所示。

图4.1　能力提升培训项目的设计与实施

一、确定培训对象

能力提升项目必须以关键岗位人员群体为培训对象。这些关键的人员对企业经营、管理、技术、生产等方面起重要作用，与企业战略目标的实现密切相关，承担着重要的工作责任。

这个群体往往需要掌握关键技能，并且在一定时期内难以通过企业内部人员置换和市场外部人才供给所替代。此类培训有迫切性和针对性。

这些来自关键岗位的培训对象具有一定的共性特征。比如，如果是一个管理能力提升项目，参加的群体应该都是管理者和与管理工作相关的人员；如果是一个导购能力的训练项目，那么导购人员参加即可，导购岗位的管理人员可以不参加；如果是一个培训师技能提升的能力项目，参加的人应该是跟"内训师"工作相关的人员，对层级没有要求。

:::::::::: 二、厘清能力要求 ::::::::::

厘清能力主要是为了之后能根据这些能力来匹配培训课程。如果公司有完备的素质能力模型，这一步就简单多了，直接查找这些受训人员的具体能力要求就行了；如果没有相关的素质能力模型，可以根据培训对象的工作要求来做能力提炼。能力要求的获得有以下两个常用的方法。

1 岗位调研

岗位调研的主要目的是通过对岗位基础信息和原始资料进行收集、梳理，将岗位工作职责说明、岗位KPI(关键业绩指标)要求等方面内容落实到工作要求上。岗位调研的步骤如图4.2所示。

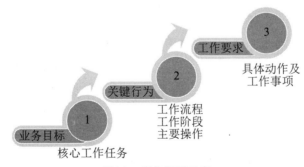

图4.2　岗位调研三步

(1) 核心工作任务。核心工作任务的是工作职责和对岗位绩效产生直接影响的工作内容。

(2) 关键的流程、阶段、操作。这一阶段是对核心工作任务的分解，包括部门已经建立的工作流程及相关的制度和政策等，也可以通过访谈的方式收集相关信息。

(3) 工作要求。工作要求的主要内容是指完成核心任务需要做的具体工作事项。

例如，对某市场人员工作岗位的核心工作任务进行分析，厘清工作要求，如表4.1所示。

表4.1　核心工作任务分析表(示例)

核心工作任务	工作流程/工作阶段/主要操作	工作要求
新产品上市推广	获得客户	积极做好客户拓展
		对现有客户进行筛选
		寻找客户
	建立联系	面对同行竞争，突出自身优势
		与利益关键人建立联系
	推广产品	解决客户的问题
		结合客户的利益陈述产品的价值
	成交	处理客户的异议
		处理特殊情况和疑难问题
	跟进	维护客户

最后，需要根据工作要求来整理出岗位能力项，针对工作要求，统计哪些能力出现的频率较高，从而确定能力范围和名称。在这个过程中，通常采用的操作方法有以下两种。一是查阅"能力词典"进行比对，总结出能力项。这种方法的优点是操作简单，缺点是结果的精确度不高。二是进行分析或讨论，筛选、分类，最终提炼和归纳出能力项。这种方法的优点是操作科学，缺点是整个过程投入成本高。

② 问卷调查与访谈

问卷调查与访谈的目的是通过对受训对象的能力进行有逻辑的分析和提炼，让能力分析更具系统性。问卷调查一般针对全部受训对象(如果人员过多，可选择适量的样本来开展调查)，优点是可以全面了解能力要求方面的信息。访谈一般针对受训对象的部分人员和部分受训对象的上级，优点是可以把握培训项目的重点和方向。

1) 受训对象全岗位人员的问卷调查

问卷调查从受训对象工作现状和遇到的问题出发，确定核心能力要求。问卷的设计包括以下几个模块。

(1)基本信息。基本信息包括姓名、部门、所在岗位、工作年限、基本工作描述等。

(2) 从工作现状中获得核心能力。

这个模块一般采用选择题或判断题的方式，肯定回答最多的题目所对应的能力应被列入对象的核心能力范畴。部分题目摘选如下所述。

● 你是否需要经常根据环境变化情况开发应变式工作计划?

目的:测试受训对象是否有前瞻能力。

● 每项工作开展前需要对将来情况进行预测吗?

目的:测试受训对象是否有前瞻能力。

● 经常通过"经手"的文件进行工作吗?

目的:测试受训对象是否有时间管理能力。

● 经常面对"紧急事件"吗?

目的:测试受训对象是否有安全导向能力。

● 平时对安全问题进行探讨吗?

目的:测试受训对象是否有安全导向能力。

● 平时引导他人做正确的事情,同时鼓励他们吗?

目的:测试受训对象是否有领导能力。

……

这些问题的设计,首先以了解相关岗位的基本信息为基础,然后从能力库中预先挑选一些与其工作相关的能力,最后依据这些能力的行为描述来设计问题。

(3) 从对象的工作问题中获得能力项的依据。

这个模块一般采用问答题或其他开放式问题,从回答者具体的做法中总结出需要的能力项。部分题目摘选如下所述。

● 在业务开展的过程中,哪个工作问题给您留下的印象最深?你是如何解决的?

目的:从解决问题的过程中提炼员工岗位所需要的能力项。

2) 与受训对象代表的一对一访谈

与受训对象代表的一对一访谈是用行为事件访谈法,了解受训对象的现状、工作问题及困惑,从而了解培训人员的能力状态,获得相关信息的方法。在访谈中常用到的问题如下所述。

● 请描述一下比较成功、比较重要的工作事例?

● 您在工作中遇到的最大挑战是什么?

● 什么能力对您工作的帮助最大?

● 遇到某个困难您是怎么做的?

● 请举例说明只有这个工作才需具备的才能?

……

3) 对高层和领导的访谈

从企业经营管理的高度出发,了解公司的文化、战略,明确企业对受训对象的期望与能力要求，获悉对培训工作的指导意见等。

例如，在对企业的中层管理人员进行培训的项目中，我们需要与企业的高层进行沟通，基本的问题框架如表4.2所示。

表4.2　与高层访谈问题框架

步骤	具体内容
开场白	××领导您好，我们将对公司管理人员进行技能提升方面的培训，想从您那里获得一些信息、指导和支持……
提出战略、文化方面的问题	公司(部门)的战略目标是什么？ 公司(部门)目前面临的挑战和变革是什么？ 您期望建立一个怎样的管理团队？ 您期望的管理风格是什么样子的？
提出管理者能否胜任岗位的问题	您心目中优秀的管理者是什么样子的？能列举一些事例吗？ 管理者将会面临什么挑战？ 目前管理人员最需提升的能力是什么？ 有没有现在需要解决的管理问题，能举个例子吗？ 管理人员应具备什么样的素质？
询问对培训工作的指导意见	您对此次中层管理人员培训的期望和建议是什么？
结束语	非常感谢！这个访谈对我们来说很重要，对项目的开展有极大的指导作用。谢谢您！

当然，获得受训对象能力要求的方法还有很多，如行为观察，这里简要介绍以上两种。无论采用哪种方法，在我们最终获得的能力信息中，需要根据关键能力指标的频次以及共性特征进行结构性归类，以"能力清单"的方式来呈现能力要求。

能力清单应包含能力的名称、定义、构成、具体行为描述等。它为课程的主题和内容范围的设置提供了科学的依据，也为衡量学习者能力的提升效果提供了参考依据和标准。

例如，主动热情能力清单如下所述。

能力名称：主动热情

能力定义：发现为企业创造价值的机会并采取行动的意识和能力；保持高标准的能力。

能力构成及具体行为描述：从两个维度来分析受训对象的能力构成，如表4.3所示。

表4.3 主动热情能力构成及具体行为描述

维度	能力构成	具体行为描述
正面行为能力	责任	1. 勇于承担责任，不推诿，对职位所承担的责任有充分的认识； 2. 能够激励员工，让他们承担更大的责任，充分发挥主动性； 3. 主动引导其他成员团结协作完成工作任务； 4. 建立与团队目标一致的个人目标； 5. 即使时间紧迫或在他人的压力之下，也能保证工作的质量
	创新	1. 工作中能不断提出新想法、新措施与新工作方法； 2. 不满足于现状，不断更新观念，用新目标鼓励大家； 3. 能够用创新的方法使下属对部门目标或个人目标产生热情； 4. 运用多种分析技术或方法，正确剖析复杂问题，提出多种方案及评估意见； 5. 对新技术、新工艺的实施过程进行监控，及时发现问题，并进行妥善处理或上报
	积极	1. 运用工作进度表，调动下属的工作积极性； 2. 能够按照本职工作的要求自觉学习，工作技能不断提高； 3. 积极与他人探讨，提出合理建议，为组织提供有力的支持； 4. 当目标不可能独自实现时，能积极向他人寻求帮助； 5. 会议上，发言次数多、质量高，善于引导讨论的进行并能做阶段性总结
负面行为表现		1. 不能从本职工作的角度进行知识的补充，影响任务的完成； 2. 专挑容易的事情做，对困难的事能拖就拖、能推则推； 3. 只以完成工作、任务为主要目标，把完成的质量放在次要位置； 4. 问题出现时，等待他人支援； 5. 遇到困难时，未做努力就想放弃； 6. 仅对自己认为能够控制的事情负责； 7. 工作过程中，显露出"差不多，过得去，粗枝大叶"的工作态度； 8. 仅对自己建立高标准但不对下属严格要求； 9. 不主动了解工艺流程知识，对自己岗位的专业知识知之甚少； 10. 与人沟通时常使用消极语言："这种情况我们从来没有发生过。""你必须再等两天。""我知道你很急，但是我也没办法啊。""我们也只能按规定来办。"

三、建立能力模型，匹配培训课程

能力清单整理完成后，根据受训对象的工作内容，将各种关键的业务能力有机地组合在一起，形成关键岗位的能力模型。最后，依据能力的要求与具体描述，确认基本的课题范围(名称)。

1 根据工作内容来确认能力的内在逻辑关系

工作内容就是受训对象的主要日常工作。工作内容往往有很多，我们需要总结出受训对象的实际工作业务流程或工作范围。

　　例如，在"中层管理者能力提升项目"中首先要确定中层管理者的工作内容
中层管理者就像高楼大厦的支柱。从管理的角度，协调沟通是中层管理者的重要工
作，在做好自我管理的前提下，中层管理者需要带好队伍并积极完成工作任务。中
层管理者的基本工作如图4.3所示。

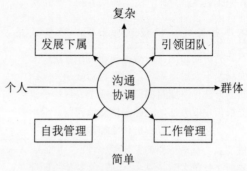

图4.3　中层管理者的基本工作

❷ 建立能力模型

　　以中层管理者工作内容为例，结合工作实际情况与岗位对管理者的能力要求，
建立管理者的能力模型，如图4.4所示。

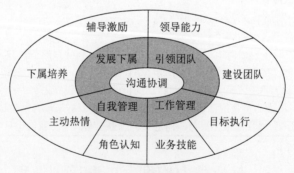

图4.4　管理者的能力模型

　　沟通协调：根据目标需要，配置和调动资源，沟通和协调各方面关系，调动各
方面积极性，及时解决目标实现过程中的难题。

　　主动热情：发现为企业创造价值的机会并采取行动的意识和能力；保持高标准
的能力。

　　角色认知：清楚认识其工作职责及对组织的价值。

　　业务技能：具备专业岗位所要求的专业理论知识和熟练技能，能对遇到的现象
或问题能准确判断，并运用相关技术进行快速和有效的处理，使之达到最佳状态。

　　目标执行：理解并配合全局战略，通过业务分析和财务分析制定目标，优化配

置时间、人力、资金、物资等资源，制定可操作的行动方案，确保执行效果。

建设团队：用团队的方式解决问题，运用系统思维思考复杂的团队问题，挑战团队传统思维模式，不断寻求创新，关注团队协作与团队成果。

领导能力：开放，接受他人，建立信任，理解他人的思想、感受和关注点，通过个人魅力来赢得团队的信任和支持。

辅导激励：善于运用各类奖励措施鼓励士气，激发及指导下属达到预定目标，提高管理效能，以保证实现组织的预定目标。

下属培养：帮助他人提高自我认知的能力。

3 根据能力模型设置系统的课程体系

依据工作的基本内容设置课程主题，依据能力描述和要求确定具体的课程内容。

例如，"中层管理者能力提升项目"的整体课程体系如表4.4所示。

表4.4 "中层管理者能力提升项目"课程体系示例

基本工作内容	核心能力	课程设置/名称	课程目的/说明
沟通协调	沟通协调	管理者的"三辅"训练	● 帮助管理者分析公司和个人的关系，明确管理者的定位和角色，树立积极的工作态度和作风，培养职业化的工作观念； ● 在辅佐上司的研讨中体会上司对自己的要求，树立服从上司、把上司当作客户的职业理念； ● 在辅助同事的研讨中体会工作团队中同事的不同价值，接受不同于"我"的同事，明确与同事的竞争、合作关系； ● 在辅导下属的研讨中学习帮助下属树立个人目标、激励下属、培养下属的方法
自我管理	角色认知	管理者的角色认知	● 了解从员工到管理者角色转换过程； ● 帮助管理者准确进行自我角色定位； ● 明确主管的不同角色定位； ● 强化主管的管理和领导意识； ● 掌握主管的必备职业素养和技能
	主动热情		
工作管理	业务技能	业务知识培训	● 了解核心业务知识
		非财务人员的财务管理	● 掌握现代财务管理的核心体系、原理； ● 看懂财务三大报表，读懂财务报告，进行财务分析； ● 掌握有效的成本控制方法； ● 懂得识别企业利润来源的方法
		非人力资源的人力资源管理	● 了解现代人力资源管理的相关理论； ● 合理处理员工关系，有效组建团队； ● 掌握管理员工薪酬期望的方法； ● 理解绩效在管理中的作用，加强绩效管理的能力

(续表)

基本工作内容	核心能力	课程设置/名称	课程目的/说明
工作管理	目标执行	目标计划管理	● 掌握如何设定和分解组织、部门、个人的工作目标； ● 掌握基本的时间管理工具； ● 掌握如何跟进和确保目标执行的有效性； ● 掌握如何处理和面对没有完成目标的员工
		项目管理	● 系统学习项目管理知识体系； ● 掌握项目管理的十大知识领域与解决问题的系统工程思想； ● 掌握项目管理的思维方式与管理要点； ● 学习项目管理的常用方法、工具与技术； ● 使用项目管理方式和系统工程思维指导实践，分享项目管理实践经验
引领团队	建设团队	卓越团队与突破性领导力	● 知晓自己的现状，引发对自我心智模式的反思； ● 提升团队建设能力与执行力
	领导能力	领导的艺术	● 认识领导力和团队合作的重要性，使自己团队的行动与团队共同理念保持一致； ● 建立领导者的信誉、提升领导者的前瞻能力，为团队树立榜样； ● 提升领导者带团队的能力，激发共同愿景，追求卓越； ● 使团队形成相互信任、良性冲突、兑现承诺、提升责任、聚焦结果的氛围； ● 学习变革的周期、领导的风格，从而有效领导变革； ● 激发领导者突破现状，提升激励他人的能力，带领团队迎接挑战
发展下属	辅导激励	管理者发展下属	● 提升管理者的影响能力； ● 激励、辅导下属踏上成功之路； ● 懂得不同的风格和不同的学习者个性，因材施教； ● 掌握一对一的辅导技巧； ● 掌握如何激励和授权； ● 掌握聆听的技巧； ● 避免一般领导人常犯的错误
	下属培养	内训师技能强化训练	● 掌握内训师必备的专业授课技巧，增强与学习者的互动，创造轻松愉快的学习氛围； ● 提升内训师的课程设计能力，善用各类培训工具使课程更加精彩； ● 提升内训师的控制场面和应变技巧； ● 明确内训师的责任与使命，了解自我的风格，不断成长进步

需要注意的是，课程体系是一个动态系统，不同的行业和不同的公司对课程要

求不同，课程设置自然会有差异，甚至同一个公司的不同发展阶段对课程的设置也会有所差异。

四、课程的设计与开发

课题选定后，课程的设计与开发方式有以下两种。

1 组织企业内部人员进行课程设计开发

课程设计开发可依据本书第一章介绍的课程设计与开发的基本流程来进行。

2 在市场上选择成熟的课程

在市场上选择课程时，要选择成熟的课程，确保课程的基本信息及内容与能力要求相一致。

五、系列课程的实施

一般来说，当课程完成设计开发后，所有关键岗位的人员都应该参加系列课程的训练。但是考虑到人员的素质能力存在差异，课程的实施有以下两种情况。

1 "入模子培训"的方式

这种课程实施情况要求，无论参与者是怎样的情况，必须按照项目培训的"模子"来进行培训，塑造成项目中所要求的"形状"。在这种情况下，学习者必须参加全部培训课程。

2 参加部分课程的培训

这种课程实施情况比较复杂，组织方需要在项目实施前期对受训对象做一个"能力测评"，受训者针对较弱的项目进行系列课程实施。为了让能力测评更科学，组织方需要在素质能力模型建立以后，再设计每项能力的胜任标准，依据标准再次评估。因为此类情况操作成本高，过程复杂，培训中采用较少。但课程讲师多把这种课程实施简化后加以操作，即在课前做一个能力情况的摸底调查，以便调整课程内容的侧重点。

:::::::::: 六、效果的迁移 ::::::::::

"能力提升"的项目不同于普通的"知识引入"项目，对学习者学习效果的评估不会停留在"考试"的应知的测试上；也不同于"绩效提升"项目，不会以"绩效提升"作为最终的评估标准。可以明显提升培训效果的措施有以下几种：增强培训内容与工作内容和能力要求的相关程度；提高主管领导对"培训应用"的支持程度；能给受训者提供一定的展示机会；让受训者在实际工作中尝试去应用、从而总结经验、提炼规律、强化成果。具体实施方式包括以下三种。

1 加强过程性培训管理，提交特定的成果

课程开展之初明确课程后的"实际"产出，在课程结束后提交成果。如在"管理能力提升项目"期间，让学习者不定期收集、编写、讨论典型管理案例，萃取精华，提炼经验，编写案例手册等。又如在"内训师能力提升项目"实施期间，让学习者参与授课演练，做出评价和记录，项目结束后提供"课件包"等实际成果。

2 开展特定主题活动，完成一个特定的计划，提交成果

从培训学习到实际工作应用需要一个过程，因此可以将每个课题的学习作为项目管理的一部分。学习者在一定时间内，完成一个与项目相关的课题，设定目标并考核结果，从而达到强化实际应用转化的目的。

3 能力测评和岗位竞聘结合

依据项目之初设定的能力项的标准，在项目进行中和项目结束后对受训者的知识、能力和工作态度进行考察，以现实事件为基础，通过测评个人的各项能力素质指标，为"岗位竞聘""职务晋升"等提供参考依据。

第三节
绩效提升培训项目的设计与实施

企业要赢得未来的竞争，就必须注重整体绩效的提高，要提高企业绩效水平，就必须重视员工培训与发展。不少企业希望通过员工培训来实现"学习型组织"的

建设。但是人们对培训给企业带来的"效益"并不确定，有的人对培训能提高组织的绩效持怀疑态度。员工通过培训是否能给企业带来价值，只有通过绩效考核才能检验，而员工实现绩效的过程相当复杂，这就要求在培训中从影响绩效的因素入手，把绩效提升显性化。

影响绩效的因素可以分为工作保障体系和员工发展体系两大方面。工作保障体系包括绩效机制和工作环境等问题，在促进员工绩效目标实现的过程中需要及时进行必要的调整。员工发展体系方面的问题包括员工的胜任力和努力以及良好的管理机制。这意味着，如果用培训来促进绩效的提升，必须做到以下几点。

- 以绩效目标为最终考核目标；
- 关注员工实现绩效目标的过程；
- 改进绩效保障体系和完善管理机制；
- 帮助员工成长；
- 把控"绩效成果"。

绩效提升培训项目的开展，先由"发起者"提出绩效目标，依据既定的绩效目标，由绩效目标的相关人员组成小组，提出实现目标可能存在的问题，然后提出建议并在特定的"会议"上"提交"上一级主管。上级主管对建议做出"行"或"不行"的决策，并在计划实施后定期检查进度，确保成果的实现。

绩效提升培训项目的设计与实施流程如图4.5所示。

图4.5 绩效提升培训项目的设计与实施流程

·········· 一、绩效目标的确定 ··········

绩效目标的制定必须从上往下逐级进行。因此，在培训项目开始前必须从公司"一把手"那里得到具体的绩效目标。例如，销售经理的绩效目标为"当年完成1500万的销售额"或"市场覆盖率达到50%"，这是数量目标；客户服务工作的质量目标为"客户满意率高于80%"，对产部门的绩效目标为"废品率低于1%"，这是质量目标。通常我们从上层领导那里获得的是绩效考核的整体目标，是组织的战略或经营目标。通过一套程序(项目的开展过程)，将这个总的目标分解到各个部门，直至岗位人员。

当然目标不是凭空想象出来的，需要有翔实的数据和精确的预算。从策略上讲，目标要比能力稍高一点，也就是通常说的"跳一跳，摸得着"的范围。项目开展前，从"发起者"那里获得合理的绩效目标，避免目标不切实际。为了避免领导靠自己的"经验"和"感觉"确定目标，我们可以使用"聚焦式会话"的谈话技术。聚焦式会话是一种运用脑科学原理的提问策略，可以让会谈者看到那些自己原来看不到的地方，使他们能通过别人的观点看问题。这种科学的沟通方式可以避免引起争执和"习惯性防卫"。在最终决定绩效目标的时候，这种探讨会产生有益的效果。

聚焦式会话包括"四个层次"，由主持者提出的"四个层次"的问题答案中发现工作和生活的深层含义。

聚焦式会话需要设计的四个层面的问题，分别是数据层面的问题、体验层面的问题、理解层面的问题、决定层面的问题。这四个层面的问题在聚焦式会话前要围绕谈话的主题设计，以便在会话过程中做引导。表4.5为聚焦式会话设计说明。

表4.5　聚焦式会话设计说明

对话背景分析	对话内容设计
情境： 描述会谈主题背景	开场白： 感谢对方参与，简要说明会谈背景、角色、形式、目标等
理性目的： 与会谈达成的目标有关	数据层面的问题： 关于主题的事实，这些问题从以下感官可以获得：看到的、听到的、触碰到的、闻到的、尝到的
感性目的： 与会谈对象个人感受或体验有关	体验层面的问题： 立即唤起个人对数据反应的问题，包括情感或感受、过往的经历等
	理解层面的问题： 包括意义、价值、重要性和含义等
提示： 提醒自己要注意的事项及替代方案	决定层面的问题： 引出决定，对话结束
	结束语： 感谢语，并做出后续跟进承诺

培训师可以依据"聚焦式会话的设计说明"来编制"绩效目标评估会谈操作流程"(见表4.6)，"绩效目标评估会谈操作流程"记录了培训师与上级的对话过程，能准确地锁定绩效目标。

表4.6 绩效目标评估会谈操作流程

对话背景分析	对话内容设计
情境： 评估近几个月以来绩效目标完成情况，把设想的绩效目标与现状进行比较	开场白： 我们现在正处于绩效提升项目的一个关键阶段，需要让项目的目标更加合理且便于执行。我们要总结一下迄今为止的绩效目标完成情况、已取得的成绩以及碰到的困难。可以结合外部信息，确定是否需要修改目前设定的绩效总目标，以保证项目按计划执行。
理性目的： 总结公司目前相关部门目标的完成情况	数据层面的问题： 之前的绩效方面的信息，哪些引起您的注意？ 绩效目标的哪些方面比较清晰？ 哪些方面不清晰？ 对于绩效项目的开展，您认为我们还需要共享哪些信息？ 以前的绩效目标完成情况和现有的目标比较时，哪些方面优于之前？
感性目的： 对过去工作的回忆，对未来行动的展望	体验层面的问题： 之前员工完成目标的状态你觉得怎么样？ 哪里的工作进展顺利？ 哪些地方的实施比预计的要困难？ 我们在哪里陷入预想不到的混乱或僵局？
提示： 对于数据层面的问题，要预留充足的时间回答，避免用审问的口气盘问已完成的或未完成的工作。在了解实际情况之后，作会议总结，或者重新讨论优先排序问题	理解层面的问题： 目前目标的主要问题表现在什么地方？ 我们在哪里需要帮助？ 我们需要解决哪些问题？ 什么办法才能使该绩效目标按计划执行？
	决定层面的问题： 对现有项目绩效目标有哪些修改建议？ 下一步工作是什么？ 需要谁去做下一步工作？
	结束语： 这次讨论对绩效提升项目很有帮助。谢谢您！

关键的绩效目标确定后，我们还需要确认绩效提升培训项目有哪些人员参与。一般来说跟绩效目标相关的人员都需要纳入项目中来，甚至包括一些跨部门的项目小组，组织他们对下一步行动进行讨论，每个人都要为绩效目标的实现拟定下一步工作计划。

二、让参与者感受到自己是绩效目标的受益者

强压的指标得不到想要的结果，人们不会为自己都不愿意接受的"任务"付出真实的努力。下发指标前应特别关注项目对象的积极性，当大家不再为单纯的任

务、命令、薪酬而工作，而是为共同的"梦想"而奋斗时，整个团队将发生显著的变化。因此，我们有必要让参与者进行研讨。

1 共启愿景工作坊——让他们为自己描绘愿景

当团队成员为了实现自己心中的愿景而努力工作，而不仅是为了管理者的命令而工作时，团队会有一个脱胎换骨的变化。也就是说，在一个组织中，当领导者和全体员工具备相同的积极愿望，当相同的愿望变为共同愿景时，就会显著影响和改变组织的行为，对组织的发展具有十分积极的推动作用。

彼得·圣吉指出，愿景是团队想去创造的、可以进行描绘的未来图像，就好像发生在眼前一样。也就是说，"愿景"能在我们大脑中构成一个未来的"图像"，这个图像是能够"看到、听到、感受到"的，就犹如一个画面，看到这个画面，我们会思索以下问题。

- 我想要的未来是怎样的？
- 这些对我的意义是什么？
- 我能为美好的未来做什么？
- 我们如何互相支持？
- 我还能做什么？

培训师可以在此工作坊中安排特定的环节，设定以下问题，让参与者一起来憧憬项目的愿景。

- 假如我们的目标实现了，我们完成了……(描述具体化的目标)，我们会如何庆祝我们的成就？那是一幅什么样的庆祝面面？团队成员的心情如何？他们的感受如何？
- 在这个庆祝活动中，你在哪里？看到了什么？听到了什么？在那个庆祝活动中，你会做些什么？

例如，培训师在请参与者用视觉化的图像描绘他们的愿景时，提出"如果三个月后，我们的项目取得了成功，在你的头脑中是怎样的画面"的问题。当"即将"获得的成果变成自己期望的时候，人们看待"任务"和思考问题的角度会发生变化。

2 让员工能感受到项目的高收益

1970年，哈佛大学教授William Zani提出了关键成功因素法(Key Success

Factors)，认为可以通过对关键成功因素的识别，找出实现目标所需的关键信息，然后围绕这些关键因素来进行规划。我们事先应将项目的有关工作绩效与项目成员的财务回报直接挂钩，依据目标越高、奖励越大的原则，重新制定奖励规则。当人们认为加倍努力工作能获得好的绩效评价和回报时，他们就会倾向于多付出努力。向项目成员公布一个整体的目标激励方案，让参与者看得到实实在在的收益。

三、工作问题探讨与行动计划的拟定

想要得到最佳的行动效果，最好的做法是：不要告诉他们怎么做，而是要帮助他们自己找到行动的原因，协助他们找出更好的做事方法。要想让人们自发地去行动，必须想办法让他们参与到"决策"上来，人们会为自己的"贡献"去努力。一旦这个项目是某个人说了算，一些人就容易成为旁观者。因此，我们必须让相关人员对实现目标的问题和对策进行有效讨论。

1 群策群力工作坊——共同探讨问题

在探讨问题阶段，可以用"卡片法"来聚焦关键问题。卡片法以小组的形式开展，每个小组成员围着桌子坐一圈，每个成员把实现目标可能碰到的问题写在告示贴或者小纸片上，再把相似的卡片放在一起，对信息进行整理，最后对关键的资料组进行命名。卡片法可以更清楚地显示各种想法之间的关系，便于对问题进行整理，具体流程有以下几步。

1) 介绍背景

阐明目标的依据和愿景达成的重要意义，引起关注，引发大家对实现目标的思考，强调下一步行动的重要性。

2) 通过"头脑风暴法"搜索相关问题的信息

发起"头脑风暴活动"，让每个人对自己去实现目标时可能碰到的问题进行独立思考，并分别写到卡片上。确保每个人独立完成，启发成员采用发散思维，保证每个人写在卡片上的信息有一定数量。

3) 通过团队共创聚集想法，使所有相似问题形成相互关联的"想法群"

以小组为单位，把自己手中的卡片贴在墙上，进行归类(注意：先把类似的信息归类后才能对这个类别命名，不能先命名再把卡片往上贴)。这个过程不能求快，要经过充分讨论，一张一张往上贴，让每张卡片的书写者充分解释自己的问题，大家认可问题属于同一类别再贴到相应的组别。在出现争论时也要尊重本人的意见。因为是对关键问题的归类，所以尽可能把问题归到4～7个类别。一旦出现更多的类别或单独的问题不能处理，需要把信息较少的类别和单独问题的卡片分配到这4～7类中。整个过程都要在讨论中进行，依靠团队来决策。

4) 给归类后的"想法群"命名

提炼一个中心词来概括这个"想法群"，经过讨论把这类问题用"句子"形式表达出来。依据对目标的影响程度画出问题之间的关系图。

需要注意的是，"卡片法"能够把问题找出来，但有时问题的结论是显而易见的。那我们是不是可以省去讨论的环节直接让大家写出问题呢？答案是否定的！人的思维有快也有慢，在决策中思维快的人和思维慢的人有一个磨合的过程。日常的讨论在"深"和"快"上难以平衡，容易"一言堂"，在不尊重组员的情况下得出的结论不容易执行。

用"卡片法"推动达成共识的过程中，即使小组成员没有对所有细节都取得一致意见，也会在创造性解决方案和创新规划方面产生有效的集体思维，使小组成员间建立动态的互动关系，同样有利于推动团队联合行动。

② 要因分析与关键行动

1) 问题的要因分析

收集到的问题只是表象，深层次的原因需要分析后才能显现。培训师可以用思维导图的方法对问题的原因进行分析。

由英国头脑基金会的总裁东尼·博赞(Tony Buzan)创建的"思维导图"有利于人脑扩散思维的展开，能够提升个人及组织的学习效能及创新思维能力。导图描绘方法有以下几个步骤。

(1) 画中心图(占版面的1/3，主题明确清楚，把核心问题的关键词和简笔画放到中心，三种颜色)。

(2) 进行布局(要因分析)，画出主干(每个主要的原因为一个主干)，两点钟方向为第一主干，按顺时针方向依次画其他主干，关键字写在主干上面(根据板块大致进行布局，画出粗的主干，为突出主干一般要涂色或画花纹填充)。

(3) 在主干项下画出分支(原因的细节或表现的现状、行为等)，写上关键字(分支由线条和文字组成，线条为曲线，关键字写在分支上)。

(4) 上颜色，每个主干用不同颜色，每个主干、分支、文字用同一颜色，也可以将字体用黑色全部写完后，再涂颜色。

2) 聚焦关键行动

把问题和原因罗列到表4.7中。针对每个原因各小组开启"头脑风暴"，讨论出主要策略或行动。

表4.7 问题与策略关系对照表

一、问题及描述	二、诊断分析 (现状背后的原因是什么？)	三、拟采取的基本策略 (具体措施、方法、行动等)
问题1：具体描述		
问题2：具体描述		
问题3：具体描述		
问题4：具体描述		

3) 制订个人行动任务计划表

围绕上述基本策略并结合个人实际制订行动计划，把实现成果的过程写在日程表上，然后将日程表发给小组成员进行讨论，以便检验计划的可行性。行动计划表如表4.8所示。

表4.8 行动计划表

基本策略	行动步骤	何时开始	何时完成	衡量成功标准 (可量化的衡量指标)	需要支持 (人、财、物)

四、绩效合约，保障体系

要想把计划落实到行动上，就要想办法解决人的"知行"问题。如果执行者缺乏对行为和结果的承诺，就很难确保行动的有效性和目标的完成，因此有必要对行为和结果的有效性进行探讨。

❶ 决策会议工作坊——现场讨论

由个人对自己的行动计划进行汇报，"关键人物"到现场对方案的拟定和实施提出"质疑"，同时可提供改善的建议。

现场讨论的内容包括以下几个。

- 个人目标与总体的目标是否一致？
- 依据SMART原则(目标是否是明确具体的、可衡量的、有挑战性但可实现的、与主题相关的、有时限的)判断有没有细致地分解、描述目标？
- 如果难以准确地界定目标，是否能确定关键成果？
- 目标有没有落实到具体的责任人？
- 实现目标的具体策略、步骤和规划是否合理？

上级领导和"关键人"对以上问题提出"质疑"，点评的过程中要做到：

- 用开放式问题(尽量少给答案，多提开放式问题)；
- 每次只提一个问题(汇报者回答完一个问题后，再提下一个)；
- 针对行动方案本身提问题(如数据的来源、目标的量化等)；
- 不打击、不否定，只对方案内容提出改善建议和参考措施。

良好的工作意愿不光来自物质上的回报，还在于责任感和承诺，项目中要设计一个让参与者有责任感、重视承诺的机制，把重承诺的文化氛围贯穿其中。因此，一旦方案通过，方案制定和执行者应做出承诺，形式可隆重、开放。我们通常称之为"绩效合约"，也有人称之为"绩效对赌机制"。

为了激发人们实现目标的积极性，需要依据项目总体激励方案，针对超预期完成任务设置特别的奖励，这就是超预期奖金。同时，要明确各项的评价标准，不仅包括个人的总体绩效目标，还包括对工作内容和过程的考核项。小组之间可以开展业绩比拼，前几名的奖励多于后几名。

同时，参与者要对自己在完成任务过程中的"动作行为""结果担当"当众做出承诺。

❷ 成果保障——行为干预与技能培训

在项目开展的过程中，要确保项目计划的有效落实，我们必须随时了解哪些地方做得好哪些地方做得不好；原因是客观还是主观；是否受环境因素干扰等。实现目标过程中的细微环节，往往能最终决定结果的成败。我们需要在项目结束之前，让有瑕疵的问题暴露出来，寻找解决办法。因此，培训师有必要将参与者不定时地组织在一起，商讨阶段性的改进措施，适时做些"知识引入"方面的工作，通过有效的训练提升行动者解决问题的能力。

五、阶段性的成果回顾

在项目进行后的每个关键阶段，应对目标的完成情况进行把控，确认结果，对阶段性的目标实现情况进行回顾，具体工作包括以下几个方面：将原定的目标和目前完成情况展示出来；对结果进行比对；有没有新增加的目标。阶段性的成果回顾既是一个反思过程，也是总结经验的过程，更是下一步行动的保障。

1 反思过程

反思过程是一个共同学习的过程，这个过程需要让大家树立开放的心态，坦诚表达。反思过程中要注意以下几点。

- 让所有参与人员都知道实现目标的过程；
- 分享成功和失败的原因；
- 避免隐藏自己的不足，从自我剖析开始，聚焦自己的问题；
- 避免将失败的原因归咎于外部因素；
- 避免"蜻蜓点水式"讨论；
- 共同讨论，跳出"听领导的"思维定式；
- 要以学习为导向，坚持"对事不对人"，实事求是地寻找原因。

2 总结经验过程

总结经验的目的是通过对事件的回忆和分析找到事物与事物之间的客观规律，最终形成解决类似问题的思路。总结经验时应注意以下几方面问题。

- 避免快速得出结论。我们不可能从一个偶然事件中就找到复杂问题的因果关系，因此，发言者在得出结论前需要搜寻更多的理论依据或其他成功实例，通过逻辑验证，总结出客观规律。
- 参与者要通过对典型案例的分析和讨论，形成解决问题的思路。
- 基于现状做行为改善，避免提出一些不切实际的期望。

③ 下一步行动的保障

所有研讨都是为了下一步行动有所改进。在反思与总结的基础上制订清晰可行的下一步行动计划，能让参与者自己思考接下来要做什么事，自我调整原计划，进而行动。

·········· 六、项目总结 ··········

项目总结是对过去情况的概括，也是对取得成绩的肯定，更是对下一步工作的指导。项目总结会上要有隆重的"庆贺"仪式，兑现承诺，表彰先进，激励后进。

第四节
企业文化培训项目的设计与实施

企业文化对于企业的重要性不言而喻，《孙子兵法》曰："道者，令民与上同意也，故可以与之死，可以与之生，而不畏危。"意思是：有道的君王，可以使民众与他的意愿相一致，这样，民众在战争中，就可以为国君出生入死而不怕危险。企业文化犹如企业之道，可以让大家奋力朝着一个方向前进。基业长青的企业都离不开优秀的企业文化。

企业文化可以使企业上下产生一种认同感，产生共同的价值观。企业文化可以帮助员工理解以下问题。

- 企业存在的价值是什么？
- 我的奋斗目标是什么？
- 我如何提供最好的服务？如何制造出最有竞争力的产品？
- 我们需要的优秀人才是什么样的？
- 什么才是最好的努力？

培训无疑是打造企业文化的重要途径。但当今企业文化培训仍然存在不少误区，对员工真正理解企业文化公司及其核心价值并落实到实际工作中的现实指导意义并不明显。这些误区主要体现在以下几个方面。

- 采取灌输式的培训方式；
- 一味宣讲或单纯用知识教育的方式讲解；
- 不分培训对象、内容及方法，采取"大杂烩""一锅端"的培训方式。

一、企业文化培训项目开展的基本思路

1 扎根于心

文化只有被企业员工接受，才能扎根于内心，进而转化为自觉行动。文化的建立并不是发几本小册子、开几次培训课就可以实现的。文化的建立需要一个了解—理解—接受的过程。在这个过程中我们要特别注意员工的参与。在项目的前期开展"文化大讨论"非常有必要，接下来需要对文化内涵进行宣讲，从而强化每位员工对企业价值观的认知，增强他们对企业文化的认同感。

2 感化于景

在现实生活中，我们努力让员工"看"得到企业文化，触摸到带有企业文化的实实在在的事件和人，在浓重的氛围中体验文化，会收到意想不到的效果。

在塑造企业文化的诸多力量中，领导者的带头作用举足轻重。在项目开展过程中，我们主张由领导发起的文化大宣讲。企业各级领导者身体力行、率先垂范，将形成巨大无形的文化号召力。

先进典型是文化的一面旗帜。企业的先进人物将企业价值理念内化为自身品质，外显为企业倡导行为，使企业文化变得直观生动。在项目的推进过程中我们提倡宣扬各种先进事迹，这些具体的、可触摸的形象是文化示范的楷模，学习这些先进典型要引起员工思想感情上的共鸣，进而潜移默化地促进自身价值认知标准的变化。

3 落实于行

文化从实践中来，最终要到实践中去。如果文化只停留在口头，不付诸行动的话，就不是真正意义上的认同和接受。文化培训最终要落实于行动。将企业文化与员工行为相结合，提高员工积极性的有效方法就是让他们在任务中去实践。因此，在文化培训项目中，我们需要发起实现文化愿景的实践活动，让参与者在开展这些特定主题的活动中，实现工作目标，解决工作问题，规范行为标准。

二、企业文化培训项目中涉及的对象及任务

不同级别的员工，在文化建设中担任的角色和发挥的作用是不同的。在培训项目的推进中，针对不同层级的对象应提出不同的要求。

高层：访谈——研讨——宣讲会

中层：调研——宣讲会——文化体验——文化讲师

基层：文化大讨论——文化体验——文化讲师——实践活动

访谈：针对高层的访谈主要围绕企业使命和愿景来开展。在访谈的过程中，明确企业的核心定位，明确企业在社会经济发展中所应担当的角色和责任。

研讨：高层的研讨主要围绕企业的战略、管理模式、基本制度、人员发展等方面来开展，进而得出总体的工作目标。

调研：用问卷的方式，对中层管理者进行调研，了解他们对愿景、使命、核心价值、行为规范等项的认识，了解中层人员对文化建设的理解、看法与意见，并据此进行调整。

宣讲会：在文化的总体框架形成后，由企业中高层分别担任主讲人，通过员工大会、团队会议等形式，开展专题演讲，向员工宣讲企业文化的愿景、使命和核心价值观。

文化体验：文化体验的目的是加深各级员工对企业文化核心价值观的理解，将核心价值观变成"可视化"的行为和活动。比如，开展企业文化的体验课程，将企业核心价值观的内容与课程内容相结合，运用游戏、视频、案例分析等教学方式，让学习者在参与中分享感受，讲师引导其理解接受企业文化。又如，开展先进事迹的演讲比赛等活动，让员工能感受到实实在在的企业文化。

文化讲师：让企业的员工成为企业的文化讲师，组织他们开发企业文化课程，再组织全员进行学习。

文化大讨论：企业文化不应仅是高层的文化，应该是大多数员工都认同的文化。文化大讨论是全员性的文化研讨活动，应该遵循全员参与的原则，需要完成三个任务：①信息的收集，即收集员工对企业文化的看法和建议；②评估，即了解员工对企业文化的了解程度；③了解问题，即了解不符合企业文化的突出问题。

实践活动：实践活动是员工依据现有的工作目标开展的特定的行动。通常由公司发起活动的主题，在一定时间范围内由各部门拟定各自的活动目标和主题，在实现目标的同时挖掘典型人物，在活动结束后进行评比和表彰。

结合各对象的任务，企业文化培训项目可按照以下流程来操作，如图4.6所示。

图4.6　企业文化培训项目的设计与实施

·········· 三、文化的提炼与解读 ··········

企业文化必须是全体员工统一的价值观。文化的提炼和解读有助于员工形成高度一致的思维方式和行为方式，这样才能产生发展的原动力，提升员工对公司战略、目标、政策、制度等方面的贯彻执行力。

1 文化的提炼

要想在文化的建设过程中使员工对企业文化核心内容理解一致，使领导与企业员工在企业经营目标上达成共识，就必须让员工参与进来，听取不同层面的声音，反复推敲，精心提炼，最终达成一致。

除了原有的"历史资料"以外，为了达到理解上的高度统一性，可以通过访谈、调研、研讨会、大讨论等方式，让全体员工加入文化的学习与建设上来，如图4.7所示。

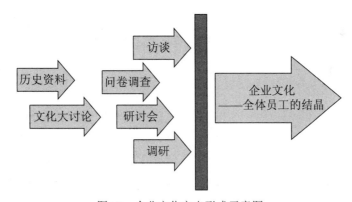

图4.7 企业文化产出形式示意图

下面，先了解一下公司的文化体系包括哪些方面。

1) 愿景和使命

愿景和使命体现了企业存在的价值。企业的愿景和使命往往是企业成立之初创办者的"想法"，是企业对美好未来的畅想。因此，宣传企业的愿景和使命应从高层领导者开始，进而促使大家统一认识。通常可以通过访谈的方式进行，通过了解以下信息归纳愿景和使命。

- 公司为什么存在，公司的社会责任是什么？
- 如何提高企业竞争力和凝聚力？
- 您是否可以用一句话总结公司的企业文化？您认为这种企业文化是如何形成的？
- 我们所在的行业有怎样的文化特征？

- 您认为我们的文化有哪些是应该保留的？又有哪些是应该摈弃的？
- 有哪些因素对公司目前的发展产生了比较大的影响？
- 公司的精神是什么，怎么概括它？

……

例如，某公司文化体系中愿景和使命的具体阐释。

◇**愿景：客户于心，思想于行**

"客户于心"，我们始终真诚地用心为客户提供服务，客户就是一切。

"思想于行"，行动的力量是最伟大的。我们不仅时刻在思考，更为重要的是，我们要把自己的思想和理念及时传递给客户、同事、社会，让社会听到我们的声音，去影响企业和职业经理人。

"客户于心，思想于行"，浓缩了公司的理念，也是公司孜孜的追求。

◇**使命**

传递国际化与本土化完美结合的管理理念与技术，拓展职业经理人的无限潜力与创造力，推动企业人才培训体系的建立与完善，帮助实现企业愿景和个人梦想。

2) 核心价值观

价值观就是行为准则，是企业在履行使命和社会责任、实现共同的愿景目标过程中必须遵循的行为规范。每个人的价值观都不一样，企业需要将所有人的价值观统一起来，形成统一的行为要求。核心价值观的统一应该通过高层研讨、中层调研、基层大讨论的方式完成。下面这些问题可以帮助培训师获得相关信息。

关于领导层：

- 您认为什么样的领导才是合格的乃至优秀的(哪些词可以形容他们，为什么)？我们是否有这样的领导者？他们是谁？
- 哪些领导对公司的文化建设起主导作用？请您对这几位领导作一下描述(他们的性格、工作背景、教育背景、工作方式、待人接物的方式等)。

关于员工：

- 快速变革的经营环境对员工的要求是什么？
- 您认为什么样的员工才是最理想的？
- 目前，我们会对员工的哪些行为做出奖励，部门里的模范员工代表都有谁？他们的特点或者说他们被称为模范的原因是什么？

当然，也可以直接针对能实现企业愿景的"行为"做讨论和问卷调查，总结信息，最终提炼。

例如，某公司核心价值观的具体阐释。

追求卓越——这是一种追求，更是一种责任和使命，是我们前行的灯塔。

对企业来说，追求卓越，是生存与发展的使命，更是一种对客户、员工和社会负责的态度。只有拥有追求卓越的梦想，才能获得不断前进的动力。

对个人来说，我们希望公司的员工不是仅为生存而存在的个体，而是有社会、家庭责任感的人，是有梦想、有追求的员工。工作既来源于生存的压力，更来源于个人的追求。

价值导向——这是我们实现企业追求和个人梦想的唯一道路。企业生存的唯一法则就是能够为客户创造价值，员工存在的唯一法则就是为企业创造价值，企业留住员工的唯一法则就是让员工的价值得到提升。作为企业要时刻提醒自己是否真的在为客户创造价值。

秉承专业——这是我们在实现梦想道路上的最快捷的交通工具。在这个特殊的行业中，只有专业人士才能生存及强大。专业必须成为从业人员的信仰，是我们留在这个领域的唯一"护照"。专业，体现在我们为客户提供服务的系统化程度，更体现在每一个细节。

海纳百川——在通往梦想的道路上，开阔的视野和开放的胸襟是避免触礁的关键。封闭意味着被淘汰。海纳百川就是认同多元化的存在、注重沟通和资源共享、强调团队合作。我们提倡沟通，只有沟通我们才能实现我们的梦想；我们提倡差异和多元化，只有多元化，这个世界才这么美好。

3) 行为规范

核心价值是行为规范的基本准则，用这些准则来规范人们的行为，就形成了显性的规则，把这些规则融于管理中，文化也就融入了管理。

企业文化与企业制度相互补充，共同作用于企业。文化的核心价值观形成后，组织各种学习讨论活动对企业制度进行优化和改进，让员工参与进来，强化员工对文化的认同感。

② 文化的解读

文化的提炼需要大多数人的参与，但对于员工来说，这个过程只能了解文化的局部。

因此，在文化体系确定之后，开展大规模的文化宣讲和文化体验活动非常有必要。

1) 文化宣讲

文化宣讲一般由管理者来开展，管理者应以身作则。宣讲者应该从文化的起源、文化的作用、企业文化内涵和企业文化建设要点、要求等内容展开，让员工透彻理解企业文化的内容。

2) 文化体验

在培训过程中，仅把企业文化作为一种知识性的内容来记忆显然是不够的，还需增加对企业文化的体验，增进员工对文化的感知。通常我们在员工中开展以核心价值观为主题的学习和分享活动，如故事会、演讲比赛、先进事迹宣讲、媒体宣传、参观等。另外，开展专题性文化体验培训活动也是一种文化体验方式，这种方式能让员工身临其境地感受企业文化。

例如，某企业在企业文化培训中就采用了"体验营"的方式。

培训主题：企业文化体验

课程时间：一天一夜

具体安排：由讲师带领学习者通过体验式的团队游戏活动开展培训，在学习者完成指定的团队任务的过程时，从团队协作的思维和行为中反思企业文化核心价值观的内涵，讲师进行引导总结。

课程要求：讲师需要把企业文化价值观的内容融入体验活动里面，促进达到体验—认识—理解—认同的效果。

·········· 四、文化讲师的培养 ··········

文化讲师队伍的建立对于文化培训项目的开展来说非常重要。企业内的"文化讲师"可以开发和讲授针对不同层面员工的"文化"课程，达到有效地传播企业文化的目的。企业文化课程开发和讲师的培养流程如图4.8所示。

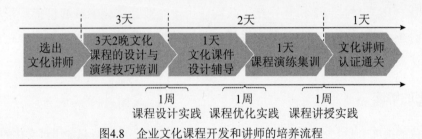

图4.8　企业文化课程开发和讲师的培养流程

文化讲师认证结束后，由项目组推进制订全员文化培养计划，安排文化培训实施的细节。

:::::::::: **五、文化的实践与落地** ::::::::::

企业文化相关内容涉及面很广，不能奢望只靠几次简单的培训就产生好的效果，要适时组织和开展与企业文化相关的活动，在实践中推行企业文化，营造出企业文化的环境和氛围。文化实践活动分为以下两种。

1 以文化为主题的集体活动

以文化为主题的集体活动包括主题征文、文化知识竞赛、演讲比赛、团队活动、员工关怀和娱乐体育活动等，这些活动可以让大家在活动中加深理解和融合。组织者要做好激励和引导工作，在过程中发现问题，倡导企业文化。

2 与文化相关的特定业务活动

结合公司的战略，开展协助业务发展的专项主题活动，如管理创新、业绩提升、降本增效和目标冲刺等。组织方在活动中要设定目标、发掘典型、表彰先进。

第五节
内训师培养项目的设计与实施

随着企业的发展，越来越多的培训需要由内训师去完成。内训师作为企业人才培养的重要角色之一，起到传承企业文化、传播管理思想、传递专业经验的重要作用。因此，建立一支优秀的师资队伍对企业人才培养和提升员工整体素质至关重要。

全方位打造一支高素质的内训师队伍不能一蹴而就，必须从准确定位、精心培养、专业把关等方面做好基础工作。在内训师培养项目的设计与实施过程中，应遵循以下三个重要思路。

一是严进严出。前期有选拔，后期有评估，合格之后才能胜任内训师岗位。

二是师课同建。既要把课程建设好，又要提升内训师的授课技能，两个成果都需要达成。

三是成果转化。在课程开发阶段就以企业实际需求为导向，后期有计划地安排内训师授课，让训练效果最大化。

为了能够卓有成效，可以从内训师培养的每个细节着手。具体流程图如图4.9所示。

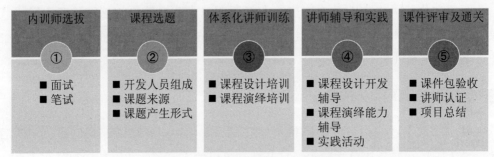

图4.9　内训师培养项目设计与实施

:::::::::: 一、内训师选拔 ::::::::::

内训师的主要工作职责是根据企业的业务需要，进行有针对性的课题开发，并面向目标对象进行授课，以达到员工态度、知识、技能的提升。内训师的选拔非常重要，是影响内训师项目最终成果的关键因素。内训师的人员来源一般有三种：自愿报名、部门推荐和领导指派。

自愿报名是企业内训师来源的最佳方式。自愿报名的员工通常充分了解内训师的重要性，想要成为内训师的意愿非常强，这样的学员能适应"艰苦"的培养过程，轻松应对培训中的困难。在内训师选拔前，企业可以进行大规模的宣传造势工作，并建立培训师的激励机制，以达到激发人们意愿的目的。

部门推荐可以更好地满足工作需要。在推荐之前，部门内部会对被推荐者做一个初步评价，包括资历、意愿等。

领导指派在培训师选拔中也较为常见。公司高层通常会从公司的战略发展高度出发推荐人选，这些被推荐的讲师往往在一些非常特殊的岗位工作，具有稀缺性和独特性的特点。

如果大多数内训师候选人意愿不高，那么培训师项目的开展将会非常有难度，这时建议先培育讲师文化，再考虑推动内训师培养项目。

① 选拔流程

(1) 公布条件：制定并公布选聘条件与办法；

(2) 申报：员工个人按照选聘条件与办法，自愿申报或由部门和领导推荐；

(3) 审核：按照选聘条件与办法，对申报的人员进行资质审核；

(4) 测试与评估：对通过审核的人员统一进行笔试与面试；

(5) 审定与录取：对考试通过人员进行综合评估，结合公司和项目的实际情况，录取相关人员并纳入内训师培养计划中。

一般情况下，企业可以根据实际情况制定一套符合自身需要的内训师资格标准，以便于选择合适的内训师。为了促进"全员"参与进来，有必要让公司高层、人力资源部、各业务部负责人等共同商讨并制定内训师资格标准，符合基本资格的人员可以参加内训师的选拔。

在资格审查阶段，要避免候选人数过少的情况。如果放宽条件，人数仍然较少，那就需要反思项目的宣传力度是否足够，激励机制是否完善。

② 选拔方式：面试(20分钟)+笔试(60分钟)

1) 面试：自我介绍(3分钟)、主题表达(5分钟)、考官提问(12分钟)

(1) 自我介绍(3分钟)。由候选讲师根据各自情况进行3分钟演讲，过程中评估候选讲师的基本技能，如语言表达、行为举止等。

(2) 主题表达(5分钟)。由考评人员结合候选讲师的工作情况提出命题，学习者现场围绕命题进行综合阐述，在过程中评估讲师的逻辑思维能力。命题一般为随机命题，考官事先做一些命题准备，类似于即兴演讲，例"请谈谈对'成就他人就是成就自己'这句话的理解"

候选讲师在完成"自我介绍"和"主题表达"的环节中，考评人员依据"内部讲师自我介绍、主题表达面试评分表"(见表4.9)，进行评价打分。

表4.9 内部讲师自我介绍、主题表达面试评分表

姓名： 性别： 部门： 课程领域：

项目	评价要点	分值	要点评价分级	评价得分
自我介绍25分	语言表达清晰流畅	5	1　　2　　3　　4　　5	
	举止大方得体	4	0.8　1.6　2.4　3.2　4	
	叙述结构合理	4	0.8　1.6　2.4　3.2　4	

(续表)

项目	评价要点	分值	要点评价分级					评价得分
自我介绍25分	紧张程度	3	0.6	1.2	1.8	2.4	3	
	善用肢体语言	3	0.6	1.2	1.8	2.4	3	
	眼神控制	3	0.6	1.2	1.8	2.4	3	
	时间与进度控制	3	0.6	1.2	1.8	2.4	3	
综合得分								
主题表达25分	有吸引力	5	1	2	3	4	5	
	叙述逻辑性强、层次清晰	5	1	2	3	4	5	
	应变能力强	5	1	2	3	4	5	
	自信、充满激情	10	2	4	6	8	10	
综合得分								

(3) 考官提问。主要测试候选人个人意愿和相关能力项的基本情况。考官可依据表4.10中的问题进行针对性提问，根据考生的回答情况，在表4.11的对应项上进行评分。

表4.10　内部讲师面试提问指引表

参考问题	评分项目
1.请您先用3分钟左右的时间介绍一下自己的岗位及职责。	■ 仪容仪表、形象气质 ■ 举止谈吐 ■ 沟通能力 ■ 所具经历与内训师职位的符合程度
2. □ 用几个形容词来描述别人眼中的自己并说明理由。 □ 你觉得自己最大的优势(专长)和需要改善的方面是什么？ □ 你认为自己的哪些特质对做讲师有帮助？ 你认为自己适合讲授哪方面的课程？	■ 自我认知能力
3. □ 请谈一下你是如何规划职业生涯的。 □ 描述一下你"梦想"的工作。 □ 你为什么对内训师这个岗位感兴趣？	■ 对从事培训师工作的态度

(续表)

参考问题	评分项目
4. □ 你是如何看待企业内训师这个工作的？ □ 你过去从事过哪些与培训相关的工作？ □ 你认为一位合格(优秀)的培训师应该具备哪些条件？其定位是什么？	■ 对培训师相关事项的了解
5. □ 在你的职业生涯中，最大的成功和挑战分别是什么？你是如何面对的？从中得到怎样的收获？ □ 工作中你如何看待他人的反馈和建议？ □ 工作之余你是否经常安排休闲活动，内容是什么？	■ 抗压能力
6. □ 在符合公司利益和实现目标的前提下，如何改进员工的各项技能，帮助员工实现个人发展和提高？ □ 你在工作中是如何授权的？ □ 你是如何与员工交流的？	■ 帮助员工成长
7. □ 你如何衡量自己的知识、技能，你的工作成绩是否符合公司或岗位要求？ □ 你最近读过哪些商业或管理方面的资料？你是否制订了个人的学习计划？ □ 你如何寻找机会提升个人的知识和技能？ □ 你如何主动寻求他人的支持和帮助？	■ 持续学习能力

表4.11 内部讲师面试提问评分表

评分项目序号	姓 名 评分项目	应征项目：内训师				
		配 分(√)				
		5分	4分	3分	2分	1分
1	仪容仪表、形象气质	极佳	佳	普通	略差	极差
	举止谈吐	得体大方	自然	尚可	稍显肤浅	肤浅粗俗
	沟通能力	特强	好	一般	欠缺	极差
	所具经历与内训师职位的符合程度	极符合	符合	尚符合	部分符合	不符合
2	自我认知能力(专长与劣势)	清晰	较清楚	模糊	不清晰	无相关意识
3	对从事培训师工作的态度(兴趣)	极坚定	坚定	普通	犹豫	极低

(续表)

评分项目序号	姓　名			应征项目：内训师		
	评分项目	配　分(√)				
		5分	4分	3分	2分	1分
4	对讲师相关事项的了解	充分了解	很了解	尚了解	部分了解	极少了解
5	抗压能力	极强	较强	一般	弱	很弱
6	帮助员工成长	极强	较强	一般	弱	很弱
7	持续学习能力	极强	较强	一般	弱	很弱
	综合得分					

最后对分数进行统计，算出面试环节的总分，如表4.12所示。

表4.12　面试环节总分

自我介绍(25分)	主题表达(25分)	面试评价(50分)	合计(100分)

面试总体评价：

面试人：　　　　　面试日期：

2) 笔试：时间60分钟，总分100分，通过笔试试题进行考试

面试环节结束后，候选人还需要参加更加客观的笔试测试。笔试阶段重点考察内训师的逻辑思维能力以及对事物的判断能力和概括能力等，这些素质在课程开发中尤为重要。

笔试的试题一般由内部专家和外部专家的编写，在实际操作中可以依据企业的实际情况设置题型和评估题目的难度，也可以根据实际加入公司和业务的一些专业内容。

最后，将面试和笔试的分数按一定权重统计总分，同时，对该内训师候选人进行书面评价，如表4.13所示。

表4.13 企业内部讲师选拔综合分数表

姓名： 性别： 部门：

面试环节总分占比80%	笔试环节总分占比20%	总计 (100分)

该内训师候选人在实践过程中需要保持的优势：

该内训师候选人在实践过程中需要提升的方面：

评价结果：	□ 建议录用	□ 列入候选	□ 不予考虑
日期：			

需要注意的是，如果有多个评委参加评定，我们不建议最终以划分"分数线"的方式录取，因为不同评委的评分尺度可能不一致。我们建议最终根据得分情况做排名，依据排名的情况选定"准内训师"。

分数汇总后，统计排名工作完成前，还需要由选拔专家小组人员开会商讨。对参加选拔人员的个人情况进行初步评定，目的是发现特殊人才和潜力人才，并结合表4.13的"评价结果"做初步评定，作为接下来一些特殊情况处理的处理参考。

在参加选拔人数较多的情况下选拔时，一般可以依据排名直接划定计划的内训师人数，但以下几种特殊情况。

第一种特殊情况是特定岗位的人员(领导指定或公司重要岗位人员)落选。如果这些人员属于"列入候选人员"或满足"列入候选人员"以上条件，我们可以将这些人员纳入"准培训师"行列。

第二种特殊情况是在评价结果中"建议录取"的讲师根据排名落选。我们将根据岗位的重要性来决定其是否入列，当然讲师自身的意愿也作为重要的参考条件，意愿特别强烈的讲师也可给予入选的机会。

第三种特殊情况是在参加选拔人数较少的情况下(低于计划人数)，我们可考虑"建议录用"和"列入候选"的人员均直接列入"准培训师"行列。但一般不建议录取"不予考虑"的人员。在参加选拔人数较少的情况下，也应该进行选拔阶段的相关操作，一方面可以了解对象的现实状况，有利于培训师项目的训练内容设置；另一方面可以强化参加者的参与状态。

┈┈┈┈┈┈ 二、课程选题 ┈┈┈┈┈┈

　　经过层层筛选之后，一批符合培养标准的内训师就产生了。内训师将在项目中协助企业选定具有时效性、对工作帮助大的课题，进而对这些课题进行开发和讲授。

　　这个阶段，我们需要组织培训师、相关部门人员(培训师开发的课程针对的部门)以及领导一起来参与选题工作。

1 确定课程开发人员的组成

　　企业内训师开发课题的方式有以下两种。

　　一是以小组形式进行单个课题的设计开发，即按照人员的工作类别分配内训师组成课题开发小组，共同开发一门课程。这种方式的好处就是能够集合集体智慧，对课题的构思会更深入和全面，也有利于课程在未来投入使用时培训计划的制订。这种方式的弊端是在开发的过程中若时间比较紧且分工不明确的情况下，小组成员会相互推诿，造成"三个和尚没水喝"的现象，最终完成不了任务。

　　二是以个人为单位开发，即每个内训师在课程体系中选择一个与岗位匹配或者自己擅长的课题进行开发。以个人为单位开发课题的方式在时间紧迫的情况下容易看到成果，但因个人力量有限，不利于拓展单一课题的深度和广度，不利于知识共享。

2 课题的来源

　　通常情况下，确定主题是一个关键工作。如果方向错了，尽管课程非常完美，但是不能为企业所用，或者价值并不大，就会浪费大量人力物力。

　　企业选题的来源如图4.10所示。

图4.10　课题来源金字塔

(1) 岗位胜任力类型，如新员工培训或者老员工学习新技能；

(2) 解决业务问题类型，如员工在工作中常碰到的困难以及相应的解决方案；

(3) 未来战略规划类型，如为了适应企业未来三到五年的发展规划，需要对员工进行一些前沿理论、工具、方法、理念的培训。

3 课题产生的形式

课题产生的形式有如下几种。

(1) 自拟课题。这类课题多以内训师擅长的专业为出发点，便于内训师操作，有利于成果的产生。具体的做法是让内训师在参加集中培训之前，准备一个课题。将课题的基本信息以"选题意向登记表"(见表4.14)的形式提交培训负责部门，再由负责部门组织领导和相关人员结合实际讨论和修改。

表4.14 选题意向登记表

选题人：

一、课题基本情况描述

培训对象		课程名称	
培训课时		受众人数	
是否已有初步课件		课题范围是否与讲师所经历岗位有关	

1. 选题背景(原因)

2. 课程优势

(续表)

3. 参考资料

二、初拟大纲

初步拟定的主要内容目录(格式参考)	设置的目的/时间
一、章标题 1. 小节的标题 　● 核心内容 　● 核心内容 　● 核心内容 2. 小节的标题 　● 核心内容 　● 核心内容 　● 核心内容 3. 小节的标题 　● 核心内容 　● 核心内容 　● 核心内容	
二、章标题 1. 小节的标题 　● 核心内容 　● 核心内容 　● 核心内容 2. 小节的标题 　● 核心内容 　● 核心内容 　● 核心内容 3. 小节的标题 　● 核心内容 　● 核心内容 　● 核心内容	
	填写时间:

(2) 通过需求调查产生课题。培训部发放调查问卷，了解某个岗位目前所碰到的核心问题来确定课题。这类选题优势是能够很好地贴近业务需求，使课题开发方向更准确；劣势是工作量较大，任务繁重。

具体的做法是项目负责人在培训前编写并发放调查问卷，让培训师和业务负责人针对核心岗位(项目中的课程涉及的岗位)罗列一些核心问题，项目负责人得到反馈后，挑选出适合培训解决的问题，确定课题，与相关内训师进行沟通，确定课题负责人。

(3) 通过"选题工作坊"的方法，得出目前急需开发的课题。"选题工作坊"由培训师、培训负责人、相关专业领域人员以及其他利益相关者参加。选题工作坊聚焦课题研发方向，通过团队共创的方式开展，确定与企业实际联系最密切、最紧要的课题，组成课题开发小组。流程如图4.11所示。

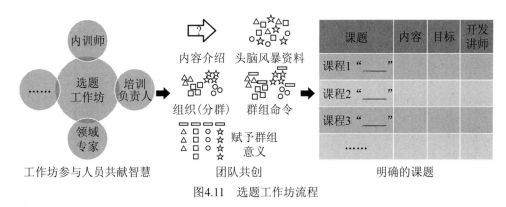

图4.11 选题工作坊流程

选题工作坊中使用团队共创的手段，利用头脑风暴、卡片法等方法，具体操作步骤如图4.12所示。

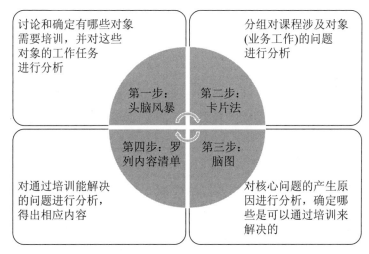

图4.12 选题工作坊之团队共创流程

大量核心内容被收集后要加以整理和归类，形成多个需开发的课题和方向，然后分配给参训内训师。

:::::::::: 三、体系化的讲师训练 ::::::::::

❶ 体系化讲师训练的作用

(1) 通过课堂的培训练习，学习者能够掌握课程设计的科学方法。通过学习，学习者能够围绕自己需要开发的课题输出课件包，包括讲师手册、学习者手册、讲师工具箱、课程说明书、教学计划表等文件。这些课件包将成为企业内部知识管理的一部分。

(2) 讲师的授课技能得以提高。课程设计好以后，内训师需要接受登台的训练，练习台上表达和互动的基本功，掌握各类教学方法，提升控场能力。

❷ 体系化讲师训练的内容

培训师在课堂培训中除了要对基本培训理论进行学习外，还要着重训练以下两方面。

(1) 课程设计的培训。在课程设计培训中，学习者需要掌握基本的课程设计流程和工具，包括对象分析、问题分析、培训目标的书写、课程内容框架的搭建、内容的组织、授课流程设计、教学方法选择等。(详见本书的第一章和第二章的内容)

(2) 课程演绎的培训。课程演绎培训是指授课技巧的训练，主要包括讲台形象塑造、讲台表达训练、课程流程的实施(开场和结尾训练)、教学方法的运用和课堂掌控等。(详见本书的第二章和第三章的内容)

❸ 体系化讲师训练的方式

在培养讲师的课堂中，可以采用知识引入、情境演练、讲师示范、学习者练习、点评反馈等方法确保课堂教学效果。根据项目的实际情况，可以采用以下两种方式来开展。

(1) 分步进行，分别学习课程设计的课程和课程演绎的课程。先做课程设计课程的培训，让学习者学习课程设计的相关技能；再回到实践中收集资料、整合和调整内容，达到完善和细化课件的目的，最后回到课堂进行课程演绎技巧的培训，期间还可以加入"辅导"的环节。该方式的优点是学习者学习期间思考充分，可以把课件做得更加精细；学习者在长时间的准备过程中对自己开发的课程有更深入的理解，对课程的演绎有非常积极的帮助。缺点是耗时较长，学习者容易出现疲态或容易出现由于工作时间冲突而无法完成培训的状况，因此需要有很好的项目管理机制；项目时间跨度大，成本高。

AACTP研发的"23211"内训师培养模式(见图4.13)充分诠释了分步式讲师训练体系。

■■ 项目周期为：2～3个月

2	一阶段	2天	课程设计培训
3	二阶段	3周内	课程设计辅导
2	三阶段	2天	课程演绎培训
1	四阶段	1周内	演绎辅导及实践
1	五阶段	1周内	认证及成果汇报

图4.13 "23211"内训师培养模式

(2) 连续集中训练，将课程设计和课程演绎融为一体，在一个阶段集中实施。连续集中训练的时间相比单次培训会更长一些，一般在3～5天内集中训练，最好采用封闭式培训。训练结束后，给学习者一定时间完善课件，其间也可以加入"辅导"的环节。该方式的优点是"一次性学习"，学习者学习内容完整；时间集中，容易"看到"成果；也不会由于多次集中出现"缺席"的情况。缺点是学习者压力大；缺乏对课程深度思考的时间；一些学习者为了赶任务，容易出现"应付"的情况。AACTP研发的集中式内训师培养模式(见图4.14)充分诠释了连续集中式讲师训练体系。

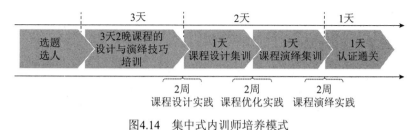

图4.14 集中式内训师培养模式

∷∷∷∷∷ 四、讲师辅导和实践 ∷∷∷∷∷

在培训师培养项目的开展过程中，辅导尤为重要。辅导的过程也是让内训师模拟和练习的过程，在期间发现问题。辅导一般采用集中的方式进行，分为"课程设计开发辅导"和"课程演练辅导"两种。

1 课程设计开发辅导

课程设计开发辅导就是对学习者设计和开发的课件包进行评价指导，包括课程PPT框架、内容逻辑、课程内容对学习者的价值、PPT制作等方面。根据课程设计的进程，课程设计开发辅导可以分别设置以下两种不同的辅导。

1) 课程设计"说课"辅导

"说课"指的是学习者上台介绍自己课程的整体设计思路。"说课"辅导包括讲师对内训师的课程选题、逻辑、PPT版面、授课流程、教学方法等进行点评指导，检验课件包的初步完成情况。"说课"辅导流程如图4.15所示。

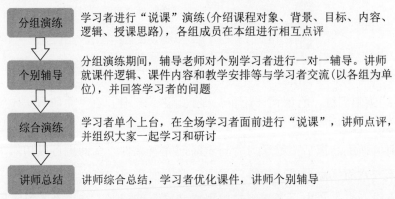

图4.15 "说课"辅导流程

辅导老师应从以下几个方面进行点评指导。

(1) 选题是否符合企业需求，是否能够解决目前重要紧急或员工普遍存在的问题；

(2) 在有限的时间内，针对特定的学习者层次，培训目标的设置是否合理；

(3) 课程内容的逻辑是否清晰，章节之间的逻辑、上一页PPT与下一页PPT的逻辑、单页PPT知识点之间的逻辑都需要经得起推敲；

(4) 教学的形式是否多样，是否注意不同方法的搭配，是否采用生动的教学形式；

(5) PPT设计是否符合一些常用的规则，风格是否统一，是否图文并茂而不是大片文字堆砌。

在学习者相互点评的过程中，可以让大家相互进行课件设计方面的评估，评估结果(成绩)可以纳入项目的管理中，这样可以促进学习者的学习热情。课件设计评估表如表4.15所示。

表4.15 课程设计评估表

内训师		部门	
课程主题			

评估指标	参考标准	评分勾选				
说明：评估共6个维度，10项指标。评分2至10依次为一般到优秀。总分100分						
课程背景、目标	1. 是否有课程大纲，课程背景、目标是否清晰，是否切合培训对象目前亟待解决的问题，是否具有指导意义	2	4	6	8	10
授课对象	2. 授课对象是否清晰，内容深浅是否与之匹配，是否出现授课对象飘忽不定、用词过于专业或内容过浅的情况	2	4	6	8	10
课程结构	3. 逻辑结构是否清楚合理、重点突出、主次分明	2	4	6	8	10
	4. 各章节衔接是否顺畅，转承自然	2	4	6	8	10
课程内容	5. 课程内容是否紧扣主题，要点鲜明	2	4	6	8	10
	6. 是否采用多种授课方法，各种互动活动设计是否切题、有趣、安全、易操作(培训活动包括：游戏、练习、案例讨论、测试、提问、故事等)	2	4	6	8	10
	7. 课程中的案例是否有针对性，是否有学习和探讨价值	2	4	6	8	10
导师手册	8. 导师手册过渡页是否完整(课程讲授要点清晰、列明具体讲授方法等)和易于传承	2	4	6	8	10
	9. PPT的主题思路是否清晰明了、字体图表是否易读易懂、视觉效果是否赏心悦目	2	4	6	8	10
课程收益	10. 该课程能否达到预设的目标收益	2	4	6	8	10
评委点评						
评委签名：	评估时间： 年 月 日					

2) 教学方法的设计开发辅导

教学方法的设计开发辅导流程如图4.16所示。

分组演练 学习者详细介绍课件的教学过程和方法，包括教学计划、教学方法和教学过程中如何调动学习者、如何达到教学效果等，各组成员相互点评

个别辅导 讲师与学习者交流(以各组为单位)，并回答学习者的问题，对个别学习者一对一辅导

综合演练 学习者单个上台，在全场学习者中进行教学过程和方法的详细介绍，讲师点评，并组织大家一起学习和研讨。

讲师总结 讲师总结，学习者优化课件，讲师个别辅导

图4.16 教学方法的设计开发辅导流程

在这个阶段，学习者不需要在课堂中进行教学方法的教学演练，只需要向辅导老师和其他学习者介绍方法的种类、操作步骤及操作要点。辅导老师应从以下方面进行点评指导。

(1) 教学的形式与方法选择是否得当，知识类的内容是否能够让学习者记忆和理解；技能类的内容是否有练习；态度类的内容是否光讲大道理，是否能让学习者有"情感的体验"；

(2) 教学操作流程和步骤是否正确，教学方法中所用到的附件、道具和辅助资料等是否齐全。

在学习者相互点评的过程中，可以让大家相互进行评估，评估结果(成绩)可以纳入项目管理中，这样可以促进学习者的学习热情。教学方法评估表如表4.16所示。

表4.16　教学方法评估表

内训师		部门	
课程主题			
评估指标	参考标准		评分勾选
说明：评估共6个维度，10项指标。评分2至10依次为一般到优秀。总分100分			
教学计划	1. 教学计划书写完整		2　4　6　8　10
教学方法的选择	2. 方法运用合理得当，内容与教学方法匹配度高		2　4　6　8　10
教学方法的衔接过渡	3. 教学法与整体教学时间搭配设置合理		2　4　6　8　10
	4. 前后知识点的教学衔接顺畅，转承自然		2　4　6　8　10
整体教学	5. 多种授课方法相结合		2　4　6　8　10
	6. 整个教学过程在加深学习者对内容理解的同时也能充分调动学习者参与		2　4　6　8　10
	7. 课件中有案例，过程中有展示		2　4　6　8　10
教学方法的设计开发 (导师工具箱)	8. 能清晰说明每个知识点的授课要点和关键授课方法的操作步骤		2　4　6　8　10
	9. 导师工具箱完整，每个核心教学方法的操作流程完整		2　4　6　8　10
课件包整体	10. 课件包完整，已按前期建议调整和完善相关文件(未遗留明显未修改和未完善处)		2　4　6　8　10
评委点评			
评委签名：		评估时间：　　年　　月　　日	

2 课程演练辅导

不管课程设计得多好，都需要在课堂上进行检验，才能体现课程的质量和价值。所以，当真正设计和开发好一门课程后，内训师需要接受登台的训练。根据进程的先后，课程演练辅导可分为授课流程辅导和教学方法的带教演练辅导两种方式。

1) 授课流程辅导

授课流程辅导是指讲师帮助内训师熟练地演练课程的开场到结尾,并运用讲授法的方式来授课的过程。授课流程辅导步骤如图4.17所示。

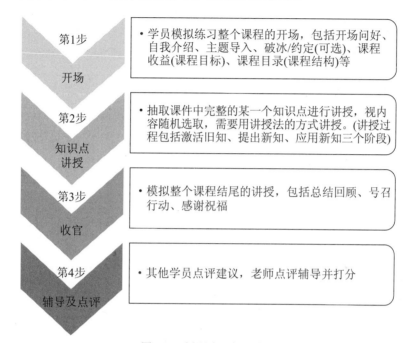

图4.17 授课流程辅导步骤

在这个阶段,学习者模拟真实的课堂授课,尽可能接近真实地去讲授,听课的学习者也要接近真实地去听课,这样才能获得良好的体验。辅导老师应从以下方面进行点评指导。

(1) 对选取内容的讲授是否符合规范,进行评价并提出改进建议;

(2) 对着装、肢体动作、表情、逻辑思维和语言组织等给出点评建议。

在学习者相互点评的过程中,可以让大家相互评估,评估结果(成绩)可以纳入项目管理中,这样可以促进学习者的学习热情。课程演绎评估表如表4.17所示。

表4.17 课程演绎评估表

内训师			部门	
课程主题				
评估指标	参考标准			评分勾选
说明:评估共5个维度,10项指标。评分2至10依次为一般到优秀。总分100分				
姿态	1. 站姿端正,挺胸收腹,不歪斜			2 4 6 8 10
	2. 根据授课内容有一定走动,不僵硬,不飘忽			2 4 6 8 10
	3. 手势自然,有一定变化,没有叉腰、插裤兜、背手等习惯			2 4 6 8 10

（续表）

内训师		部门					
课程主题							
评估指标	参考标准			评分勾选			
表情	4. 表情自然地；不四处张望，也不会长时间盯着某一处；面带微笑，有亲和力；表情能够配合讲授内容		2	4	6	8	10
语言	5. 语速适中；吐字清晰；没有频繁的口头禅；声音有起伏顿挫，不沉闷，不单调		2	4	6	8	10
	6. 用语专业度适合听众，不过深或过浅；对复杂意思能解释清楚		2	4	6	8	10
节点把握	7. 开场有吸引力，迅速破冰，消除距离感；收尾概括性好，有拉升，有韵味，能引发回顾和反思		2	4	6	8	10
	8. 知识点主题鲜明，逻辑清晰；不断有新鲜的刺激点，始终能抓住学习者		2	4	6	8	10
	9. 时间掌控好，不过早或过晚结束(偏离2分钟以上)课程		2	4	6	8	10
讲授过程	10. 课程过程能激发学习者思考；有例证说明和解读，有总结		2	4	6	8	10
评委点评							

评委签名：　　　　　　　　　　　　评估时间：　　　年　　月　　日

2) 教学方法的带教演练辅导

除了讲授法外，内训师还需要运用其他教学方法来完成课堂教学。各种教学方法的娴熟运用是课堂成功的保障。因此，内训师需要结合自身开发的课程，运用各种培训方法，面对模拟的学习者对象，进行反复练习，辅导老师结合讲授实际，点评辅导。

教学方法的带教练习辅导中有4个关键点，如图4.18所示。

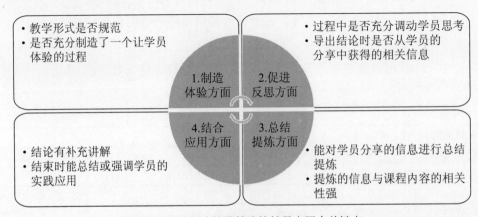

图4.18　教学方法的带教演练辅导中四个关键点

在教学方法的带教演练中，内训师挑选自己课程中不同的教学方法，在小组进行模拟练习。

在教学方法的设计中应加入"冲突""刺激"的元素，这样才能调动学习者的学习积极性。在练习中讲师们可以检验方法的有效性，还可以训练场面控制能力。因此在课堂中我们要求全体学习者在练习时，尽可能以接近真实的状态去经历和体验，这样才会产生好的训练效果。

小组成员和辅导老师给予建议和评估。评估结果(成绩)可以纳入项目管理中，这样可以促进学习者的学习热情。教学方法带教演练评估表如表4.18所示。

表4.18　教学方法带教演练评估表

内训师			部门	
课程主题				
评估指标	参考标准		评分勾选	
说明：评估共6个维度，10项指标。评分2至10依次为一般到优秀。总分100分				
教学方法应用	1. 教学方法针对性强，能匹配知识点的教学，符合教学目标的要求		2　4　6　8　10	
教学方法的设计	2. 符合该教学方法的标准设计要求		2　4　6　8　10	
	3. 附件和辅助教具准备完备		2　4　6　8　10	
教学过程掌控	4. 教学过程清晰，有层次感，过渡衔接自然		2　4　6　8　10	
	5. 学习者的参与性强，体验深刻，课堂气氛热烈		2　4　6　8　10	
	6. 能促进学习者思考		2　4　6　8　10	
	7. 能应对带教过程中的突发事件		2　4　6　8　10	
	8. 结合现场做总结，总结合理，结论有说服力		2　4　6　8　10	
教学效果	9. 能检验学习者的学习成果，达到教学目标		2　4　6　8　10	
时间把控	10. 能在规定的时间内完成演练，灵活掌握进度		2　4　6　8　10	
评委点评				
评委签名：		评估时间：　　　　年　　月　　日		

3 讲师的授课实践活动

课堂的训练时间是有限的，真正能够锻炼内训师授课技巧的地方是真实的课堂，因此，在辅导期间或辅导结束后，需要联合企业培训部，为这批内训师安排真实的授课机会，这是最有效的训练方法。

在安排授课实践时，需要注意以下几点。

(1) 课题与对象吻合。学习用其对象应该与内训师开发的课题对象是吻合的，因为学习对象与设计好的内容及其深浅程度一致，才能产生好的课堂效果。

(2) 预留足够的授课时间。要给内训师足够的授课时间，比方说其设计的课程需要3个小时，那么需要预留出这么多时间，否则教学效果会不理想。

(3) 安排授课的时间要及时。最好能够在辅导后一周内安排讲课，这样能够提升内训师的热情，保障授课状态。

(4) 以训练为主，多肯定和赞扬。授课现场后面可以安排培训部相关人员、培训辅导老师或业务专家旁听，主要对其授课过程中的一些问题进行记录，便于课后反馈，帮助内训师提升。当然，在进行点评反馈时，除了提出中肯意见，应多以肯定鼓励为主，毕竟"好的培训师是鼓励和赞美出来的"。正面的声音越多，内训师就越享受这个讲台，越愿意在课程上作更多的探讨和研究，课也会越讲越好，形成良性循环。

五、课件评审及讲师通关考评

内训师培养项目最终需要通过成果检验来评估训练效果。评审委员会需要对学习者的课程设计和讲师授课水平进行验收。

1 课程设计验收

课程设计的验收主要指课件评估和课件包验收，即由课程评审委员对课程定位、课程框架、具体知识点、对学习者的收益等进行评审，对内容提出具体的修改建议，再根据企业知识管理办法及课程包标准对课件进行认证，为通过认证的课程颁布认证证书，同时收录进企业课程库，对优秀课程进行表彰。

对课程设计的验收主要通过说课的方式。说课是课件成果交付中一个不可或缺的环节，通俗来说就是介绍课程。为了把课程的脉络和亮点体现出来，让评委专家更直观地看到课程细节，需要每位讲师做一套说课的PPT，内容包括课程标题、对象、授课时长、开发背景(选题的意义)、培训目标、所运用的理论、课程亮点、内容大纲、培训方法、案例、课程重点和难点等，最后展示完整的课件包。评审委员会成员现场打分评价根据"内训师课程设计评价表"(见表4.19)。

表4.19　内训师课程设计评价表

序号	项目	评分依据	得分
1	课程选题 (10分)	选题精干，聚焦，实用性强；主题新颖，吸引眼球，目标人群明确	
		选题稍微大；主题突出，能表达含义，目标人群不聚焦	
		选题大，不聚焦，内容空泛；主题模糊，一般，不能辨析	
2	目标设计 (10分)	知识、态度、技能目标清晰明确	
		较模糊的目标，分类不清	
		无教学目标	

(续表)

序号	项目	评分依据	得分
3	课程结构 (10分)	结构布局合理，逻辑层次清晰	
		结构布局较合理，稍有问题；部分结构逻辑不清晰	
		结构布局模糊，不清晰；没有逻辑层次	
4	课程内容 (10分)	与企业核心业务密切相关并实用，逻辑顺序合理自然，课程内容深度适合培训对象	
		内容理论性较好，有一定的逻辑顺序，有一定实践操作意义	
		内容缺乏针对性，实用性不强	
5	教学流程 (10分)	有吸引人的导入与结尾，教学过程能引导学习者并能激活旧知	
		有正常的导入和结尾流程，教学过程以单向传递为主	
		缺少导入和结尾，教学过程枯燥，以单一传授为主	
6	教学活动 (10分)	教学方法和教学目标匹配，教学方法教学形式丰富多样	
		能使用多种教学方法与教学形式，部分方法及形式牵强	
		教学方法单一，以讲授为主	
7	熟悉程度 (10分)	课题开发背景清晰明了，针对性强，表述连贯性强	
		课题开发背景简单介绍，表述缺乏连贯性	
		课题开发背景介绍缺失，表述过程中出现中断或忘词	
8	PPT设计 (10分)	美观大方，风格统一，能很好表达课题思想	
		过于炫目，各种风格，能表达课题思想	
		没有经过排版，文字多，没有风格，思想混乱	
9	课件完整 程度 (10分)	提交的资料齐备、详尽	
		提交的资料齐备，部分书写过于简单	
		提交的资料不齐备，空白的地方很多	
10	时间安排 (10分)	授课时间与内容高度匹配，安排合理	
		授课时间与内容匹配，有安排不合理的地方	
		授课时间与内容严重不匹配，安排很不合理	
	总分		

② 讲师的认证

讲师是指根据内训师授课标准对内训师的授课水平进行认证，对通过认证的内训师颁发企业内训师聘书，聘请为企业内训师，对表现优秀者进行表彰的过程。

讲师的认证方式通常使用授课的形式。讲师选取课程开场和结尾以及其中部分内容进行15~20分钟(项目根据情况设定统一时间)模拟授课。各部分内容的要点如下所述。

- 开场部分(开场问好、自我介绍、导入主题、课程目标和课程目录的介绍)。
- 讲授部分(挑选课件中某一知识点进行讲解)。

- 结尾部分(回顾总结、号召行动、感谢祝福)。

评估侧重点包括内训师的台风、表达、现场掌握力、培训方法运用得当性、学习者互动和教学氛围等。当天现场抽签决定通关认证顺序，模拟正式的课堂讲授，按抽签顺序上台展示，暂不需上台的其他准内训师充当学习者，台上台下进行互动，评委老师要对每一位讲师的表现进行点评(点评时间：2～3分钟)并填写评价表(见表4.20)。

表4.20　内训师授课评估表

评估项目		小项评分(1～5分)	大项合计分
仪表仪态 (20分)	着装得体、站姿、行姿、手势表现得当		
	无紧张情绪		
	目光能关注每一个听众		
	面部表情亲切生动		
内容组织 (20分)	内容具备专业深度、实用性强		
	内容与教学方法匹配得当		
	课程内容熟练		
	教学形式创新		
语言表达 (20分)	表达通俗易懂		
	声音抑扬顿挫		
	没有多余的口头禅和无意义的话		
	有效运用停顿与强调重点		
课堂管理 (20分)	调动学习者的参与积极性		
	能很好地带动学习气氛		
	能在课堂上有效消除学习者的疲劳		
	能否将讲课时长控制在合理范围		
沟通协调 (20分)	能够适时提问，启发思考		
	能够准确回答学习者问题		
	与学习者建立良好的沟通方式		
	适时给予学习者表扬和肯定		
总分			

3 项目总结

课件评审及讲师通关考评结束后，项目负责人对整个内训师培养项目的目标、流程、成果等进行点评，总结经验，表彰先进。在这个过程中，可以安排项目中的内训师上台分享，为项目画上圆满的句号。项目的结束意味着新的开始。后期对内训师队伍如何使用，应与培训部门和各分管领导进行沟通，做好课程表的安排、课程的实施和课堂效果的评估等培训管理工作。

让学习变得更加简单，让分享变得更加快乐

十几年前，一次偶然的机会，我走上讲台。之后伴随的不是惊喜和欢悦，而是无数次彻夜难眠和不安。真实的课堂挑战把当初怀揣满满热情的我一下子打回原形。伤心之余，想起那些在课堂上游刃有余的讲师，于是一个念头在脑海里酝酿——模仿。没错，恐怕这是一个新的讲师最快捷的路径了。但每次上台还是从内至外透露出隐隐的不自信……我在想那些优秀的讲师是怎样做到的？最好的方法应该从反思自己的听课体验开始。想想优秀讲师最打动自己的是什么？这样才能发现那些优秀背后的信息。于是，我学会从学员的收益来考虑课程内容，这才从真正意义上打造了属于自己的课程。但接着的问题马上来了，你会发现突然进入陌生的领域，需要从头开始学习……

"磨课"是这些年我在培训的日子里做得最多的事情，在一次次的课堂上，我终于可以获得些许的自我满足。这些经验让我更加自如和自信，我想把这个过程告诉那些热爱培训的人。"培训培训师"的课堂让我得到了很好的实践和验证，作为课程讲师的我，在最初的培训师训练课堂里，讲的都是我在实际工作中是怎么做的。

一开始最有效的方法就是"演示"，课堂中讲师需要的技能我几乎都可以在自己的课堂中找到。技能不是能"看"会的，当课程中加入演练时，我得思考练习者的做法是否得当。我必须更深入考虑事情的本质，也必须变着法子让学员学习和提升。

学员的感谢会让你感到幸福，它会让你忘掉疲劳。如果你是一位刚刚起步的培训师，这时最敏感的就是学员在课堂上的表现和对你的评价了。它会影响你的心情，甚至状态。这时，你要端正自己的态度，意识到不是所有的付出都有回报、不是所有的需求都会考虑得那么充分、不是所有的前提都是可以预知的。学员带着不

同的目的和状态来到你的课堂，无论是他想要还是不想要学习，你都得教授他，何况你还带着公司的"使命"呢。你没有一种强制的手段能控制所有的人，也不能不顾一切地讨好学员。无论如何我们得学会观察、学会引导、学会各种应对。你一定要学会"把选择权交给学员，把控制权留在手上"。

当你真的像那些高手那样游刃有余了，接下来会碰到更棘手的问题。培训组织者和学员把所有的"培训效果"都寄托在你的能力上。想想我们的课堂能给学员什么？有时你会觉得企业和学员工作上想要的一切离培训太远了。培训可以产生直接的价值？你这样怀疑过吗？从某天开始铺天盖地出来了很多新的概念，如"经验萃取""场景化学习""行动学习"等，仔细一想这些概念都不新，无非还是内容、方法和培训实施前中后的掌控。这几年有幸参与了多种培训项目的设计和实施，培训推动业务的效果在项目中得到了很好的验证。

总之，我期望这本书能带给各位讲师和想成为讲师的朋友一些实际的操作方法。方法来自于实践也要用于实践。但也要记住，成功没有捷径。"让学习变得更加简单，让分享变得更加快乐"，总有一天你会悟出其中的奥妙，那时你会更加享受讲台。

最后说几句感谢的话吧！

首先，谢谢你把书翻到了这一页，谢谢你坚持下来了！

感谢那些来美国培训认证协会(AACTP)参加国际职业培训师认证的、可敬的讲师们。没有你们的热情和投入就不会有这本书。你们在学习中无私的分享让其他的同伴和作为讲师的我一样受益。

感谢企业合作伙伴，没有你们提供的平台，就根本不会有这本书。课程精心的组织实施和项目开展的精彩过程，才会让我们有机会把这些美好的经验呈现给读者。

感谢刘永中老师、王育梅主席、周伟总、石鑫院长、陈晓燕老师大力的支持，同时感谢同事柴可慧、范建慰、刘晓霞、杨慧和公司其他未列名的同事，你们一次次专业的服务是培训品质不可缺少的部分，让我能更有勇气和自信把我们的项目精华呈现。

感谢曾经一路同行的导师和战友金才兵老师、杨鹏老师、刘世龙老师，过往一起并肩作战的日子历历在目，感恩一路同行。

感谢邓优老师、白俊江老师、金安老师、韩朝宾老师、王悦宇老师、刘艳老师、杨萌老师、贾丽娜老师等一路走来的导师和朋友，你们的悉心建议让我能更好地思考和升华这本书的价值。

另外，在书籍的定稿阶段，清华大学出版社施猛老师对本书提出了宝贵的意见，尤其是专业词汇的运用，并为本书的出版做了大量的工作，在此表示深深的感谢。

感谢亦师亦友的兰子君老师。兰老师与我志同道合、理念相通。兰老师参与了本书关键内容的书写和整理工作，贡献了非凡的智慧和丰富的经验。

感谢亲爱的家人的支持和理解，使我有充裕的时间投身于研究和写作之中。

最后，作者在书籍写作的过程中参阅了大量的相关文献，也引用、借鉴了很多专家、学者的研究成果，在此一并致谢！

叶敬秋于广州

2018.7.26

参考文献

[1] 英格里德·本斯. 引导[M]. 任伟, 译. 北京: 电子工业出版社, 2011.

[2] Marion Williams. 语言讲师心理学[M]. 张红, 王新, 译. 北京: 外语教学与研究出版社, 2011.

[3] L.W.安德森. 学习、教学和评估的分类学[M]. 皮连生, 译. 上海: 华东师范大学出版社, 2007.

[4] 唐纳德·L. 柯克帕特里克. 如何做好培训评估[M]. 奚卫华, 林祝君, 译. 北京: 机械工业出版社, 2007.

[5] 加涅·韦杰, 戈勒斯·凯勒. 教学设计原理[M]. 王小明, 庞维国, 陈保华, 汪亚利, 译. 上海: 华东师范大学出版社, 2005.

[6] Julie Dirksen.认知设计[M]. 简驾, 译. 北京: 机械工业出版社, 2012.

[7] 罗伯特·J. 马扎诺. 教学的艺术与科学[M]. 盛力群, 唐玉霞, 曾如刚, 译. 福州: 福建教育出版社, 2014.

[8] 约翰·安德森. 认知心理学及其启示[M]. 秦裕林, 程瑶, 周海燕, 徐玥, 译. 北京: 人民邮电出版社, 2012.

[9] 保罗·Z. 杰克逊. 培训师的灵感[M]. 贾洪骏, 吴敏, 译. 北京: 企业管理出版社, 2006.

[10] 露西、乔·帕拉迪诺. 注意力曲线[M]. 苗娜, 译. 北京: 中国人民大学出版社, 2016.

[11] 戴夫·科比特, 伊恩·罗伯茨. 从知到行[M]. 王正林, 王权, 译. 北京: 电子工业出版社, 2016.

[12] 哈罗德·D. 斯托洛维奇, 艾瑞卡·J. 吉普斯. 交互式培训[M]. 屈云波, 王玉婷, 译. 北京: 企业管理出版社, 2016.

[13] 威廉·J. 罗思韦尔, H.C.卡扎纳斯. 掌握教学设计流程[M]. 李洁, 李云明, 译. 北京: 北京大学出版社, 2007.

[14] 卡尔霍恩·威克, 罗伊·波洛克, 安德鲁·杰斐逊. 将培训转化为商业结果

[M]. 周涛，宋亚南，译. 北京：电子工业出版社，2013.

[15] 盛群力，魏戈. 聚焦五星教学[M]. 福州：福建教育出版社，2015.

[16] 芭芭拉·明托. 金字塔原理[M]. 汪洱，译. 海口：海南出版社，2010.

[17] 莎朗·L. 波曼. 4C法颠覆培训课堂[M]. 杨帝，译. 北京：电子工业出版社，2015.

[18] 卡尔·M，卡普. 游戏，让学习成瘾[M]. 陈阵，译. 北京：机械工业出版社，2016.

[19] 鲍勃·帕克. 重构学习体验[M]. 孙波，庞涛，胡智丰，译. 南京：江苏人民出版社，2015.

[20] 梅尔·希尔伯曼. 如何做好生动培训[M]. 孙丰田，译. 北京：机械工业出版社，2006.

[21] 帕特里克·兰西奥尼. 团队协作的五大障碍[M]. 华颖，译. 北京：中信出版社，2013.

[22] 刘永中. 行动学习使用手册[M]. 北京：北京联合出版社，2015.

[23] 杰伦迪·迪克西. 有效的课堂管理[M]. 王健，译. 北京：北京师范大学出版社，2006.

[24] 克里斯·安德森. 演讲的力量[M]. 蒋贤萍，译. 北京：中信出版社，2016.

[25] 斯蒂芬·罗宾斯. 组织行为学[M]. 孙健敏，王震，译. 北京：中国人民大学出版社，2016.

[26] 罗双平. 从岗位胜任到绩效卓越[M]. 北京：机械工业出版社，2006.

[27] 陈中. 复盘[M]. 北京：机械工业出版社，2013.

[28] 约翰·C. 麦克斯维尔. 中层领导力[M]. 张树燕，译. 北京：北京时代华文书局，2016.